微观化学
认知障碍的思与行

陈金锋◎编著

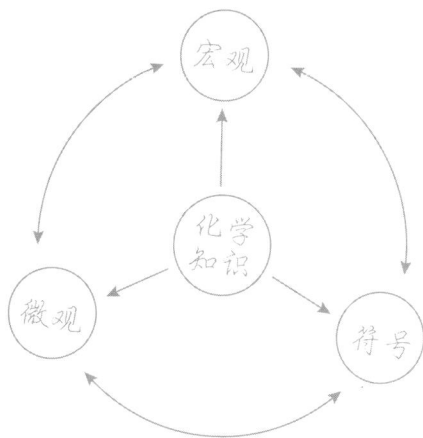

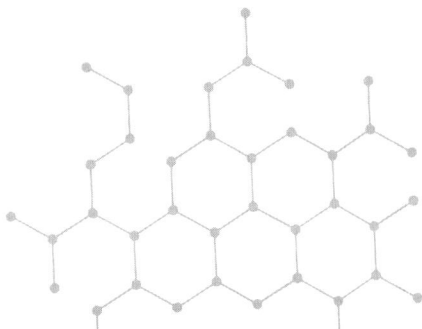

东北师范大学出版社
NORTHEAST NORMAL UNIVERSITY PRESS

图书在版编目（CIP）数据

微观化学认知障碍的思与行/陈金锋编著. 一长春：
东北师范大学出版社,2021.10
ISBN 978-7-5681-8515-8

Ⅰ.①微… Ⅱ.①陈… Ⅲ.①中学化学课－教学研究
Ⅳ.①G633.82

中国版本图书馆 CIP 数据核字（2021）第 214640 号

□责任编辑:岳国菊　□封面设计:牛淑娜
□责任校对:于天娇　□责任印制:许　冰

东北师范人学出版社出版发行
长春净月经济开发区金宝街118号(邮政编码:130117)
销售热线:0431－84568025
网址:http://www.nenup.com
电子函件:sdcbs@ mail.jl.cn
东北师范大学出版社激光照排中心制版
河南省环发印务有限公司印装
2021 年 10 月第 1 版　2021 年 10 月第 1 次印刷
幅面尺寸:185mm×260mm　印张:18　字数:349 千

定价:100.00 元
如发现印装质量问题,影响阅读,可直接与承印厂联系调换

前　言

2017 年 2 月,笔者想带领一个团队做一个省、市级的化学课题,经与清远市化学教研员卢盛云老师多次研讨,认为目前中学化学教学中存在的主要问题是学生对学习微观化学的内容存在较多困难,很容易产生分化现象。笔者经过认真思考,认为"微观化学"这个主题值得去深入研究,因此,组建了一个 8 人的课题研究小组并担任主持人,小组的成员有刘伟星、周荃、朱玲、姚志强、冯丹平、郑维权、黄文婷。

2017 年 3 月,课题组查阅了大量的文献资料,进行深入调研,撰写调研分析报告,并以"微观化学认知过程及教学策略的研究"作为课题研究题目;2017 年 5 月,通过清远市教研院向广东省申报课题,采用边研究、边申报的方式积极开展研究;2018 年 5 月,获广东省教育科研领导小组批准立项。笔者听了多次高中化学课标组专家的讲座,如王磊教授、郑长龙教授、王祖浩教授等的讲座,并从他们的讲座中得到了深刻的借鉴和启示。课题组开展了针对 18 节课例的研究,撰写的 26 篇论文或发表或获奖,其中有11 篇发表在《中学化学教学参考》,其中《微观认知障碍分析及消除策略》于 2019 年10 月被中国人民大学书报资料中心出版的《中学化学教与学》全文收录并转载。课题组采用边研究、边推广、边改进的研究策略,聚焦课堂教学问题,服务于一线教学,得到社会和同行的一致好评。2020 年 5 月,通过了省专家组的结题验收。课题组持续进行推广应用和实践检验,深受同行的肯定和好评。经过 4 年的研究,于 2021 年 6 月,研究成果《微观化学认知障碍及对策》获清远市教育科研成果一等奖。

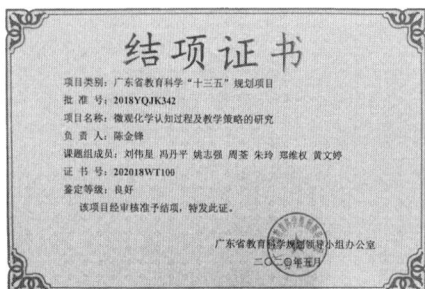

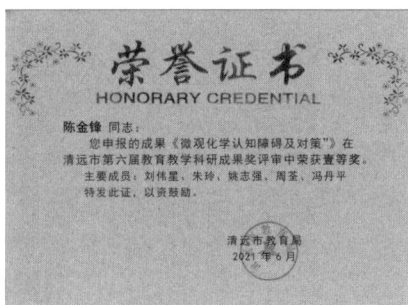

化学是在原子、分子水平上研究物质的组成、结构、性质、转化及其应用的一门基础学科，其特征是从微观层次认识物质，以符号形式描述物质，在不同层面创造物质。[1] 物质发生化学变化时表现出来的各种现象是宏观的，而要理解这些现象，则需要微观知识。微观化学是理解宏观现象的基础，体现了化学学科的特质，是化学学科与其他学科的根本区别。而化学符号作为化学学科特有的语言，可以用化学式表示物质的组成，用化学方程式表示化学变化等。化学符号有宏观意义，也有微观内涵。化学符号能简洁、科学地表达宏观物质的性质及其变化规律。化学学科的这些特点，决定了人们要从宏观、微观和符号三重表征水平上认识和理解化学，形成化学学科独特的思维方式。毕华林教授对三重表征的研究比较早，用化学三重表征理论指导化学课程设计、教师教学、学生学习等教育实践活动。因此，建立宏观、微观和符号三重表征是学好化学的关键所在，它们相互关联，互为补充。

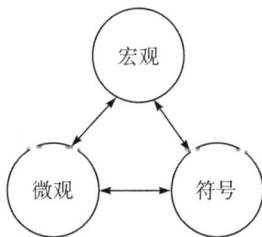

在化学教学过程中发现，学生最怕学习微观化学的内容，学习初中化学的原子、分子时开始第一次分化，学习元素符号和化学式时进行第二次分化，学习化学方程式时进行第三次分化，学习酸、碱、盐化学性质的综合应用和实验探究等综合能力时进行第四次分化；进入高中后，学生对微观化学内容大多数是一知半解的，没有形成化学的核心观念，更谈不上发展化学学科核心素养，也不知道如何学好化学。九年级学生学习化学才一年，就出现多次严重的分化，其根本原因就是微观内容比较抽象、难理解，学生学习化学的方法不恰当，没有把"宏观—微观—符号"（也可简称为"宏—微—符"）有机结合起来，特别是对微观化学缺乏理解。研究微观化学认知障碍，就要从微观化学的认知过

程出发,总结学习微观化学的认知特点和认知障碍,提出相应的教学策略。

本书分为七章,分别从微观化学研究的背景、目的、内容、任务、过程、成果、案例等进行论述。第一章,微观化学研究背景和文献研究,本章共分三节,介绍微观化学认知障碍的研究背景、目的、内容和任务,并梳理国内外的文献研究情况。第二章,素养为本的微观认知理论指导,本章共分三节,从新课程标准修订背景、微观化学的素养解读、认知学习理论的指导三方面进行阐述。第三章,微观化学认知水平的调查研究,本章共分五节,为了准确了解学生微观化学认知水平的现状,从调研的准备、试题命制、调研实施、调研分析、教学启示等方面,分别对九年级到高三年级四个年级的学生,围绕微观化学认知水平开展调研,基于调研分别撰写了四份详细的调研报告。根据教育部的相关文件精神,从化学学科核心素养出发,以现代认知理论为指导,结合教学实际进行分析。第四章,微观化学认知障碍的教学研究,本章共分四节,分别对九年级到高三年级四个年级的学生进行跟踪,从微观认知障碍的案例分析入手,撰写学生个案跟踪分析报告。第五章,常见微观认知障碍及教学策略,本章共分三节,分析微观化学常见的八种认知障碍,展示研究微观化学认知障碍取得的成效,总结了六种微观化学认知障碍的教学策略。第六章,微观化学认知障碍及对策的研究成果,精选微观化学认知研究成果18篇,其中一些是发表在《中学化学教学参考》等核心期刊上的论文。第七章,素养为本的微观化学教学设计,精选了6个具有代表性的微观化学教学案例,供教师同行们研究和学习借鉴。

课题组的研究虽然取得了一定的成绩,但也不免存在一些问题,请各位同行批评指正,后续将不断改进、不断完善。课题组的研究永远在路上!

本书是在广东省课题"微观化学认知过程及教学策略的研究"(编号:2018YQJK342)基础上整理而成的。除笔者外,课题组成员还有刘伟星、周荃、朱玲、姚志强、冯丹平、郑维权、黄文婷。本书的出版得到了他们的大力支持,他们提供了一些研究的素材、成果、案例等。本书的研究得到了佛冈县教育局和佛冈县佛冈中学在财力、人力、物力方面的大力支持,本书的研究也得到清远市化学教研员卢盛云老师和肇庆市刘平教授的专业指导,还有清远市陈金锋名师工作室团队等同行的关心和大力支持,在此一并表示深深的感谢!

陈金锋写于佛冈

2021 年 7 月 25 日

目　录

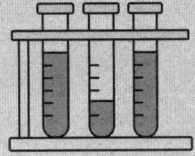

第一章 微观化学研究背景和文献研究

第一节　微观化学的研究背景

在学习完分子后,我发现了以下一些现象。

(1)用"○"表示氧原子,"●"表示氢原子,分别画出 1 个氧分子、2 个氢原子时,常常有以下错误:用"○○"表示 1 个氧分子、用"●●"表示 2 个氢原子。

(2)用"○"表示氧原子,"●"表示氢原子,请用微观图示表示冰融化成水,水变成水蒸气的变化。结果有学生的答案如表 1-1-1 所示。

表 1-1-1　学生答案典例

物质	冰	→	水	→	水蒸气
微观粒子		→		→	

(3)用"○"表示氧原子,"●"表示氢原子,分别画出单质、化合物的微观图示。有学生的答案是:

①单质:　　　;②化合物:　　　。

为什么学生对微观化学的理解会产生这么多错误的认识?中学化学还有许多这样的微观化学内容,学生能真正从微观视角认识和理解这些物质的宏观变化吗?又是什么原因造成学生微观化学的认知障碍?有什么解决的方法和策略?正是这些问题的存在,驱使我们开展深入的研究。

微观化学的知识内容比较抽象,难于理解,所以学习微观化学比较困难,学生学习的方法多是死记硬背,他们认为学习化学是一个枯燥、沉闷、被动的"任务",因而对学习化学的兴趣不浓厚。从微观化学的认知过程入手,研究微观化学的认知规律,并总结出相应的教学策略,对解决学生微观化学的学习困难,具有十分重要的应用价值。

2014 年 3 月,教育部印发的《关于全面深化课程改革　落实立德树人根本任务的意见》中,多次提到"核心素养"或"核心素养体系",并在"修订课程方案和课程标准"时"依据学生发展核心素养体系,进一步明确各学段、各学科具体的育人目标和任务";2016 年发布的《中国学生发展核心素养》[2],指出我国学生发展核心素养综合表现为六大素养:人文底蕴,科学精神,学会学习,健康生活,责任担当,实践创新。北京师范大学的王磊教授带领课标组制定了《普通高中化学课程标准(2017 年版)》,提出化学学科的五个核心素养是:"宏观辨识与微观探析""变化观念与平衡思想""证据推理与模型认知""科学探究与创新意识""科学精神与社会责任"。化学是从原子、分子的水平研究物质,"微观"最能体现化学的本质,其中"宏观辨识与微观探析"是化学核心素养的特质和基础,可见微观化学在学习化学中的重要性。

第二节　微观化学的文献研究

(一)国外对化学三重表征的研究

化学是在人们长期利用自然和改造自然中产生、发展的,是从远古时代用火取暖、烧煮食物、烧制陶瓷、冶炼金属等逐渐产生的。从 17 世纪开始,人们观察和认识世界的方法发生了重大变化,化学从定性研究转入定量研究,其中拉瓦锡等科学家用天平等工具和科学方法研究化学反应得出了"定比定律""倍比定律""质量守恒定律"等。人们尝试对物质发生化学变化和变化表现出来的宏观现象进行解释,其中影响最大的是"燃素说"和拉瓦锡的"元素说"。人们也试图从微观层面对宏观事实进行解释,影响最大的有道尔顿的"原子论"、阿伏伽德罗的"分子学说"、门捷列夫的元素周期表(律)等,化学逐渐形成了一门以宏观、微观、符号等为特征的比较系统的自然科学,并快速发展,加速了世界发展的进程。

毕华林教授梳理了国内外三重表征的研究[3],从 20 世纪 70 年代起,化学科学的发展呈现出从描述向推理、从定性向定量、从宏观向微观的转变,特别是随着原子、分子理论在热力学领域的应用,化学开始分为传统化学与现代化学。现代化学比较有代表性的是 1982 年约翰斯顿(A. H. Johnstone)对微观化学问题进行了深入的研究,发表了《宏观和微观化学》,他提出了现代化学的三种水平,分别是描述性和功能性(descriptive and functional)、表征性(representational)、解释性(explanatory)。以前的传统化学只包含描述性和表征性水平,属于宏观化学;而现代化学不仅包含宏观化学,还包含微观化学。在约翰斯顿研究的基础上,其他学者针对化学中"宏—微—符"的理论相继做了大量的研究。其中,1987 年,Gabel 在《事物微观本质的理解》一文中重点谈到了让学生理解化学物质微观特征的重要性,强调要从"宏—微—符"三个层面去学习化学。1991年,约翰斯顿提出了化学三角形模型(图 1-2-1),也有学者从化学课程与教学的视角审视三重表征,认为宏观、微观、符号是不同领域化学知识的具体表达和呈现,是化学知识的外在表征方式(图 1-2-2)。

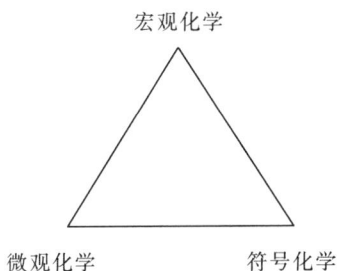

图 1-2-1　化学三角形模型　　　图 1-2-2　化学课程与教学视角下的三重表征

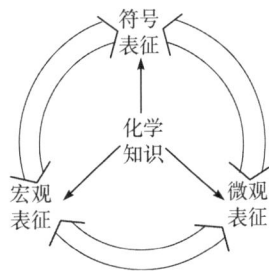

　　2004 年,马哈非(Mahaffy)意识到在化学教育领域应用宏观、微观和符号时,其内涵与化学学科视角下的并不一致。他认为在化学教育活动中,应充分考虑"人的因素",他将"人的因素"与化学三角形结合,构建了化学教育四面向模型(图 1-2-3)。2009 年,吉尔伯特(Gilbert)和切尔哥特(Treagust)出版了《化学教育中的多重表征》一书,明确提出了"三重表征"(Triplet Representation)这一术语,强调宏观表征、微观表征与符号表征融合的多维结构(图 1-2-4),以区别于已有研究将三者独立表述的方式。

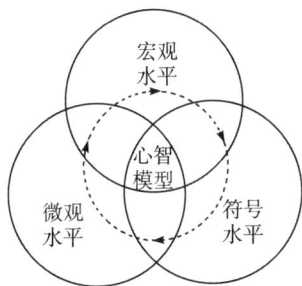

图 1-2-3　化学教育四面向模型　　　图 1-2-4　化学三重表征的多维结构图

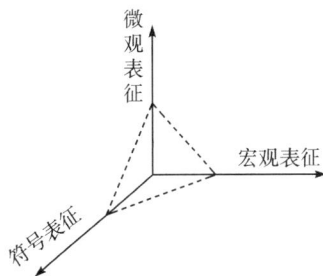

　　化学课程的概念包含宏观、微观和符号三个水平,学生很难在这三个水平同时达到要求,特别是微观层次,从而导致了化学课程学习的困难。国外化学研究者大多从大脑

的认知过程进行研究,如美国著名心理学家西蒙(Herbert Alexander Simon)在《人类的认知》中指出,认知过程包含两个含义:信息和信息的加工。

(二)国内对化学三重表征的研究

国内学者对于"宏—微—符"思想的研究起步较晚,他们多对微观化学在"宏—微—符"的基本内涵、教育价值、形成过程、内容特质、培养策略、学生现状等方面进行探讨。其中山东师范大学的毕华林教授和张力平[4]、舒文娟[5]等老师对"宏—微—符"三重表征的研究比较早,也比较深入。2005年,毕华林等发表了《化学学习中"宏观—微观—符号"三重表征的研究》,从化学学习的视角提出建立宏观、微观与符号之间的联系,并指出"三重表征"是化学学科特有的思维方式。2013年,张丙香和毕华林从促进学生概念理解的视角研究化学三重表征心智模型的构建,进一步探讨了化学三重表征的内涵,提出了相应的化学教学策略。2012年,华南师范大学的钱扬义教授将手持技术实验生成的曲线定义为曲线表征,并将其看作与宏观表征、微观表征、符号表征并列的第四种表征,进而构建了化学四重表征的教学模式。

国内比较注重"宏—微—符"化学学科特征的相互融合性和关联性;而国外侧重学科性质的同时,更加注重从认知的角度来研究。微观化学是化学学科最本质的特征,宏观现象要从微观本质进行理解和解释,同时要用符号进行高度概括表征。在日常教学中发现,许多学生对化学不感兴趣,就是因为他们对微观化学缺乏学科理解,存在微观化学认知障碍。为了解决学习化学困难的问题,我们从微观化学的认知障碍入手,分析微观化学认知障碍的原因、特点及对策,也就是从微观化学认知出发,研究微观化学认知存在哪些问题和如何解决这些问题。

第三节　微观化学的研究内容

一、微观化学的研究框架

(1)根据学生的年龄特点和认知水平进行相应的微观化学认知研究,总结微观化学的认知规律。初中化学以构成物质的"微观"粒子(分子、原子、离子)和常见的化学反应为例,从"微观"认知层面上进行研究;高中化学从"微观"结构和"微观"变化两个视角进行研究。

（2）认知过程是指人在认识事物的过程中所进行的各种心理活动过程,主要指感觉、知觉、注意、记忆、想象、言语等心理活动过程,它反映出学生在学习中的思维过程。研究微观化学认知过程,就是要揭示微观化学的认知规律。

（3）教学策略是根据教学任务的特点选择适当的方法,在内容构成上具有三个层次:第一层次是指影响教学处理的教育理念和价值观倾向;第二层次是指对达到特定目标的教学方式的认识;第三层次是指具体的教学手段和方法。研究微观化学认知过程,最根本的落脚点是为教学服务,因此,提出的教学策略操作性要强,实践意义要大。

二、微观化学的研究内容

微观化学认知是指微观化学结构的认知和变化的认知两个层面。

（1）微观化学结构的认知包括:①微观粒子构成物质的"微观"认知;②分子结构的"微观"认知。

（2）微观化学变化的认知包括:①化学反应中原子重组的"微观"认知;②化学键的"微观"认知;③离子反应的"微观"认知;④氧化还原反应的"微观"认知;⑤强弱电解质电离的"微观"认知;等等。

通过研究这些微观化学认知过程,揭示微观化学认知规律,培养学生的"微粒观",发展学生的化学学科核心素养。

三、微观化学的研究任务

1. 研究微观化学的认知过程

化学是在原子、分子水平上研究物质的,因此,微观化学最能体现化学的本质或特质。同时,研究微观化学的认知过程,将有助于打破传统教学中以"如何获得正确的答案"为目标的"急功近利"的做法,而转向理解"化学本身"。通过揭示学生微观化学的认知障碍,帮助学生突破微观化学认知的瓶颈。

2. 突破微观化学的学习瓶颈

在化学教学中,很多教师往往比较重视学生解答试题能力的培养,而忽视化学认知过程的教学和学生思维能力的培养。我们研究学生对微观化学认知的过程,意在寻找学生对微观化学认知的思维过程和认知规律。抓住了学生的微观化学认知障碍,才能突破微观化学认知的瓶颈,才能帮助学生理解宏观物质的性质及其变化规律。

3.积累微观化学的教学案例

通过研究积累微观化学教学优秀的案例、课件、课程、教学反思等,为优化微观化学教学提供经验和借鉴,帮助学生寻找学习微观化学的方法,提高中学化学教学的质量。

4.提升教研能力,促进专业发展

通过不断加强教育教学等理论学习,不断研究和吸收新的教学方法,不断反思和总结教学行为,提高教师的教研和教学能力,促进化学教师的专业发展。

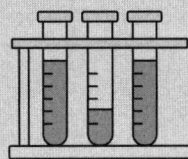

第二章 素养为本的微观认知理论指导

第一节　新课程标准修订背景

一、科学素养

20 世纪 60 年代以来,世界各国学者在科学素养的理论和实践两方面做了大量开拓性的工作。他们的研究成果丰富了"科学素养"框架,成为国际科学教育改革的理论依据。随着时代的变革,其内涵也在不断变化。[6]20 世纪 80 年代,美国科学促进会(AAAS)编写了面向所有美国人的科学教育——《普及科学——美国 2061 计划》(简称"2061 计划")。该计划是美国启动的一项面向 21 世纪的人才培养计划,是致力于中小学课程改革的跨世纪计划,它代表着未来美国基础教育课程和教学改革的趋势。该计划指出,"科学素养"是具有科学、数学和技术学的知识,学习并能运用它们做出有关个人和社会的重要决策。科学素养涉及自然科学、社会科学、数学和技术的多个方面,包括:①科学内容;②科学对社会的影响;③科学的推理过程;④科学的社会历史发展;⑤对科学的积极态度。

21 世纪以来,随着社会的不断发展,人类进入了以量子信息技术、空间技术、智能机器人、清洁能源、基因工程、生物技术等为代表的人工智能时代。人工智能时代对学生知识结构的要求,从大工业生产时代的学校学习知识向终身不断自主学习迈进。教育是一种培养人的活动,世界各国纷纷认识到"未来的社会需要培养什么样的人?""需要培养哪些关键能力?"这些问题的重要性。对此,世界各国纷纷提出各自的核心素养体系,核心是培养具有创新能力和终身学习的人。我国在 2001 年、2011 年发布的《义务教育化学课程标准》和 2003 年发布的《普通高中化学课程标准(实验)》中,均明确提出"提高学生的科学素养"。

二、核心素养

2016 年,AlphaGo 以 4∶1 的总比分打败了韩国的世界围棋冠军李世石。2017 年,中国的天才棋手柯洁以 0∶3 的总比分败给 AlphaGo。这给我们带来深刻的启示,人工智能时代呼唤教育的育人价值,呼唤发展学生的必备品格和重要的价值观念,才能应对未来变化的社会,以适应未来时代对人才的需求。2016 年,北京师范大学的林崇德团队发布了《中国学生发展核心素养》[2]，指出我国学生发展核心素养综合表现为六大素养，即人文底蕴、科学精神、学会学习、健康生活、责任担当、实践创新，每个一级核心素养下面还包含三个二级核心素养(图 2-1-1)。

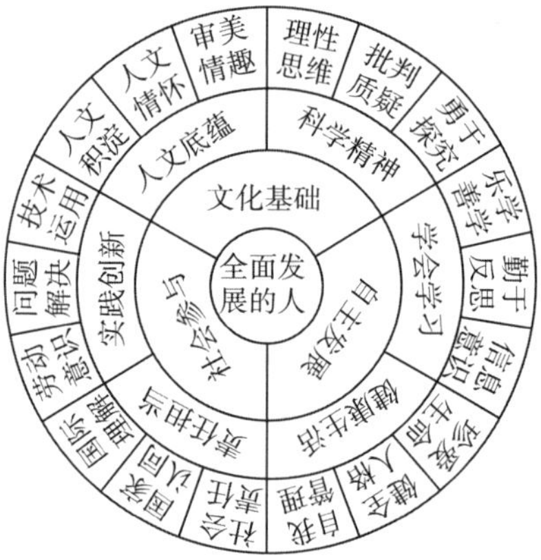

图 2-1-1　中国学生发展核心素养体系

教育部在落实立德树人根本任务的意见中指出，"学生发展核心素养"主要是指学生能够适应终身发展和社会发展所需要的必备品格和关键能力，核心素养是关于学生知识、技能、情感、态度、价值观等多方面的综合表现。核心素养的确定需要紧紧围绕"立德树人"的根本要求。例如，针对物理、生物、化学等学科，可以在总结 2003 年以来课程改革经验的基础上整合三维目标，制定各学科的普通高中课程标准。[7]物理、生物、化学学科核心素养之间的关系如图 2-1-2 所示。

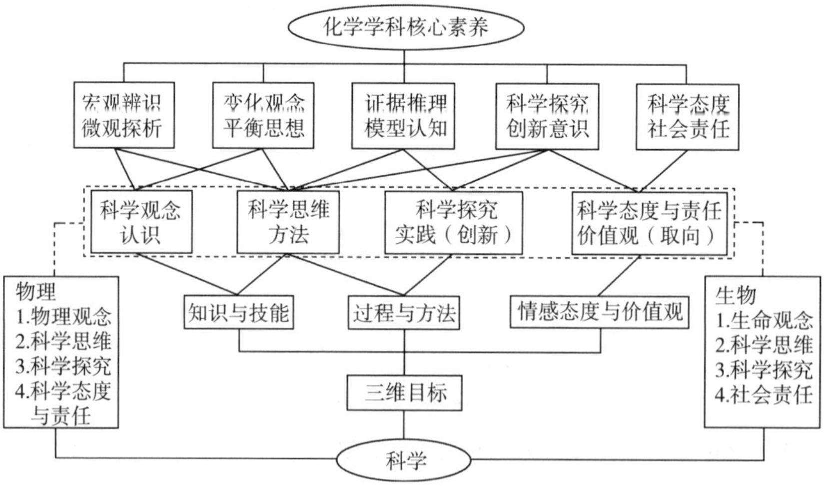

图 2-1-2　物理、生物、化学学科核心素养之间的关系

第二节　微观化学的素养解读

北京师范大学的王磊教授带领专家研究团队,制定了《普通高中化学课程标准(2017年版)》,提出化学学科五大核心素养,其中"宏观辨识与微观探析"是化学学科核心素养中最基础的。

一、微观化学与化学核心观念的关系

化学是在原子、分子等水平上研究物质的组成、结构、性质、转化及其应用的一门基础学科。我们把这些从原子、分子、离子、质子、电子等微观层面认识物质的化学统称为微观化学。

微观化学主要包括"微观结构"和"微观变化"两个层面。"微观结构"包括:①微观粒子构成物质;②分子结构。"微观变化"包括:①化学反应中的原子重组;②化学键的断键与成键(电子得失或偏移);③离子反应;④氧化还原反应;⑤强弱电解质的电离;等等。这些内容涉及许多化学的基本观念:微粒观、元素观、变化观、守恒观、能量观、结构观等。[8]

1. 微粒观

物质是由分子、原子、离子等微观粒子构成的。通过微观化学的学习,建立以下微观认识:①粒子体积很小,质量也很小;②粒子有一定的能量,总是在不断地运动;③粒子间有一定的间隔;④粒子间存在相互作用;⑤在发生化学变化时,分子分成原子,原子再重新组合成分子,原子在化学变化中是不可再分的;⑥原子是由原子核和核外电子组成的,原子核是由质子和中子组成的,原子的质量主要集中在原子核上。这些微观认识就是基本的"微粒观"。

2. 元素观

世界上的物质是由元素组成的,具有相同核电荷数(即质子数)的同一类原子总称为元素,一种元素可以有多种同位素。让学生知道元素符号的由来、基本的书写规则。元素符号是用该元素拉丁文开头字母来表示的,如果相同,就用第二个、第三个字母小写来区别。我们不但要学会写元素符号,还要明白元素符号所表达的含义,并且培养学生的规则意识。目前已经发现118种元素(含人造),这些元素组成了世界上数千万种物质。元素的化学性质决定于原子的最外层电子数,元素的性质随着原子核外电子排布呈现周期性变化,元素周期表是这一性质的具体表现形式。

3.变化观

物质是不断变化的,而变化是有层次的、有规律的,通常分为物理变化、化学变化和核变化三个层次。化学变化是化学研究的重要内容,其本质是化学键的断裂与生成,在化学变化过程中伴随着能量的变化,并以光、电、热等形式表现出来。利用化学变化,人们可以获得或者消除某些物质,可以储存或释放能量。化学变化中遵守质量守恒定律和能量守恒定律。如果控制变化的条件,也可以使化学变化向着对人们有利的方向进行,化学变化通常用化学方程式表示。

化学变化观体现了化学的核心,同时也与物理变化和核变化区别开来,化学变化涵盖各种类型的化学反应以及反应条件、反应现象、反应原理、反应速率、影响因素等。

4.守恒观

因为化学变化的本质是化学键的断裂与生成,分子分成原子,然后原子重新组合成新的分子的过程,在反应前后原子的个数、原子的质量、原子的种类都没有改变,所以化学变化遵守质量守恒定律和能量守恒定律。

5.结构观

由于微观粒子有特定的结构和性质,物质的结构决定物质的性质,物质的性质决定物质的用途,同时,物质的性质反映物质的结构,这种认知方式是化学学科所特有的。例如,金刚石的碳原子空间网状结构,决定了金刚石硬度大、难导电等性质。化学主要研究分子、原子、离子、物质聚集状态的结构与性质。

除此之外,还有能量观、平衡观、分类观、实验观等化学基本观念。

二、微观化学与化学核心素养的关系

化学是人类进步的关键,它又是从宏观、微观两个层面认识物质的,而化学知识内容是形成化学学科核心素养的基础和载体,是化学学科认识世界的独特方式。微观化学反映了化学学科的本质特征,宏微结合是化学学科特有的思维方式,是"宏观—微观—符号"三重表征的基础与重点,体现了"结构决定性质,性质决定用途"的化学基本思想,体现了化学的学科性、时代性和创新性。

根据化学学科核心素养,国内学者提出多种化学核心素养模型,如王磊教授提出的化学核心素养4+1模型和王后雄教授提出的化学核心素养3+1+1模型(图2-2-1、图2-2-2)。[7]

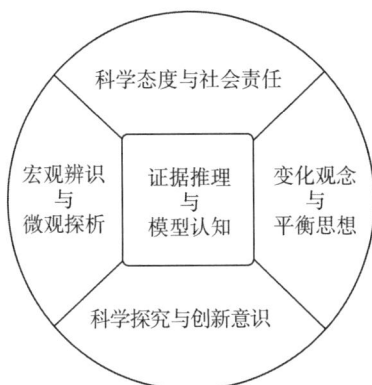

图 2-2-1　王磊教授的化学核心素养 4+1 模型　图 2-2-2　王后雄教授的化学核心素养 3+1+1 模型

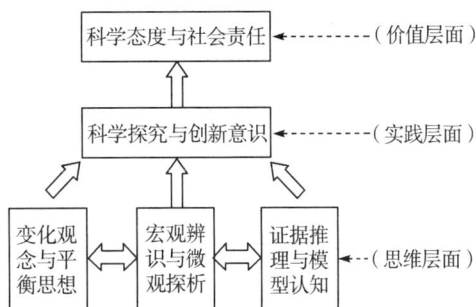

三、宏观辨识与微观探析的内涵和水平划分

从宏观辨识与微观探析的内涵分析,它包含着三个层次。[1]①宏观辨识:能从不同层次认识物质的多样性,并对物质进行分类;②微观探析:能从元素、原子、分子水平认识物质的组成、结构、性质和变化,形成"结构决定性质"的观念;③宏微结合:能从宏观和微观相结合的视角分析与解决实际问题。

化学学科核心素养中宏观辨识与微观探析的水平划分如表 2-2-1 所示。

表 2-2-1　化学学科核心素养中宏观辨识与微观探析的水平划分

素养水平	具体要求
水平 1	能根据实验现象辨识物质及其反应；能运用化学符号描述常见的简单物质及其变化；能从物质的宏观特征入手对物质及其反应进行分类和表征；能联系物质的组成和结构解释宏观现象
水平 2	能根据实验现象归纳物质及其反应的类型；能运用微观结构图式描述物质及其变化的过程；能从物质的微观结构说明同类物质的共性和不同类物质性质的差异及其原因,解释同类的不同物质性质变化的规律
水平 3	能从原子、分子水平分析常见物质及其反应的微观特征；能运用化学符号和定量计算等手段说明物质的组成及其变化；能分析物质的化学变化和伴随发生的能量转化与物质微观结构之间的关系
水平 4	能依据物质的微观结构描述或预测物质的性质和在一定条件下可能发生的化学变化；能评估某种解释或预测的合理性；能从宏观与微观结合的视角对物质及其变化进行分类和表征

第三节 认知学习理论的指导

认知学习理论是通过研究人的认知过程来探索学习规律的学习理论。其主要观点包括：人是学习的主体，能主动学习；人类获取信息的过程是感知、注意、记忆、理解、问题解决的信息交换过程；人们对外界信息的感知、注意、理解是有选择性的；学习的质量取决于效果。

一、认知心理学记忆模型

记忆模型（memory models）是认知心理学对于人的记忆现象用信息加工的术语所做出的各种不同的解释或所提出的各种不同的理论假设。教育心理学家阿特金森（R. C. Atkinson）、希夫林（R. M. Shiffrin）等认为信息加工经过模式再认、短时记忆和长时记忆三个阶段（或三个加工过程），提出如下学习与记忆模型（图2-3-1）。[9]

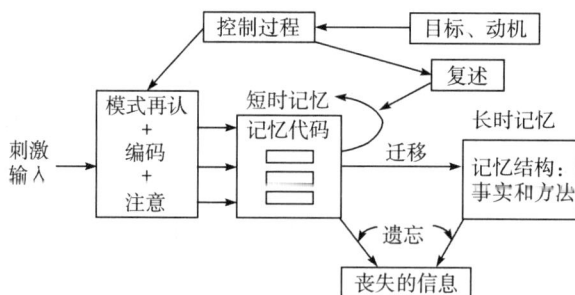

图2-3-1 学习与记忆模型

二、建构主义认知理论

以皮亚杰（J. Piaget）为代表的建构主义认为，认知分为两个基本过程："同化"与"顺应"。同化指学习个体把外界刺激所提供的信息整合到自己原有认知结构内的过程；顺应指个体的认知结构因外部刺激的影响而发生改变的过程。皮亚杰比较重视主动学习，认为学习是基于原有的知识经验生成意义、建构理解的过程。

皮亚杰认为,教育是认知发展的陶冶过程,就是创造条件促使儿童与外界相互作用,使认知结构不断成熟和发展的过程。因此,教育的目的不在于增加多少知识,而在于使认知结构得到发展,把内心潜在的发明和发展的可能性表现出来。由此可见,皮亚杰认为教育最主要的目的不在于接受事实,而在于培养创造力、想象力、洞察力等。

三、现代认知学习理论

1. 布鲁纳的认知发现说

布鲁纳认为学习过程是一种积极的、主动的认知过程。他认为学习的实质在于主动形成认知结构,简单地说,学习就是认知结构的重构。学习任何一门学科,都有一连串的新知识,每个知识的学习都要经过获得、转化和评价这三个认知学习过程。

他非常重视人的主动性和已有经验的作用,重视学习的内在动机与发展学生的思维,提倡知识的发现学习。他认为发现学习具有以下一些优点:①有利于激发学生的潜力;②有利于加强学生的内在学习动机;③有助于学生学会学习;④有利于知识的保持与提取。

2. 奥苏贝尔的认知同化说

奥苏贝尔提出了独具特色的"有意义学习"理论,即"认知同化说"。新知识的学习必须以已有的认知结构为基础。学习新知识的过程,就是学习者积极主动地从自己已有的认知结构中,提取与新知识最有联系的旧知识,并且加以"固定"或者"归属"的一种动态的过程。

根据将要学习的新内容与学习者已经知道的相关内容之间的关系,奥苏贝尔把学习分为下位学习、上位学习和并列结合学习三类;根据学生学习的方式,把学生的学习分为接受学习和发现学习;根据学习过程的性质,又把学习分为机械学习与有意义的学习。

3. 加涅的信息加工学习理论

加涅认为学习是一个有始有终的过程,这一过程可分成若干阶段,每一阶段需进行不同的信息加工。在各个信息加工阶段发生的事件,称为学习事件。学习事件是学生内部加工的过程,它形成了学习的信息加工理论的基本结构。与此相对应的,教学过程既要根据学生的内部加工过程,又要影响这一过程。因而,教学阶段与学习阶段是完全对应的。在每一教学阶段发生的事情,即教学事件,这是学习的外部条件。

教学就是由教师安排和控制这些外部条件构成的,而教学的艺术就在于学习阶段与教学阶段的完美结合。

认知学习理论对化学教学具有深刻的启示意义:化学知识比较多且比较零散,要通过同化的方式促进认知结构的形成。同时,要强调对化学概念、原理的理解,要进行有意义的学习,只有把化学知识结构化、系统化,形成化学学科观念,才能促进学生化学学科核心素养的发展。

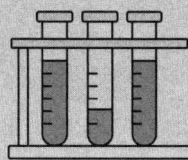

第三章　微观化学认知水平的调查研究

第一节　微观化学调查研究的整体思路

化学是从微观层次上认识物质的,为了研究学习微观化学过程中的认知障碍,我们课题研究小组开展了有针对性的调研活动。

一、调查目的

我们在中学化学教学中发现很多学生对原子、分子、离子、化学反应等微观内容的理解常常出现错误,如把原子与分子混为一谈,将 1 个氢分子画成 2 个单独的氢原子,不理解化学反应的微观本质,也不理解化学反应前后质量为什么会守恒等。学生对微观化学知识到底掌握得如何? 为什么学生对微观化学容易产生错误的认识? 学生对微观化学认知的过程是怎样的? 通过调查中学生学习微观化学的方式和认知水平,寻找学生"微粒观"形成过程中的障碍及成因,提出相应的教学建议,改进微观化学的教学方法,激发学生学习化学的兴趣,提高化学教学质量,最终达到发展学生化学学科核心素养的目的。

二、调查对象

清远市佛冈县在粤北的山区,我们分别对佛冈县九年级至高三年级共四个年级的部分学生进行调研。

三、调查方法

采用纸笔测试的形式,根据各年级学生的实际情况设计一份关于微观化学认知的测试题,内容包括物质的组成、分类、结构、性质等方面,既有宏观层面的描述,又有微观视角的分析、说明理由等,测试时间为 40 分钟。

四、试题研发

测试前期做好工具研发和试题研制,调研的核心工作是确定测试的双向细目表、工具、编制试题、评价方式等。

1. 测试工具开发的理念

本次调查以微观化学内容为研究对象,主要包括物质分类、微粒构成、微粒性质、化学反应的微观本质等,本次测试指向能力测试和微观认知。

①能力测试:王磊教授指出,学科能力是学科核心素养的核心,是学生发展核心素养的重要组成部分,是学科课程教学实现立德树人教育目标的基本要求和必要途径,[10]测试题编制要指向化学学科能力而非知识或概念表层。

②微观认知:学生对化学宏观知识内容比较容易理解,对微观知识比较难以理解,因为微观知识比较抽象。微观化学内容有构成物质的基本粒子(分子、原子、离子、质子、中子、电子)、物质分类的微观组成、化学反应的微观过程等。调研测试的重点在于了解学生微观认知水平的现状,并暴露学生的微观思维过程,以便于分析微观化学的认知障碍及成因。

2. 测试工具的选择

常见的测试工具有概念图、访谈法、学生作图、开放式问题、自由写作、调查法和纸笔测试等。[11]本次调研主要使用纸笔测试。为了更准确地了解学生对微观化学认知的情况,采用二段式诊断工具:测试题目的设计主要包括两个部分,前一部分是测试学生对微观认知的理解,以选择题形式出现;后一部分是对选项进行解释或说明选择的理由。这种测试方法,降低了学生根据猜测而答对的概率,提高了测量诊断的可信程度,为教师掌握学生的微观化学认知水平提供可靠的证据。

3. 试题及评分标准研制

为了客观地了解学生的微观认知水平,调研制定了命题双向细目表,题目以开放性的、题组式的双层式诊断测试为主,通过让学生用文字解释和画图的方式,来准确判断学生大脑中对于微观知识的表征形式及其相应的表征水平。这样设计可以减少学生根据猜测而答对的概率,同时为进一步探究学生的真实想法提供帮助。

第二节　九年级学生微观化学调研报告

一、九年级学生微观化学调研试题的研制

　　九年级微观化学认知的内容主要是物质分类的微观组成、微观粒子的构成、微观粒子的性质、化学反应的微观理解或微观解释等。为了客观了解九年级学生的微观化学认知水平,调研前确定了九年级调研试题命题双向细目表(表3-2-1)。根据双向细目表进行命题,题目以开放性的、题组式的双层式诊断测验为主,通过让学生用文字解释和画图的方式,来准确判断学生大脑中对于微观知识的表征形式及其相应的表征水平。这样设计可以弥补日常学校测验只了解学生对于现象或知识的了解,而未再进一步探究学生之所以如此回答的真实想法的缺陷。[5]

表3-2-1　九年级调研试题命题双向细目表

题号	初中化学的微观内容	主要内容	分值
1	物质分类的微观构成	混合物的判断	4
2		单质的判断	4
3		构成物质微粒的判断	4
4	微观粒子的构成	同种元素的判断	4
5	微观粒子的性质	对微粒不断运动的认识	4
6		对微粒间有空隙的认识	4
7	化学反应的微观理解	对化学变化的认识	4
8		对反应类型的认识	4
9		通过画图体现对物理变化实质的理解	3
10		通过画图体现对化学变化实质的理解	3

二、九年级学生调研答题总体情况

对九年级学生进行的调研答题总体情况如表 3-2-2 所示。

表 3-2-2　九年级学生调研答题总体情况

题号	分值	平均得分	得分率/%	典型问题
1	2	1.54	77	选 D 占 22%，混淆了混合物与化合物的概念
	2	1.20	60	选 c 占 35%，不能通过微观模型区分物质的构成微粒
2	2	1.50	75	混淆了纯净物与单质的概念，对单质的概念认识错误
	2	0.95	48	不能通过微观模型区分物质的构成微粒
3	2	1.06	53	没有从微观角度去了解常见物质的构成微粒
	2	1.12	56	选 a 占 30%，部分同学片面认为物质就是由分子构成的
4	2	1.44	72	选 A 占 12%，没有分清质子和中子；选 C 占 15%，认为同种元素最外层电子数相同
	2	1.42	71	没有掌握关键：同种元素的质子数相同
5	2	0.72	36	选 B 或 D 占 59%，学生不能从微观角度理解物质的溶解现象
	2	0.86	43	因题目未注明是不定项选择，学生因惯性思维只做了单项选择
6	2	1.54	77	题意理解错误，只抓住"食盐溶于水"的字眼
	2	1.50	75	题意理解错误，只抓住"食盐溶于水"的字眼
7	2	1.70	85	不会从微观模型判断是否有新分子生成
	2	0.82	41	未作答或片面描述
8	2	1.44	72	不会通过微粒示意图判断反应物是否完全反应
	2	0.50	25	未作答、片面描述或未抓住题意导致答错
9	3	0.75	25	未作答或只画出一个分子进行表示
10	3	1.35	45	未作答或不遵守质量守恒定律

三、九年级学生调研案例分析

【第 1 题】下图中"⚪"和"⚫"表示两种不同元素的原子,下列方框中表示混合物的是　　　　　　　　　　　　　　　　　　　　　　　　　　　(　　)

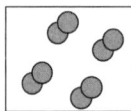 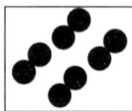 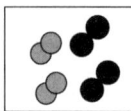 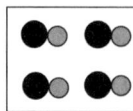

　　A　　　　　　　B　　　　　　　C　　　　　　　D

你选择该答案的理由是 　　　　　　　　　　　　　　　　　　　　　（　　）

a. 它们是由同种类的分子构成的　　　　b. 它们是由不同种类的分子构成的

c. 它们是由不同种类的原子构成的　　　d. 它们是由不同种类的离子构成的

【试题分析】

本题内容是从分子的模型判断混合物,从微观模型考查物质的分类及分辨物质的微观构成;指出选择理由,能真实了解学生的解题思路,了解学生对微观认知的水平。

【解题思路及分析】

答案:本题答案为 C,选择该答案的理由是 b。

解题思路:混合物是由不同种物质组成的,通过观察微观模型辨别物质的微观构成。混合物从微观上理解是组成中有不同种的分子。分子可以由同种原子构成如 A 或 B 选项,也可以由不同种原子构成如 D 选项。

答案分析:由一种分子构成,属于纯净物,故 A、B 错;由两种分子构成,属混合物,故 C 正确;由一种分子构成,属于纯净物,且通过模型可看出该物质由两种元素组成,属于纯净物中的化合物,故 D 错。

选择该答案的理由:通过微观模型可以看出上述选项中的物质都是由分子构成的,不是由原子或离子构成的,因此选择原因中 c、d 错;由分子构成的混合物,由不同种分子构成,故 a 错。正确答案的理由为 b。

【学生答题情况分析】

学生答题情况如表 3-2-3、表 3-2-4 所示。

表 3-2-3　第 1 题得分情况

项目	分值	平均得分	得分率/%	典型问题
选择题	2	1.54	77	选 D 占 22%,混淆了混合物与化合物的概念
选择理由	2	1.20	60	选 c 占 35%,不能通过微观模型区分物质的构成微粒

表 3-2-4　第 1 题答案及理由选择情况

项目	正确答案	A(a)		B(b)		C(c)		D(d)		平均得分
		人数	比例/%	人数	比例/%	人数	比例/%	人数	比例/%	
选择	C	0	0	1	1	77	77	22	22	1.54
选择理由	b	4	4	60	60	35	35	1	1	1.20

本题选择 D 的同学占 22%,这部分同学混淆了混合物与化合物的概念,缺乏对物质分类的宏观理解。选择该答案的理由中正确率与选择答案不相符,表示该部分同学

不能从微观模型清晰地分辨物质的构成微粒,特别是选择 c(占35%)的同学不能理解原子构成分子,分子构成物质的概念,认为物质是由原子构成的。

【教学建议】

(1)从宏观角度掌握物质分类的定义和区别。

(2)有意识地从微观角度进行物质分类。教师在课堂中要从微观角度引导学生进行物质的分类,让学生认识微观模型,能够用微观模型进行举例说明。

【第2题】下列各图中"○""•"分别表示两种不同元素的原子,其中表示由分子构成的单质的是 ( )

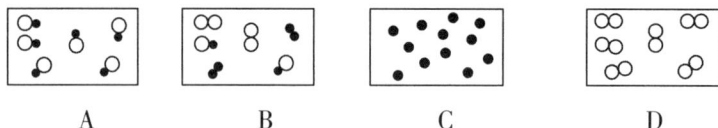

A　　　　　　B　　　　　　C　　　　　　D

你选择该答案的理由是(写两点):

(1) _____。

(2) _____。

【试题分析】

本题内容是从微观的模型判断由分子构成的单质,从微观模型考查物质的分类及分辨物质的构成微粒,并描述出选择依据,能真正了解学生的解题思路和学生对微观认知的掌握程度,也考查了学生的表达能力。

【解题思路及分析】

答案:本题答案为 D。

选择该答案的依据是:(1)单质是由同种元素组成的纯净物;(2)分子是由2个或多个原子构成的。

解题思路:本题涉及一个宏观概念"单质"和一个微观概念"分子",要求学生在宏观与微观之间建立关联,并要求写出选择的依据,难度比较大。可抓住关键词"单质"和"分子",通过观察微观模型辨别物质的构成微粒。

答案分析:由两种原子构成一种分子,是化合物分子,属于纯净物,故 A 错;有三种不同的分子组成,属于混合物,故 B 错;由一种原子直接构成的是单原子的单质,不是由分子构成的单质,故 C 错;每个分子微粒中由2个同种原子构成的分子,属于由分子组成的单质,故 D 正确。

【学生答题情况】

学生答题情况如表 3-2-5 ~ 表 3-2-7 所示。

表 3-2-5　第 2 题得分情况

项目	分值	平均得分	得分率/%	典型问题
选择	2	1.50	75	选 A 占 6%，混淆了纯净物与单质的概念；选 C 占 19%，对单质的概念认识错误
选择理由	2	0.95	48	未作答或片面描述，不能通过微观模型区分物质的构成微粒

表 3-2-6　第 2 题答案选择情况

项目	正确答案	A		B		C		D		平均得分
		人数	比例/%	人数	比例/%	人数	比例/%	人数	比例/%	
选择	C	6	6	0	0	19	19	75	75	1.50

表 3-2-7　第 2 题理由回答情况

项目	作答全对		只描述单质定义		只描述由分子构成		作答全错		未作答		平均得分
	人数	比例/%	人数	比例/%	人数	比例/%	人数	比例/%	人数	比例/%	
选择理由	29	29	18	18	19	19	12	12	22	22	0.95

【学生典型答卷】

学生 1：C。选择该答案的理由：(1)只有同一种元素；(2)只有 1 个原子。

学生 2：D。选择该答案的理由：(1)由同种类分子组成；(2)(未作答)。

学生 3：D。选择该答案的理由：(1)由同种分子构成；(2)每个分子有 2 个原子。

本题选择错误的主要原因：①未抓住两个关键词"单质"和"分子"，或认为单质就是由原子直接构成的，对单质的概念理解不透彻，导致有 19% 的同学选择了 C。

②少部分同学混淆了纯净物与单质的概念，认为只有一种物质或分子的就是单质，故选择 A 或在 A、D 选项中犹豫。

本题还让学生描述选择的依据，这一设计能进一步了解学生的解题思路和学生对微观认知的知识水平。本题只有 29% 的同学能完全理解单质的概念并根据微观模型区分出物质的构成微粒、分子和原子。片面描述的同学占 18% + 19% = 37%，这部分同学没有完全抓住题目中的关键词"单质"和"分子"来表述选择依据，只是片面描述单质的概念或分子是由原子构成的，因为没有完全理解"单质"和"分子"的概念，这部分同学在选择答案时也是模棱两可。

还有相当一部分同学(22% + 12% = 34%)对物质分类的概念不清晰,对从微观模型分辨物质的构成微粒也掌握得不好,因此不会描述或描述错误选择依据。

【教学建议】

(1)从宏观角度掌握物质分类的定义和区别。

(2)有意识从微观角度进行物质分类。教师在课堂中要从微观角度引导学生进行物质的分类,让学生认识微观模型,能够从微观模型中进行举例说明。

(3)教会学生解题技巧,如读懂题意、抓住关键词、理清解题思路等,培养学生的语言组织能力和表达能力。

【第3题】现有8种物质:①水;②二氧化碳;③水银;④金刚石;⑤氯化钠;⑥碳酸钙;⑦氦气;⑧氢气。上述物质的构成微粒为同一类的是　　　　　　　　　( )

A.③④⑦　　　　　B.②⑥⑦　　　　　C.①⑤⑥　　　　　D.①②⑦

你选择该答案的理由是　　　　　　　　　　　　　　　　　　　( )

a. 它们都由分子构成　　　　　　　　　b. 它们都由原子构成

c. 它们都由离子构成　　　　　　　　　d. 它们都由质子构成

【试题分析】

本题考查物质构成的奥秘。考查学生区分常见物质的构成微粒,通过选择答案和指出选择答案的理由,了解学生的解题思路,了解学生对物质的微观构成的掌握程度。

【解题思路及分析】

答案:本题答案为A,选择该答案的理由是b。

解题思路:逐一分析每种物质的构成微粒。①水、②二氧化碳、⑧氢气由分子构成;③水银、④金刚石、⑦氦气由原子构成;⑤氯化钠、⑥碳酸钙由离子构成。

答案分析:③④⑦均由原子构成,故A正确;②由分子构成,⑥由离子构成,⑦由原子构成,故B错;①由分子构成,⑤⑥由离子构成,故C错;①②由分子构成,⑦由原子构成,故D错。

选择该答案的理由:③水银、④金刚石、⑦氦气均由原子构成,正确答案为b。

【学生答题情况】

学生答题情况与如表3-2-8、表3-2-9所示。

表3-2-8　第3题得分情况

项目	分值	平均得分	得分率/%	典型问题
选择	2	1.06	53	没有从微观角度去了解常见物质的构成微粒
选择理由	2	1.12	56	选a占30%,部分同学片面认为物质就是由分子构成的

表3-2-9　第3题答案及理由选择情况

项目	正确答案	A（a）		B（b）		C（c）		D（d）		平均得分
		人数	比例/%	人数	比例/%	人数	比例/%	人数	比例/%	
选择	A	53	53	13	13	17	17	17	17	1.06
选择理由	b	30	30	56	56	10	10	4	4	1.12

本题得分率较低,学生对这一知识点掌握比较薄弱,体现出部分学生对物质构成的微粒相关知识掌握不足,只掌握了物质是由分子、原子、离子这三种微粒构成,但是对具体哪些常见物质由分子、原子或离子构成并没有完全掌握。

【教学建议】

(1)利用实例分析从微观角度理解物质的构成,为从微观视角认识物质变化奠定基础。

在教学中,如果只是简单阐述:"有些物质是由原子构成的,有些物质是由分子构成的,分子是由原子构成的。"学生会倍感枯燥,味同嚼蜡,且难以理解,教学中可通过下面的实例进行分析。

实例:学过前面的内容后,你知道空气中物质构成的奥秘了吗? 请填写表3-2-10。

表3-2-10　空气中常见物质的构成

空气中的物质	构成该物质的分子	构成该分子的原子
氮气（N_2）		
氧气（O_2）		
二氧化碳（CO_2）		
水蒸气（H_2O）		
稀有气体（He、Ne、Ar 等）	它们由原子直接构成	

(2)帮助学生梳理知识系统。在学习完"物质构成的奥秘"时,学生已了解构成物质的微粒有分子、原子和离子,帮助学生归纳空气中的常见物质分别是由分子、原子还是由离子构成。

【第4题】下图是三种粒子结构示意图,属于同种元素的粒子的是　　　　（　　）

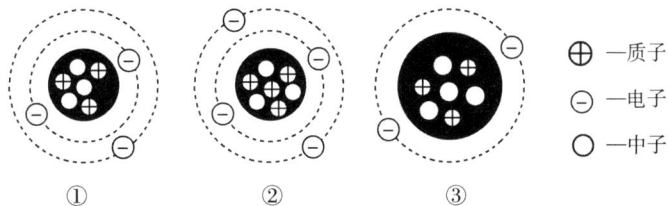

A.①和②　　　　B.①和③　　　　C.②和③　　　　D.①②③

你选择该答案的理由是 （   ）

a. 粒子的电子数相同   b. 粒子的最外层电子数相同

c. 粒子的质子数相同   d. 粒子的中子数相同

【试题分析】

本题考查学生能否结合原子和离子的结构示意图去解决问题。通过选择答案和指出选择答案的理由，了解学生的解题思路，了解学生对微观示意图的认知水平。

【解题思路及分析】

答案：本题答案为 B，选择该答案的理由是 c。

解题思路：同种元素的质子数（或核电荷数）相同，一个质子带一个正电荷。

答案分析：①质子数为 3，②质子数为 4，质子数不同，不是同种元素，故 A 错；①质子数为 3，③质子数为 3，质子数相同，属于同种元素，故 B 正确；②质子数为 4，③质子数为 3，质子数不同，不是同种元素，故 C 错；①③质子数为 3，②质子数为 4，质子数不同，不是同种元素，故 D 错。

选择该答案的理由：同种元素质子数相同，正确答案为 c。

【学生答题情况】

学生答题情况如表 3-2-11、表 3-2-12 所示。

表 3-2-11　第 4 题得分情况

项目	分值	平均得分	得分率/%	典型问题
选择	2	1.44	72	选 A 占 12%，没有分清质子和中子；选 C 占 15%，认为同种元素最外层电子数相同
选择理由	2	1.42	71	没有掌握关键：同种元素的质子数相同

表 3-2-12　第 4 题答案及理由选择情况

项目	正确答案	A（a）		B（b）		C（c）		D（d）		平均得分
		人数	比例/%	人数	比例/%	人数	比例/%	人数	比例/%	
选择	B	12	12	72	72	15	15	1	1	1.44
选择理由	c	10	10	13	13	71	71	6	6	1.42

本题得分率较高，但有部分同学对原子和离子的结构只在宏观角度上死记硬背，并不能灵活运用，也不会看结构示意图。选 A 占 12%，这些同学没有分清质子和中子，质子带正电荷，中子不带电；选 C 占 15%，这些同学将"元素的化学性质与最外层电子数有密切关系"与"同种元素质子数相同"的知识混淆了。

【教学建议】

(1)让学生认识原子结构示意图和离子结构示意图,并在学习中尝试绘出相应的原子或离子结构示意图。

(2)分别在宏观和微观上理解同种元素的特征。

(3)教会学生解题技巧,如读懂题意、抓住关键词、理清解题思路等。

【第5题】将蔗糖放入一杯水中,一段时间后发现糖消失了,整杯水却变甜了,这说明　　　　　　　　　　　　　　　　　　　　　　　(　　)

　　A.蔗糖分子分散到了水分子中

　　B.蔗糖分子与水分子结合成了糖水分子

　　C.蔗糖分子进入了水分子内部

　　D.蔗糖分子附在水分子上随之不断运动

　　你选择该答案的理由是　　　　　　　　　　　　　　　　　　(　　)

　　a.蔗糖易与水分子反应　　　　　　　b.微粒不断运动

　　c.微粒很小　　　　　　　　　　　　d.微粒间有空隙

【试题分析】

本题考查学生从微观角度去认识生活中常见的现象——蔗糖溶于水,考查微粒的基本特征。了解学生是否能从分子水平解释蔗糖溶于水的物理变化过程。

【解题思路及分析】

答案:本题答案为A,选择该答案的理由是b、d。

解题思路:蔗糖放入水中一段时间后,蔗糖消失了,蔗糖分子运动分散到了水分子中,而且分子很小,所以蔗糖不见了,但分子依然是蔗糖分子,具有蔗糖的化学性质,蔗糖分子并没有与水分子发生化学反应。故A正确。

选择该答案的理由:蔗糖溶于水,是蔗糖分子运动分散到水分子间去了,而且分子很小,所以蔗糖不见了,但分子依然是蔗糖分子,具有蔗糖的化学性质,蔗糖分子并没有与水分子发生化学反应。因此a错,正确答案为b、d。

【学生答题情况】

学生答题情况如表3-2-13、表3-2-14所示。

表3-2-13　第5题得分情况

项目	分值	平均得分	得分率/%	典型问题
选择	2	0.72	36	选B或D占59%,学生不能从微观角度理解物质的溶解现象
选择理由	2	0.86	43	只选b或只选d占84%,因题目未注明是不定项选择,学生因惯性思维只做了单项选择

表 3-2-14　第 5 题答案及理由选择情况

项目	正确答案	A（a）		B（b）		C（c）		D（d）		b、d		平均得分
		人数	比例/%	人数	比例/%	人数	比例/%	人数	比例/%	人数	比例/%	
选择	A	36	36	30	30	5	5	29	29	0	0	0.72
选择理由	b、d	13	13	54	54	2	2	30	30	1	1	0.86

本题选择 B 或 D 的同学占 59%，学生对从微观角度去认识生活中常见现象的能力比较薄弱，不能从微观角度认识蔗糖溶于水的物理变化过程，不理解分子依然是蔗糖的分子且具有蔗糖的化学性质，蔗糖分子并没有与水分子发生化学反应。

选择该答案的理由中，由于题目中没有注明此为不定项选择，学生因惯性思维只做了单项选择，导致 84% 的学生只选择了 b（微粒不断运动）或 d（微粒间有空隙），没有完整地选择正确答案 b、d。

【教学建议】

在课堂中，教师应善于利用生活中常见的现象，引导、培养学生从关注宏观现象转向关注微观思考。如蔗糖溶于水，糖不见了，但蔗糖微粒依然存在。从蔗糖溶于水，水变甜的日常实例，引导学生从"宏观现象"转向"微观思考"，使学生更容易接受、理解，并能够从微观视角进行简单解释。在引导过程中，教师应刻意强调如何将宏观现象和微观原理联系起来解释问题。在讲解后，提出常见的生活现象，让学生自己尝试解释，并针对学生的解释语句做出相对应的指导和纠正，避免学生使用错误的微观知识或者微观术语胡乱解释。对学生的尝试性解释纠正以后，让学生再进行表述，教师再纠正，直到学生能够从微观角度正确解释这个问题。教师在课堂以及课后作业的设计中，要有意识地培养学生从微观角度解释日常现象和常见的实验事实，将宏观现象与微观原理紧密联系起来。

【第 6 题】食盐溶于水后总体积却几乎不变，其原理与下列哪个现象相似 　　（　　　）

A. 空气看不见　　　　　　　　　　　B. 一满碗饭里可以再加汤

C. 充气轮胎可以减震　　　　　　　　D. 闻到香水味

你选择该答案的理由是 　　　　　　　　　　　　　　　　　　（　　　）

a. 微粒间有空隙　　　　　　　　　　b. 微粒很小

c. 微粒不断运动　　　　　　　　　　d. 微粒紧密排列

【试题分析】

本题考查学生从微观角度去认识生活中常见的现象——食盐溶于水，考查"微粒间有一定的间隙"这个基本性质。了解学生是否能从分子水平解释食盐溶于水的物理变化过程。

【解题思路及分析】

答案:本题答案为 B,选择该答案的理由是 a。

解题思路:本题解题时要抓住关键字眼"总体积却几乎不变"。若少量食盐放入水中,总体积却几乎不变,以初中学生的理解水平可理解为微粒间有间隙,钠离子、氯离子进入水分子的间隙中,所以总体积变化不大。其微观原理与宏观现象如一满碗饭里可以再加汤相似,故 B 正确。

答案分析:空气看不见,是因为微粒很小,故 A 错;一满碗饭里可以再加汤,是因为饭粒间有空隙,与微粒间有空隙相似,故 B 正确;充气轮胎可以减震,是因为微粒间有空隙,气体压缩分子间距离变小,所以能减震,故 C 错;闻到香水味,是因为微粒不断运动,故 D 错。

选择该答案的理由:若少量食盐放入水中,总体积却几乎不变,以初中学生的理解水平可理解为微粒间有间隙,钠离子、氯离子进入水分子的间隙中,所以总体积变化不大。因此正确的答案理由为 a。

【学生答题情况】

学生答题情况如表 3-2-15、表 3-2-16 所示。

表 3-2-15　第 6 题得分情况

项目	分值	平均得分	得分率/%	典型问题
选择	2	1.54	77	选 C 或 D 共占 20%,题意理解错误,只抓住"食盐溶于水"的字眼
选择理由	2	1.50	75	选 c 占 14%,题意理解错误,只抓住"食盐溶于水"的字眼

表 3-2-16　第 6 题答案及理由选择情况

项目	正确答案	A（a）		B（b）		C（c）		D（d）		平均得分
		人数	比例/%	人数	比例/%	人数	比例/%	人数	比例/%	
选择	B	3	3	77	77	10	10	10	10	1.54
选择理由	a	75	75	4	4	14	14	7	7	1.50

本题得分率较高,选择 C 或 D 共占 20%,题意理解错误,只抓住"食盐溶于水"的字眼,没有抓住关键字眼"总体积却几乎不变"。

【教学建议】

(1)微观世界我们用肉眼看不见,学生在理解的过程中比较困难,在教学中,教师可列举一些宏观比喻让学生了解更多的微观知识。

(2)利用生活中常见的现象来培养学生从关注宏观现象转向关注微观思考。

(3)教师在课堂以及课后作业的设计中有意识地培养学生从微观角度解释日常现

象和常见的实验事实,建立宏观现象与微观原理的联系。

【第7题】下列用微观图示表示物质的3个变化,属于化学变化的是 ( )

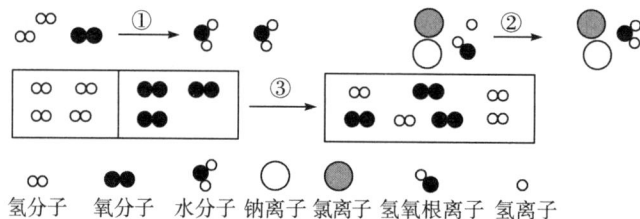

氢分子　氧分子　水分子　钠离子　氯离子　氢氧根离子　氢离子

A.①②　　　　　B.②③　　　　　C.①③　　　　　D.①②③

你选择该答案的理由是(写两点):

(1) _____。

(2) _____。

【试题分析】

本题内容是从微观角度描述物理变化和化学变化的过程,考查学生对化学变化和物理变化的微观认知水平。

【解题思路及分析】

答案:本题答案为A。

选择该答案的依据是:(1)宏观:反应①②有新物质生成,属于化学变化;(2)微观:反应①②有新分子生成,分子的种类发生改变,属于化学变化。

解题思路:化学变化是指有新物质生成的变化,由分子构成的物质在发生化学变化时,反应物的分子一定会引起其他物质的分子发生变化,即化学变化前后,分子的种类一定发生改变。①中变化前为两种分子(氢分子和氧分子),变化后为一种分子(水分子),变化前后分子不同,变化产生了新的分子,属于化学变化;②中变化前为钠离子、氯离子、氢离子和氢氧根离子,而变化后为钠离子、氯离子和水分子,有新的分子产生,属于化学变化;③中变化前有氢分子和氧分子,变化后仍为氢分子和氧分子,分子种类不变,不属于化学变化。故A正确。

答案分析:①②有新物质生成,分子的种类发生改变,属于化学变化,故A正确;②属于化学变化,③属于物理变化,故B错;①属于化学变化,③属于物理变化,故C错;①②属于化学变化,③属于物理变化,故D错。

【学生答题情况】

学生答题情况如表3-2-17～表3-2-19所示。

表3-2-17　第7题得分情况

项目	分值	平均得分	得分率/%	典型问题
选择	2	1.70	85	不会从微观模型判断是否有新分子生成
选择理由	2	0.82	41	未作答或片面描述

表 3-2-18　第 7 题答案选择情况

项目	正确答案	A		B		C		D		平均得分
		人数	比例/%	人数	比例/%	人数	比例/%	人数	比例/%	
选择	A	85	85	6	6	8	8	1	1	1.70

表 3-2-19　第 7 题理由回答情况

项目	作答全对		只宏观描述		只微观描述		作答全错		未作答		平均得分
	人数	比例/%	人数	比例/%	人数	比例/%	人数	比例/%	人数	比例/%	
选择理由	15	15	30	30	22	22	8	8	25	25	0.82

本题选择错误的主要原因是学生不会看微观模型,不能通过微观模型判断分子的种类以及是否有新物质生成。

选择答案的理由中错误的原因:题目没有标明"宏观"与"微观"引导学生回答,导致大部分学生只是从宏观或微观片面回答。

【学生典型答卷】

学生 1:A。选择该答案的理由:(1)生成新物质;(2)因为③中没有新物质生成。

学生 2:A。选择该答案的理由:(1)物质种类改变;(2)它们都发生了反应。

学生 3:A。选择该答案的理由:(1)在化学反应中,分子可分,原子不可分;(2)在化学变化中,原子重新排列组合构成新的分子。

学生 4:A。选择该答案的理由:(1)反应前后分子种类没有发生改变的是物理变化;(2)反应前后分子种类发生改变的是化学变化。

【教学建议】

(1)从微观角度重新认识物质的变化。当学生能够说出物理变化和化学变化的定义,也知道物理变化和化学变化的本质区别时,教师要在此基础上引导学生从微观角度进行区分,通过列举常见的生活现象或已经学过的实验事实进行说明,能够让学生从宏观和微观两个视角理解物理变化与化学变化的本质区别,特别是从微观视角"是否有新的分子产生"来判断。

(2)建立微观模型。微观模型是微观内容中较为重要的一部分,教师应在教学中让学生学会识别分子模型、原子模型和离子模型,区分不同的微观模型,判断是否有新分子生成。

(3)教会学生解题技巧,如读懂题意、抓住关键词、理清解题思路等,培养学生的语言组织能力和表达能力。

【第 8 题】如图是某化学反应前后各种物质的微粒示意图,图中"○""●"表示不同元素的原子。根据图示推断,该反应属于　　　　　　　　　　　　　　（　　　）

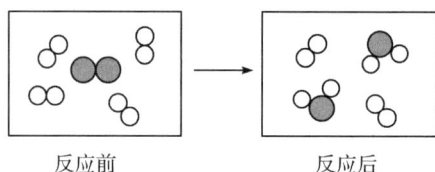

反应前　　　　　　　　　　反应后

A. 化合反应 　　　　　　　　　　B. 分解反应

C. 置换反应 　　　　　　　　　　D. 复分解反应

你选择该答案的理由是(写两点):

(1) ＿＿＿＿＿＿＿＿＿＿＿＿＿＿＿＿＿＿＿＿＿＿＿＿＿＿＿＿＿＿。

(2) ＿＿＿＿＿＿＿＿＿＿＿＿＿＿＿＿＿＿＿＿＿＿＿＿＿＿＿＿＿＿。

【试题分析】

本题内容是通过微观图示来判断化学反应的基本反应类型,考查学生对化学反应类型的微观认知水平。

【解题思路及分析】

答案:本题答案为 A。

选择该答案的依据是:(1)宏观:该反应由两种物质生成另一种物质,属于化合反应;(2)微观:该反应由两种分子反应生成另一种新分子,属于化合反应。

解题思路:通过化学反应前后物质的微粒示意图,判断反应物是否完全反应,将未反应的微粒删除,排除干扰。化合反应是由两种或两种以上的物质生成另一种物质的反应。通过判断,该反应为两种反应物生成另一种物质的反应,属于化合反应。故选 A。

【学生答题情况】

学生答题情况如表 3-2-20 ~ 表 3-2-22 所示。

表 3-2-20　第 8 题得分情况

项目	分值	平均得分	得分率/%	典型问题
选择	2	1.44	72	不会通过微粒示意图判断反应物是否完全反应
选择理由	2	0.50	25	未作答、片面描述或未抓住题意导致答错

表 3-2-21　第 8 题答案选择情况

项目	正确答案	A		B		C		D		平均得分
		人数	比例/%	人数	比例/%	人数	比例/%	人数	比例/%	
选择	A	72	72	7	7	9	9	12	12	1.44

表 3-2-22　第 8 题理由回答情况

项目	作答全对		只宏观描述		只微观描述		作答全错		未作答		平均得分
	人数	比例/%	人数	比例/%	人数	比例/%	人数	比例/%	人数	比例/%	
选择理由	9	9	26	26	6	6	22	22	37	37	0.50

本题选择错误的主要原因是学生不会通过微粒示意图判断反应物是否完全反应,不会将未反应的微粒删除,排除干扰。

选择答案的理由中错误的原因:题目没有标明"宏观"与"微观"引导学生回答,导致大部分学生只是从宏观或微观片面回答。

【学生典型答卷】

学生1:A。选择该答案的理由:(1)生成了一种化合物;(2)两种单质生成一种化合物。

学生2:C。选择该答案的理由:(1)置换反应是单质＋化合物══单质＋化合物;(2)反应前后的原子数不变。

学生3:A。选择该答案的理由:(1)由两种物质变为一种物质;(2)由两种不同种元素组成一种物质。

【教学建议】

(1)从微观角度重新认识物质的变化和基本反应类型。当学生知道物理变化和化学变化的本质区别,理解四大基本反应类型时,教师要在此基础上引导学生从微观角度重新进行思考,通过列举常见的生活现象或已经学过的实验事实进行说明,能够让学生理解四大基本反应的本质区别,并能从微观图示判断反应前后分子的种类。

(2)认识微观模型。微观模型是微观内容中重要的一部分,教师应在教学中让学生学会识别分子模型,通过分子模型区分物质的种类。

(3)教会学生解题技巧,如读懂题意、抓住关键词、理清解题思路等,培养学生的语言组织能力和表达能力。

【第9题】请以冰块融化成水后再变成水蒸气为例,从微观粒子变化的角度认识物质发生物理变化的实质,画出其变化的过程。

物质	冰	→	水	→	水蒸气
微观粒子		→		→	

【试题分析】

本题内容是从分子水平上的微观模型建构,以冰块融化成水后再变成水蒸气为例,从微观粒子变化的角度认识物质发生物理变化的实质,通过让学生画出其变化过程,了解学生建构微观模型的能力水平。

【解题思路】

答案:单位体积内冰的变化过程图示如图3-2-1所示。

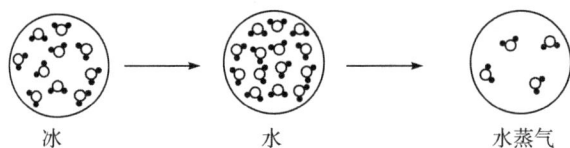

图 3-2-1　单位体积内冰的变化过程图示

分子是保持物质化学性质的最小微粒,水无论在固态、液态、气态中如何转化,只是分子间的间距发生改变,其化学性质都不变,水分子没有变成其他分子。只画出一个分子不能体现分子间的间距,所以要画多个分子模型才能体现出分子间的间距。固态水中分子的间隙比液态水中分子的间隙大。

【学生答题情况】

学生答题情况如表 3-2-23、表 3-2-24 所示。

表 3-2-23　第 9 题得分情况

项目	分值	平均得分	得分率/%	典型问题
答案	3	0.75	25	未作答或只画出一个分子进行表示

表 3-2-24　第 9 题答案回答情况

项目	作答全对		只画出一个分子表示		作答全错		未作答		平均得分
	人数	比例/%	人数	比例/%	人数	比例/%	人数	比例/%	
答案	25	25	25	25	24	24	26	26	0.75

本题存在的主要问题:

①不能从微观角度表达水的三态变化;

②只画出一个分子进行表示,不能体现分子间的间距;

③不能理解水的三态变化只是分子间距发生改变,其化学性质都不变,水分子也没变。

【学生典型答卷】

学生典型答卷如表 3-2-25 ~ 表 3-2-28 所示。

表 3-2-25　第 9 题学生 1 答卷

物质	冰	→	水	→	水蒸气
微观粒子		→		→	

表 3-2-26　第 9 题学生 2 答卷

物质	冰	→	水	→	水蒸气
微观粒子		→		→	

表 3-2-27　第 9 题学生 3 答卷

物质	冰	→	水	→	水蒸气
微观粒子		→		→	

表 3-2-28　第 9 题学生 4 答卷

物质	冰		水		水蒸气
微观粒子		→		→	

【教学建议】

(1)从微观角度重新认识物质的变化。当学生能够说出物理变化和化学变化的本质区别时,教师要在此基础上引导学生从微观角度进行思考,通过列举常见的生活现象或已经学过的实验事实进行说明,能够让学生理解物理变化是没有新分子产生的,分子的种类没有发生变化,三态变化只是分子间的间隙发生了改变。

(2)强调微观模型的重要性。引导学生画出已经学过的分子微观模型。教师在授课过程中要对具体物质做出简单分析,要求学生知道具体物质的微观构成是怎样的,然后引导学生去看模型,讲模型,画模型,能够用微观分子模型正确表达学过的物质分子。

【第 10 题】请以电解水为例,从微观粒子变化的角度认识发生化学变化的实质,并画出其反应的过程。

反应过程	反应前	→	反应过程中	→	反应后
微观粒子		→		→	

【试题分析】

本题内容是以电解水为例,画出其微观变化的过程,从微观粒子变化的角度认识化学变化的实质。本题考查了化学变化是分子分成原子,原子重新组合成新分子的过程。有助于了解学生对微观角度化学变化实质的认知水平。

【解题思路及分析】

解题思路:水分子由氢原子与氧原子构成,在化学变化中水分子分解成氢原子和氧原子,氢原子和氧原子重新结合成新的分子——氢分子和氧分子;反应前"构成水分子的氢原子与氧原子"和反应后"构成氢分子的氢原子与构成氧分子的氧原子种类和数目都不变",即反应前后原子的种类和数目都不变。

答案:反应过程图示如图 3-2-2 所示。

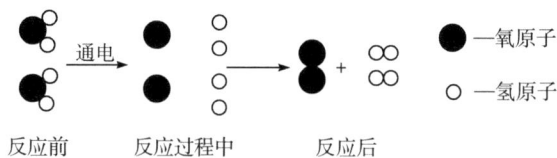

图 3-2-2　电解水反应过程图示

【学生答题情况】

学生答题情况如表 3-2-29、表 3-2-30 所示。

表 3-2-29　第 10 题得分情况

项目	分值	平均得分	得分率/%	典型问题
答案	3	1.35	45	未作答或不遵守质量守恒定律

表 3-2-30　第 10 题答案回答情况

项目	作答全对		作答全错		质量不守恒		反应过程中错		其他错		平均得分
	人数	比例/%	人数	比例/%	人数	比例/%	人数	比例/%	人数	比例/%	
答案	45	45	12	12	16	16	16	16	11	11	1.35

【学生典型答卷】

学生典型答卷如表 3-2-31 ~ 表 3-2-33 所示。

表 3-2-31　第 10 题学生 1 答卷

表 3-2-32　第 10 题学生 2 答卷

表 3-2-33　第 10 题学生 3 答卷

【教学建议】

(1)重视微观模型的教学。主要是分子水平上的微观模型以及化学变化的原子重新组合微观模型。

(2)在引导学生画已经学过的一些物质的微观模型时,教师在授课过程中要对具体物质做出简单分析,要让学生知道具体物质的微观构成是怎样的,然后引导学生去看模型,讲模型,画模型,能够用分子模型正确表示学过的物质分子。

(3)在从原子水平上解释化学反应时,教师在课堂中要对原子重新组合模型进行重点讲授,从对课本中的原子重新组合模型的观察、描述,对已经学过的化学反应进行微观模型表示,并进行微观模型的解释说明。

四、九年级微观化学调研结论

(1)微观内容认知机械:学生对微粒的认识普遍停留在对课本的简单识记和语句的记忆上,对于微粒是否运动,微粒之间是否存在间隙的问题,学生的掌握情况较好,大多数同学可以认同微粒是运动的,微粒之间存在间隙,且能从微观角度对日常生活中相关的现象进行解释说明。

(2)微观内容理解肤浅:从分子水平上对分解反应和化合反应的理解,大多数学生都知道分解反应和化合反应的定义,但不会将宏观与微观结合起来进行思考,从而不能从微观视角认识分解反应和化合反应,并做出解释说明。

在从分子水平上对物质的分类(纯净物、混合物)的理解中,学生掌握纯净物和混合物的定义,能从宏观物质的种类角度进行区分,有意识从微观角度进行说明,但不能抓住微观角度中纯净物和混合物的本质区别,而是以微粒的排布混乱程度进行区分。

(3)微观水平解释不当:对具体事例进行解释时,学生有一定的解释意识,但不得其法,不能清晰表达,不能将所学微观内容和实际问题联系起来进行解释说明。

(4)微观模型建构空白:学生对微观模型的认识不太理想,近一半学生对微观模型的理解接近空白状态,对掌握画模型有一定的难度。在原子水平上解释化学反应时,对原子重新组合模型理解浅薄,没有意识使用原子重新组合模型进行表示和说明,不能进行准确的解释描述。

五、九年级微观化学教学建议

1.宏微结合

对于微粒内容的认知,学生普遍停留在对课本的简单识记和语句的记忆上,更偏于依靠课本结论性的语句。教师应强调将宏观现象和微观本质联系起来,让学生尝试解释之后再进行纠正。教师在课堂以及课后作业的设计中,要有意识地培养学生从微观角度去解释日常现象和常见的实验事实,将宏观与微观紧密有机结合起来。

2. 促进认知

认识物质及其变化是化学学科的重要特征。在学习微观内容之前,学生已经学习了物理变化、化学变化、物质的分类等,他们是从宏观的定义或特征对微观知识进行认识和理解的。在学习微观内容以后,教师要在此基础上引导学生从微观角度重新进行思考,用进阶和发展的视角促进学生的认知发展。

3. 强化模型

微观模型是微观内容中重要的一部分,其中包括分子水平上的微观模型,原子水平上的分子模型,化学变化的原子重新组合模型。分子水平上的微观模型用于表示宏观物质的微观模型;原子水平上的分子模型用于表示具体物质的微观构成情况;原子重新组合模型用于表示化学反应的微观过程。认知模型的建模过程具体如图3-2-3所示。[12]

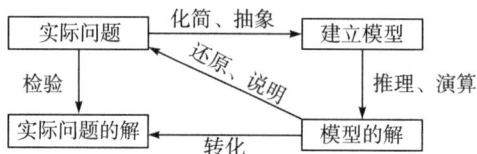

图3-2-3　认知模型的建模过程

在引导学生画已经学过的一些物质的微观模型时,教师在授课过程中要对具体物质做出简单分析,让学生知道具体物质的微观构成是怎样的,然后引导学生去看模型,讲模型,画模型,能够用原子水平上的分子模型正确表示学过的具体物质,对已经学过的化学反应进行微观模型表示,并进行微观模型解释说明。

4. 微观探析

将宏观与微观结合起来研究物质,是化学学科独特的思维方法。在化学学习过程中,尤其是在初中化学的启蒙教育阶段,要充分培养学生的微观意识和模型建构的能力,使学生在化学学习过程中慢慢养成"宏微结合"的思维方式,从而培养学生从化学视角解释实际问题及将化学知识应用于社会生活的能力。

在初中化学的教学中,学生常见的化学物质都是日常生活中能够接触到的物质,学生对该部分的知识具有良好的学习兴趣,但很多问题都需要从微观的角度进行解释,这就要求教师在化学教学中充分挖掘教材内容,并通过多样化的教学方式培养学生的想象力,提高学生对微观内容的学习能力和理解能力,促进学生化学"微粒观"的发展。

第三节 高一年级学生微观化学调研报告

一、高一年级学生调研试题的研制

调查问卷共有 10 道题,其中有 7 道选择题,3 道问答题。将试卷发给学生后,要求其独立完成。本次调查问卷涉及高一年级化学微观认知的一些内容,分别从物质的分类、离子反应、元素周期表、元素周期律、化学键入手,分析了解学生的认知水平,总结教学策略。为此,制定了高一年级调研试题命题双向细目表(表 3-3-1)。

表 3-3-1 高一年级调研试题命题双向细目表

题号	微观化学内容	主要内容	分值
1	物质的分类	根据物质的类别进行归类的判断	10
2	离子反应	离子反应的发生过程	10
3		离子反应的判断	10
4		氧化还原反应的判断	10
5	元素周期表	同位素的判断	10
6	元素周期律	元素性质的递变规律的判断	10
7	化学键	由共价键或离子键结合的物质的判断	10
8		化学键数目的判断	10
9		离子化合物形成的过程	10
10		能形成共价化合物的原子的判断	10

二、高一年级学生调研总体情况分析

对高一年级学生调研总体情况的分析如表 3-3-2 所示。

表 3-3-2 高一年级学生调研总体情况

题号	满分	平均分	典型问题
1	10	1.45	对于物质的分类,仅从化合物、单质入手,忽略了微观认知的过程
2	10	0.80	对于溶液中微粒的存在形式较模糊

（续表）

题号	满分	平均分	典型问题
3	10	3.11	没掌握好离子共存，也没有电荷守恒思想
4	10	5.78	物质化合价不熟悉
5	10	3.95	误认为核外8个电子是稳定结构，忽略了电子层的排布规律
6	10	6.70	没有去深入分析电子层与失电子能力的关系
7	10	3.05	对原子、离子等微粒如何结合成物质和离子键与共价键的认识模糊
8	10	2.50	没掌握好离子键、共价键或是化合物的断键与成键过程
9	10	2.25	答题不规范，没有原子、电荷守恒思想，没掌握好电子式的书写
10	10	2.91	不能区分离子键与共价键

三、高一年级调研具体分析

【第1题】现有7种物质：①水；②水银；③碳酸钙；④氢气；⑤金刚石；⑥氯化钠；⑦二氧化碳。按某种方式分成了下面A、B、C三组，请问按这种分类方式，氦气应该归入哪组　　　　　　　　　　　　　　　　　　　　　　　（　　）

　A.③⑥　　　　　　B.②⑤　　　　　　　C.①④⑦　　　　　　D.单独一组

你选择该答案的理由是　　　　　　　　　　　　　　　　　　　　　　　（　　）

　a.状态相同　　　　　　　　　　b.构成微粒类别相同

　c.都是单质　　　　　　　　　　d.不属于其中任何一类

【试题分析】

本题是考查学生对物质分类方法的掌握情况，从构成物质微粒：离子、原子、分子的种类来区分，通过a、b、c三个选择理由给学生一些解题的提示，目的是了解学生利用微观思维的解题能力。

【解题方法】

本题答案是B，选择理由是b。构成物质的微粒有离子、原子、分子，通过题意可知ABC三组的分类方法如下：A项中，构成③⑥物质的微粒都是离子；B项中，构成②⑤物质的微粒都是原子；C项中，构成①④⑦物质的微粒都是分子。氦气是由氦原子直接构成的物质，故应把氦气归为B类，是从构成微粒类别区分的。

【答题情况】

学生答题情况如表3-3-3所示。

表 3-3-3   第 1 题学生答题情况

选项	特尖班（10 份）	普尖班（30 份）	普通班（60 份）	总数（100 份）
A	0	0	0	0
B	4	9	14	27
C	4	16	18	38
D	2	5	28	35

选择答案 B 的 27 人中，有 3 人选择了理由 a，只有 2 人选择了理由 b，22 人选择了理由 c，也就是说大部分人忽略了 C 选项中④氢气是单质，限制了自我的思维扩展，容易被误导。本题考查的微观知识是构成物质的粒子——离子、原子、分子。A 选项中构成③碳酸钙、⑥氯化钠的微粒为离子，B 选项中构成②水银、⑤金刚石的微粒为原子，而 C 选项中构成①水、④氢气、⑦二氧化碳的微粒则为分子。也就是说学生对于鉴别构成物质微粒的分析思维能力是欠缺的，对于物质的分类，仅仅是从书本的化合物、单质入手，忽略了微观认知的过程。

【教学建议】

本道题很多学生没有理解题意，导致失分严重。因此在之后的教学中，教师应引导学生注意题意的揣摩以及物质分类的方式可以多样，不能只局限于课本的分类方法；在教学中强化学生的微观思维能力。

【第 2 题】画出稀盐酸和氢氧化钠溶液反应后粒子在溶液存在的微观示意图。

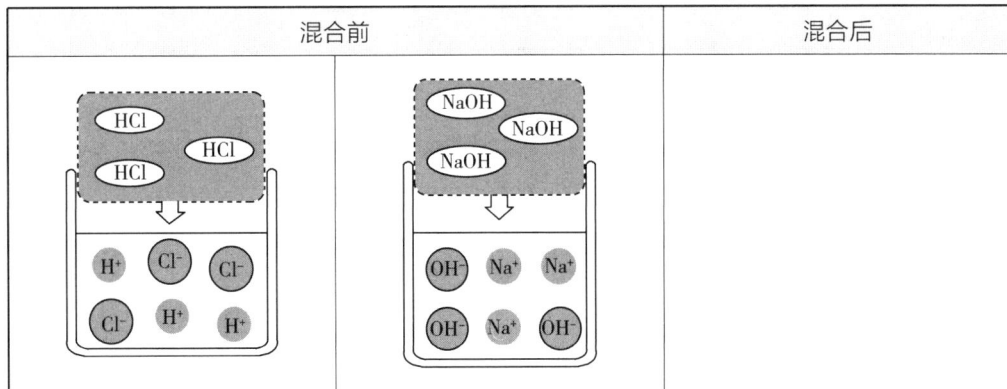

【试题分析】

本题通过学生平时常见的化学反应，要求其画出离子之间反应后粒子的微观存在形式，考查学生对电离以及离子在溶液中的反应情况的认识，反映出学生对于离子反应的实质、离子反应条件以及进一步的离子共存问题的掌握程度。除此之外，本题还隐藏着对守恒思想特别是对原子守恒认识的考查。

【解题方法】

本题答案如图 3-3-1 所示。

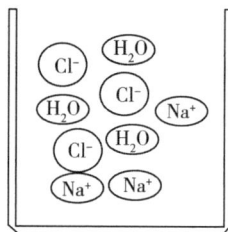

稀盐酸与氢氧化钠反应生成氯化钠与水,氯化钠在溶液中电离成钠离子与氯离子,而水是以分子的形式存在于溶液中。根据原子守恒,混合后的原子个数要与混合前的相等,故得如图 3-3-1 所示的答案。

图 3-3-1　第 2 题答案图示

【答题情况】

从调查结果看,有将近半数(45%)的学生未作答,只有 2 人作答完全正确。从上述分析可以得出:①大部分学生没有从微观角度思考溶液中的离子反应,甚至不知道微观角度下它们如何反应;②从学生书写离子符号时缺少电荷可知,这部分同学不知道如何表达微观离子,或不知道离子如何构成物质;③学生对溶液中的微观认知比较欠缺。

【教学建议】

教学过程中应注重离子的正确书写,要加强宏观、微观和符号三重表征的关联。本题可以先写出本反应的化学方程式,再分析生成物在溶液中的存在形式,对于普通班的学生来说,还是要更多关注气体、沉淀、水等;也可以通过模型教学辅助构建微观认知思维模型,使学生形成对离子反应过程的清晰认识。

【第 3 题】将下列离子 Na^+、K^+、Cu^{2+}、H^+、NO_3^-、Cl^-、CO_3^{2-}、OH^- 按可能大量共存于同一溶液的情况,把它们分成 A、B 两组,且每组中均含两种阳离子和两种阴离子。

A 组:＿＿＿＿＿＿＿＿＿＿＿＿＿＿＿＿＿＿＿＿＿＿＿＿＿；

B 组:＿＿＿＿＿＿＿＿＿＿＿＿＿＿＿＿＿＿＿＿＿＿＿＿＿。

你的思路是:

①＿＿＿＿＿＿＿＿＿＿＿＿＿＿＿＿＿＿＿＿＿＿＿＿＿；

②＿＿＿＿＿＿＿＿＿＿＿＿＿＿＿＿＿＿＿＿＿＿＿＿＿。

【试题分析】

本题主要考查常见的离子共存,而离子共存即离子之间不反应。本题还考查对离子反应条件的认识,对常见生成气体、沉淀、水的反应条件的掌握程度以及对电荷守恒的认识。

【解题方法】从 OH^- 入手,OH^- 不能和 H^+ 共存,会生成 H_2O,OH^- 也不能 Cu^{2+} 共存,会生成 $Cu(OH)_2$。另外,H^+ 也不能和 CO_3^{2-} 共存,会生成 CO_2 气体和 H_2O。然后根据题意,每组中均含两种阳离子和两种阴离子,将其分成 A、B 两组,答案如图 3-3-2 所示(A 组、B 组可互换)。

A 组:Cu^{2+}、H^+、NO_3^-、Cl^-;

B 组:Na^+、K^+、CO_3^{2-}、OH^-。

你的思路是:

①H^+ 与 CO_3^{2-}、OH^- 不共存,Cu^{2+} 与 OH^- 不共存;

②每组中均含两种阳离子和两种阴离子。

图 3-3-2　第 3 题答案

【典型答卷】

学生典型答卷如图 3-3-3 所示。

A 组:Cu^{2+}、H^+、NO_3^-、Cl^-;

B 组:Na^+、K^+、CO_3^{2-}、OH^-。

你的思路是:

①H^+ 与 CO_3^{2-}、OH^- 不共存;

②Cu^{2+} 与 OH^- 不共存。

(a)

A 组:Cu^{2+}、H^+、Na^+、K^+;

B 组:NO_3^-、Cl^-、CO_3^{2-}、OH^-。

你的思路是:

①阳离子为一组;

②阴离子为一组。

(b)

A 组:Cu^{2+}、Na^+、NO_3^-、CO_3^{2-};

B 组:H^+、K^+、Cl^-、OH^-。

你的思路是:

①有沉淀生成;

②有水生成。

(c)

A 组:Cu^{2+}、Na^+、K^+;

B 组:H^+、NO_3^-、CO_3^{2-}、Cl^-、OH^-。

你的思路是:

①金属阳离子;

②非金属阴离子。

(d)

图 3-3-3　第 3 题学生典型答卷

从答题情况可知,有 37% 的学生对这个知识点的掌握比较好,思路基本从离子共存的角度出发,也了解复分解反应发生的条件。本题基本正确的百分比:特尖班 80%,普尖班 60%,而普通班只有 18.3%。普通班的学生,大多对于离子之间的反应认识不清晰,如将 H^+、OH^- 归为一组;另有少数学生对于溶液中的电荷没有守恒思想认识以及没认真读题,四个离子都是阳离子或都是阴离子的情况也有出现;更有少部分学生出现答案(c)的情况,不了解什么是离子的共存与不共存,连最基本的定义也没有理解清楚;普通班中还出现 2 个学生写出了答案(d),说明他们对物质的分类有一定的思想,但是并没有读懂题意。

【教学建议】

在今后的教学中,教师应教会学生认真读题,审清题意,如离子共存即离子之间不发生反应;应特别关注普通班学生对于一些常见的离子间反应以及电荷守恒思想的了解程度;教学过程中还应注重引导学生对微粒符号意义的理解与表达。

【第 4 题】下列反应中属于氧化还原反应的是　　　　　　　　　　（　　）

A. $Cu(OH)_2 \xrightarrow{\triangle} CuO + H_2O \uparrow$

B. $Na_2O + H_2O === 2NaOH$

C. $Na_2CO_3 + 2HCl === 2NaCl + H_2O + CO_2 \uparrow$

D. $4HNO_3(浓) \xrightarrow{\triangle} 4NO_2 \uparrow + O_2 \uparrow + 2H_2O$

你判断的依据是：_____。

【试题分析】

本题主要考查氧化还原反应的判断依据。氧化还原反应的特征（判断依据）是方程式中有化合价的升降。

【解题方法】

本题答案是 D。根据氧化还原反应的判断依据，把元素化合价标出，发现 D 答案的氮元素从 +5 价降到 +4 价，氧元素从 −2 价升到 0 价。因此，答案为 D。

【答题情况】

学生答题情况如表 3-3-4 所示。

表 3-3-4　第 4 题学生答题情况

选项	特尖班（10 份）	普尖班（30 份）	普通班（60 份）	总数（100 份）
A	0	0	8	8
B	0	0	1	1
C	1	0	13	14
D	9	30	38	77

此题调查结果较为理想，高一学生对氧化还原反应的判断能力达到 77%，基本都能从反应前后元素化合价变化的方向入手，有部分学生直接从 D 答案中有单质生成判断出一定有化合价升降。其中 56 人知道要从化合价的升降来分析，但是却对物质化合价不熟悉。还有少部分学生判断依据未作答，或者胡乱填写。

【教学建议】

教学中要强化学困生对化合价的认识，使其了解氧化还原反应的本质和特征。

【第 5 题】X 原子的相对原子质量为 18，核外有 8 个电子，下列说法正确的是（　　）

A. X 原子核内有 9 个中子

B. X 原子很稳定不容易得失电子

C. X 与空气中的氧元素互为同位素

D. X_2 与空气中的 O_2 互为同素异形体

你选择该答案的理由是　　　　　　　　　　　　　　　　　　　（　　）

a. 中子数约为质量数的一半　　　　　　　b. 8 电子是稳定结构

c. X_2 为氧元素的一种单质　　　　　　　d. X 为氧元素的一种核素

【试题分析】

本题主要考查同位素,了解学生对原子结构、质量数、质子数、中子数的认识及能否区分同位素与同素异形体的概念。

【解题方法】

本题答案是 C,选择理由是 d。

原子序数 = 核外电子数 = 质子数,质子数 + 中子数 = 质量数。因此:X 原子的中子数应为 18 − 8 = 10,故 A 错误。X 原子最外层电子为 6,应是容易得电子,故 B 错误。X 应为质量数为 18 的氧原子,而空气中的 O 为质量数为 16 的氧原子,因此互称为同位素,故 C 正确。X_2 与 O_2 都是氧气,不能叫同素异形体,故 D 错误。

【答题情况】

学生答题情况如表 3-3-5 所示。

表 3-3-5　第 5 题学生答题情况

选项	特尖班（10 份）	普尖班（30 份）	普通班（60 份）	总数（100 份）
A	0	0	6	6
B	3	4	18	25
C	6	24	18	48
D	1	2	18	21

从调查结果看,48% 的学生选择了答案 C,能理解核外 8 个电子等于原子序数。但这 48% 的学生中并不能全部掌握同位素,其中只有 31 人选择了理由 d,也就是能深入掌握同位素的同学占 31%,知道同位素的原子属于核素。其余 52 人较多选择了答案 B,也就是误认为核外 8 个电子就是最外层电子,认为是稳定结构,忽略了电子层的排布规律是先排满内层结构。很少部分同学选择答案 D。

【教学建议】

在教学中注意"同位素是核素"的概念教学与理解,也不能忽视同素异形体的分析。对于核素的认识的结论"原子序数 = 核外电子数 = 质子数"还需要通过练习加强学生的理解。可增加一些原子模型来分析原子结构,认识质子数、中子数与质量数。

【第 6 题】下列各组元素性质或原子结构递变情况错误的是　　　　　　（　　）

A. Li、Be、B 最外层电子数依次增多

B. P、S、Cl 元素的最高正化合价依次升高

C. Na、K、Rb 与酸反应的程度趋于缓慢

D. N、O、F 原子半径依次减小

你选择该答案的理由是　　　　　　　　　　　　　　　　　　　　　（　　）

a. 核外电子从里往外分层排布,数量越多,最外层电子数或电子层数越多

b. 最外层电子数越多,得电子能力越强,化合价越低

c.电子层数越多,原子半径越大,失电子能力越强

d.核外电子数越多,原子半径越大

【试题分析】

本题主要考查元素周期律,同族元素性质的相似性与递变性,对元素周期表周期变化规律的掌握程度,也就是对原子结构变化本质的理解能力。有效提高学生对多数物质性质的推断与理解能力。

【解题方法】

本题答案是C,选择理由是c。

根据元素周期律分析得:答案A中的Li、Be、B为同一周期,电子层数相同,但最外层电子数依次1、2、3,故A正确,不选。答案B中P、S、Cl的最高正价等于最外层电子数,依次为+5、+6、+7,故B正确,不选。答案C中的Na、K、Rb为第一主族元素,电子层逐渐增多,半径增大,原子核对最外层电子吸引力逐渐减小,故Rb最容易失电子,活泼性逐渐增强,与酸反应也逐渐增强,因此,C错误,本题选C。答案D中的N、O、F为同一周期,原子半径逐渐减小,故D正确,不选。

选择理由:Na、K、Rb为第一主族元素,电子层逐渐增多,半径增大,原子核对最外层电子吸引力逐渐减小,失电子能力增强,因此理由选择c。

【答题情况】

学生答题情况如表3-3-6所示。

表3-3-6　第6题学生答题情况

选项	特尖班（10份）	普尖班（30份）	普通班（60份）	总数（100份）
A	0	0	5	5
B	0	2	5	7
C	10	25	36	71
D	0	3	14	17

数据分析显示,有71%的学生能较好地理解元素周期表的基本规律,其中特尖班达到100%,普尖班达到83.3%,普通班只能达到60%。在普通班中,36人选择了答案C后,理由选择c的达28人。从数据可知,学生对于电子层、原子半径、得失电子能力等初步理解。而选择理由c外的大部分学生都选择理由a,说明他们没有注意到题目的因果关系,或是没有深入去分析电子层与失电子能力的关系。

【教学建议】

本题答题情况可以反映出学生对于元素周期律有一定的认识,对于元素的位、构、性三者的关系认识比较到位,基本掌握了原子的电子层、原子半径和失电子能力强弱的判断方法。教师加强对原子结构的教学,使学生掌握1~20号原子结构示意图及元素周期律。

【第 7 题】下列反应中,同时有离子键、共价键断裂和形成的是　　　　(　　)

A. $2Na_2O_2 + 2CO_2 \Longrightarrow 2Na_2CO_3 + O_2$　　　　B. $NH_3 + CO_2 + H_2O \Longrightarrow NH_4HCO_3$

C. $Na_2SO_4 + BaCl_2 \Longrightarrow 2NaCl + BaSO_4$　　　　D. $NH_4Cl \Longrightarrow NH_3 + HCl$

你选择该答案的理由是　　　　　　　　　　　　　　　　　(　　)

a. A 中无共价键断裂,B 中无离子键断裂,C 中无共价键断裂和形成

b. A 中无共价键断裂,B 中无离子键断裂,D 中无离子键形成

c. A 中无共价键断裂,C 中无共价键断裂和形成,D 中无离子键形成

d. B 中无离子键断裂,C 中无共价键断裂和形成,D 中无离子键形成

【试题分析】

本题主要考查共价化合物和离子化合物的判断,也就是了解学生对离子键和离子化合物,共价键和共价化合物的概念的理解;化学反应的本质理解;离子化合物和共价化合物的形成过程。

【解题方法】

本题答案是 A,选择理由是 d。

A 反应中 Na_2O_2 为离子键断裂,CO_2 为共价键断裂,Na_2CO_3 为离子键与共价键的形成,O_2 为共价键的形成,故 A 正确。B 反应中 NH_3 为共价键断裂,CO_2 为共价键断裂,H_2O 为共价键断裂,NH_4HCO_3 为离子键与共价键的形成,故 B 错误。C 反应中 Na_2SO_4 为离子键断裂,$BaCl_2$ 为离子键断裂,$NaCl$ 为离子键的形成,$BaSO_4$ 为离子键的形成,故 C 错误。D 反应中 NH_4Cl 为离子键与共价键的断裂,NH_3 与 HCl 均是共价键的形成,故 D 错误。

通过上述分析,本题答案是 A,选择理由是 d。

【答题情况】

学生答题情况如表 3-3-7 所示。

表 3-3-7　第 7 题学生答题情况

选项	特尖班（10 份）	普尖班（30 份）	普通班（60 份）	总数（100 份）
A	6	17	16	39
B	0	4	12	16
C	0	3	20	23
D	4	6	12	22

从调查结果看,学生对化学键的认识并不深刻,在选择答案 A 的 39 人中,特尖班有 6 人能选择理由 d,普尖班有 8 人,而普通班中答案与理由均正确的只有 8 人。说明学生对于物质的微观认识依然停留在初中的分子、原子、离子水平,对于原子如何结合成分子,离子如何结合成物质,以及对于离子键与共价键的认识比较模糊。

【教学建议】

在教学中,应从宏观现象到对微观世界的认知,引导学生深入理解离子键与共价键,包括理解键的成键特点、成键微粒和成键的表示方法等。教学过程中可让学生观察电脑动画模拟的氯化钠的形成过程,帮助学生理解微粒运动的情景,理解离子化合物与共价化合物的形成过程,依据学生的学习基础引导学生通过动画课件的展示和分析推理,将抽象的概念形象化、具体化,提高学生的认知能力。

【第8题】沾有浓盐酸和浓氨水的玻璃棒在相互靠近的过程中产生了大量的白烟,将该白烟溶于水得到无色溶液。请问在白烟的形成和溶解的过程中需要断裂的化学键数目分别为   （   ）

A.4、1   B.4、5   C.1、5   D.1、1

你选择该答案的理由是   （   ）

①HCl 中含有 1 个共价键   ②NH_3 中含有 3 个共价键

③NH_4Cl 中含有 5 个化学键   ④NH_4Cl 中含有 1 个离子键

a.①②③   b.①②④   c.①③   d.①④

【试题分析】

本题主要考查的是物质化学键的数目,也就是学生对化学键的形成过程的掌握程度以及对化学反应本质的理解,了解学生对于微观模型建立的认知。

【解题方法】

本题答案是 A,选择理由是 b。

通过题意可知,产生白烟的化学方程式为 $NH_3 + HCl === NH_4Cl$,NH_3 有 3 个共价键,而 HCl 有 1 个共价键,根据化学反应的实质是分子分成原子,然后原子再重新组合成新的分子可知,白烟的形成共有 4 个共价键。白烟溶于水,电离生成 NH_4^+ 和 Cl^-,也就是 1 个离子键断裂。故答案是 A,选择理由是 b。

【答题情况】

学生答题情况如表 3-3-8 所示。

表 3-3-8   第 8 题学生答题情况

选项	特尖班（10 份）	普尖班（30 份）	普通班（60 份）	总数（100 份）
A	3	18	14	35
B	1	5	10	16
C	1	3	22	26
D	5	4	14	23

在选择答案 A 的 35 人中,特尖班有 3 人选择了理由 b,普尖班有 7 人,而普通班仅有 5 人。也就是说本题只有 15% 的学生完全解答正确。由学生该题的答题情况可知,不管是离子键、共价键或是化合物的断键与成键过程,对于学生而言都是非常薄弱的。

【教学建议】

本题主要是考查学生对化学键数目的判断,同时也要求学生对化学键的形成过程了解清晰才能做出精确的选择,构建关于离子键与共价键的微观认知,培养学生建立微观模型,也将是教学过程中不可忽视的重点。帮助学生想象看不到的微粒运动的情景,增强直观感受,加深抽象概念的理解。

【第 9 题】试从电子得失的角度画出 Na_2O 形成的微观过程:_____。

【试题分析】

本题考查的是离子化合物的形成过程,把想象微粒运动的情景转化为符号的表达能力。以书本中氯化钠的形成过程为已知知识,了解学生应用已知知识推测未知知识的能力以及迁移应用的能力。

【解题方法】

答案:$Na\cdot\ +\ \ddot{\ddot{O}}\ +\ \cdot Na\ \longrightarrow\ Na^+[:\ddot{\ddot{O}}:]^{2-}Na^+$。

钠原子最外层电子数为 1,容易失去电子形成稳定结构,而氧原子最外层电子数为 6,容易得到电子形成稳定结构,因此钠原子与氧原子之间形成离子键。

【典型答卷】

学生典型答卷如图 3-3-4 所示。

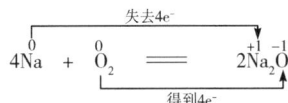

图 3-3-4　第 9 题学生典型答卷

本题调查得到的答案五花八门,学生答题不规范的问题比较严重。特尖班只有 30%的学生能完全书写正确;普尖班里只有 5 人书写正确,也就是 16.7%;普通班也只有 5 人书写正确,也就是 8.3%。有 19%的学生答题不规范,也有部分同学的原子或电荷没有守恒,没有守恒思想。普通班的同学基本不能理解物质形成的微观过程,写不出原子、分子的电子式,或者根本不理解题意。从上述答题情况来看,学生主要的问题是没有明确物质在微观世界里如何由原子一步步演变成分子,更没有将其真正内化成自己的知识,并不能在脑海中构建这种微观认知。还有大部分的同学因不能规范书写而导致答题情况不理想,老师应对他们进行正确引导,并注重规范书写化学符号等一系列知识能力的加强。

【教学建议】

充分利用现代化的教学手段,进行多媒体辅助教学,突出重点,突破难点。由于离子键的概念比较抽象,应用多媒体课件提高学生学习的兴趣,帮助学生理解离子键的形成过程及概念。引导学生深入理解离子键的知识和化学反应的本质。

【第10题】若有两个不同的原子,可通过一个共用电子对而形成双原子分子,则这两个原子的电子层结构可能为 （ ）

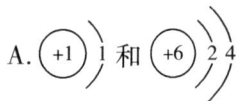

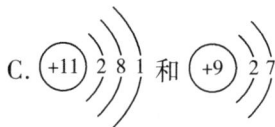

A. (+1) 1 和 (+6) 2 4   B. (+1) 1 和 (+9) 2 7

C. (+11) 2 8 1 和 (+9) 2 7   D. (+6) 2 4 和 (+8) 2 6

你选择的依据是:_____。

【试题分析】

本题考查学生对原子形成共价化合物的判断,考查了学生对共价化合物的形成过程实质的掌握程度。

【解题方法】

本题答案是 B。依据是 H 和 F 由一对共用电子对形成 HF 共价化合物。

答案 A 中 H 和 O 应是两个共用电子对;答案 B 中 H 和 F 则为一个共用电子对,形成 HF 共价化合物;答案 C 中 Na 和 F 形成的是离子键;答案 D 形成的是化合物 CO_2,共四个共用电子对。故答案为 B。

【答题情况】

学生答题情况如表 3-3-9 所示。

表 3-3-9　第 10 题学生答题情况

选项	特尖班（10 份）	普尖班（30 份）	普通班（60 份）	总数（100 份）
A	0	2	5	7
B	8	11	29	48
C	1	8	14	23
D	1	9	12	22

关于答题依据,学生的答题情况主要有以下几种类型。

(1)类型 1:H 最外层缺一个电子达到稳定结构,F 差一个电子达到稳定结构,H 与 F 共用一个电子对均达到稳定结构。

(2)类型 2:通过共用电子对形成 2 或 8 电子稳定结构。

(3)类型 3:最外层结合能形成稳定结构。

(4)类型 4:金属与非金属形成的是离子键。

本题主要考查原子如何构成共价化合物。本题得分率为 48%,特尖班答题情况较为理想,能够达到 80%。而普尖班和普通班的答题情况较为一般,有很少部分学生能出现类型 1 的答题情况,此类学生的表达也较为完整。普尖班的一部分学生也会出现类型 2 的答题情况,说明此类学生对于电子层结构有一定的认识。大部分选择了答案 B 的同学更多是出现了类型 3 的答题情况,其表达有些模糊,有的学生忽略了离子键的形成也是如此,最外层达到稳定结构并不能区分离子键与共价键。对于一些选择了其他答案的同学,回答时出现了类型 4 的答题情况,由此可知,这部分同学连题意都没有读懂,答非所问。由学生的选择情况以及选择依据的回答情况可见,学生对于原子构成共价键分子的微观思维是欠缺的,很多时候对于共价化合物也只是通过记忆,并不能在脑海中形成对共价键形成过程的认知。

【教学建议】

通过与离子键的对比学习,发现问题,寻找非金属元素间形成稳定物质的途径,从而深刻理解共价键的实质。运用对比法培养学生质疑、求实、创新的精神。

通过动画演示来具体、形象地展示共价键的形成过程,揭示共价键的形成原因,从而理解共价物质的电子式,让学生不断体验学习知识的乐趣,以此来激发和保持学生长久的学习兴趣。

四、高一年级学生调查结论

从以上数据可以看出,很大一部分高一学生在化学微观思维的构建过程中找不到适合自己并且行之有效的学习方法。在化学学习中,他们是被动接受的,对于一些知识点并不能内化成自身的东西,更多的是通过记忆加强对知识点的了解,对知识的认识是肤浅的、表面的。从学生得分特别低的第 1、2、3、7、8、9、10 题可以看出,学生不善于用微观思维来分析和解决问题,对于分子、原子、离子之间的相互变化与相互作用,物质反应中的微观粒子变化,以及离子键、共价键的形成等并不能完全掌握,并不能将整个微观体系的学习贯穿起来。遇到问题时,不能借助微观思维来解答。

规范使用化学用语是重要的化学学科素养,也是学科必备的基础知识。由于学生对微观世界认识不深刻,用正确的化学符号表示微粒对学生来说也是较为困难的。如学生从初中的离子书写到高中的离子化合物书写,都是错漏百出的。

五、高一年级学生调研的教学启示

从对调查结果的分析和学生的建议中可以得出以下几点启发。

1. 要注重初、高中的衔接

调查结果表明:高一化学对学生来说是一个“台阶”。从初中进入高中后,由于知识难度的增加,学生遇到了知识难度上的困难,微观认知方向也相应地遇到了困难。比如从离子到离子键的认识,原子到共价键的认识,都上升了一个高度。学生对微观认知也只是停留在原子、分子、离子上,不能很好地构建宏观到微观的桥梁,大部分学生感到不适应。针对这种情况,教师在教学中应抓好知识点的延续,知识点之间不是分离的、独立的,而是相互联系的。如对于原子的学习,初中仅要求会写原子结构示意图,到了高一,我们必须从结构示意图的认知迁移到最外层电子如何通过得失、共用电子形成化合物。因此,高中课程教学中,需要引导学生从初中已有知识深入思考,应用以及迁移到新的知识点中,慢慢过渡,层层深入,让学生易于理解新知识。

2.建立宏观与微观之间的桥梁

微观粒子看不见、摸不着,化学家通过模型来说明他们心目中粒子的"模样",揭示物质的微观结构特点,解释微观结构与宏观现象之间的因果关系。模型化是学习化学的重要方法。利用模型的建立,让微观世界变得可视化。教学过程中,锻炼学生的实践动手能力,让学生在学习过程中体验、感悟微观与宏观的关系。借助模型帮助学生建立宏观与微观之间的桥梁,能有效地突破教学难点,强化教学重点,更能帮助学生形成和建立正确的微粒观。同时,也应教会学生从微观角度解释一些宏观的现象与问题。

3.重视对微观世界概念的构建

原子、分子、离子等微观物质在学生开始学习化学之初就要在教学中将其作为关键的一环,突破难点,使学生理解、掌握并能灵活运用。在教学中可采取一些演示实验、类比、总结、归纳等方法,灵活处理教材。许多基本概念和原理就是建立在非常抽象的微观角度上,如何化繁为简,化难为易,如果只靠一些实验现象、知识点的分析等进行教学,对学生来说难以真正理解。那么在微观化学的教学过程中,可以充分利用多媒体技术,从图、像、音、影、文字等多方面对学生进行微观教学,帮助学生理解与构建微观概念,化抽象为具体,从而认识微观化学世界。

4.引导学生正确表达微观认识

化学用语是高度浓缩的符号体系,可准确简洁地记录、表达、交流化学信息,化学用语也是化学的语言,是学习化学的重要工具。但是,学生在表达微粒的符号时总是混淆不清,如化合价与电荷数等。化学三重表征的重要性决定了化学学习必然要从宏观、微观和符号三种水平对物质及其变化进行多种角度的思考,学生在学习过程中往往不注重对宏观与微观的理解,对于符号多是死记硬背,不能完全理解化学符号所表达的含义。因此,教师在教学过程中要教会学生深化理解化学用语的概念,教师的语言表达也要严谨与准确,特别要在"宏、微、符"三者之间建立关联。

第四节　高二年级学生微观化学调研报告

一、高二年级学生调研试题的研制

调研试卷共有 10 道题,其中有 3 道选择题 + 选择题,3 道选择题 + 文字描述题,3 道作图题,1 道符号描述题 + 作图题。将试卷发给学生后,要求其独立完成。本次调研试卷涉及微观认知的几部分内容,分别是化学反应与能量、化学平衡、化学反应速率、盐的水解、弱电解质的电离、有机物等,分析了解学生的微观认知水平,改进教学策略。调研试题选题的依据如表 3-4-1 所示。

表 3-4-1　高二年级调研试题命题双向细目表

题号	分类	具体内容	题型	分值
1	化学反应与能量	键能与反应热的关系	选择题 + 选择题	10
2		化学反应中能量的变化图	作图题	10
3	化学平衡	化学平衡状态	选择题 + 选择题	10
4	化学反应速率	温度对化学反应速率的影响的变化图	作图题	10
5	盐的水解	盐的水解影响因素	符号描述题 + 作图题	10
6	弱电解质的电离	浓度对弱电解质的电离平衡影响的判断	选择题 + 文字描述题	10
7	有机化合物	有机分子结构模型的认识	选择题 + 文字描述题	10
8		甲烷燃烧反应过程的微观认识	作图题	10
9		烯烃与环烷烃的对比	选择题 + 选择题	10
10		酯化反应的认识	选择题 + 文字描述题	10

二、高二年级学生调研总体情况分析

对高二年级学生调研总体情况的分析如表 3-4-2 所示。

表 3-4-2　高二年级学生调研总体情况

题号	满分	平均分	典型问题
1	10	6.43	对能量 Q 与 ΔH 的含义不是很理解
2	10	1.95	未作答占 25%;表达为放热反应占 34%;图中大多数没有量的表达
3	10	8.56	不理解化学反应的本质是分子分解成原子,原子再组合成新的分子,错选 C;在选择答案的理由时选了多个答案
4	10	1.11	不理解正、逆反应速率与温度变化的关系
5	10	4.01	铵根离子的水解方程式不会写;分子漏写 $NH_3 \cdot H_2O$;$c(NH_3 \cdot H_2O)$ 和 $c(NH_4^+)$ 不会求;图象不规范
6	10	5.85	依据陈述不到位
7	10	5.55	依据陈述不到位
8	10	4.00	忽略了原子守恒问题;没有考虑原子的大小问题

（续表）

题号	满分	平均分	典型问题
9	10	7.82	错选 C、b
10	10	7.50	错选 D

三、高二年级学生调研具体分析

【第1题】断裂 1 mol H—H 键消耗能量为 Q_1 kJ,断裂 1 mol O—O 键消耗能量为 Q_2 kJ,断裂 1 mol H—O 键消耗能量为 Q_3 kJ,对于电解水反应而言正确的是（　　）

A. $2Q_1 + Q_2 > 4Q_3$　　　　　　　　B. $Q_2 < 2Q_3$

C. $Q_2 > 2Q_3$　　　　　　　　D. $2Q_1 + Q_2 < 4Q_3$

你选择该答案的理由是（　　）

a. 反应断裂 4 mol H—O,形成 2 mol H—H、1 mol O—O,吸热反应

b. 反应断裂 2 mol H—H、2 mol H—O,形成 2 mol H—H、1 mol O—O,吸热反应

c. 反应断裂 4 mol H—O,形成 2 mol H—H、1 mol O—O,放热反应

d. 反应断裂 2 mol H—H、2 mol H—O,形成 2 mol H—H、1 mol O—O,放热反应

【试题分析】

本题考查学生以下几方面的记忆:

(1)电解水的反应是吸热的反应。

(2)断键是吸热的(消耗能量),成键是放热的(释放能量)。

(3)对"键能与反应热的关系"的理解。

【解题方法】

先写出电解水的量的方程式:$2H_2O == 2H_2 + O_2$,根据 1 mol H_2O 中含有 2 mol H—O,即断裂 2 mol H_2O 中的 4 mol H—O 键消耗能量为 $4Q_3$ kJ;根据 1 mol H_2 中含有 1 mol H—H,即形成 2 mol H_2 中的 2 mol H—H 键释放能量为 $2Q_1$ kJ;根据 1 mol O_2 中含有 1 mol O—O,即形成 1 mol O_2 中的 1 mol O—O 键释放能量为 Q_2 kJ;再根据电解水的反应是吸热的反应,即消耗的总能量大于释放的总能量,即 $2Q_1 + Q_2 < 4Q_3$。

因此,本题答案是 D,理由是 a。

【答题情况】

学生答题情况如表 3-4-3、表 3-4-4 所示。

表 3-4-3　第1题学生答案选择情况

学生类型	总人数	作废/人	选A/人	选B/人	选C/人	选D/人	正确答案	得分率/%
尖子生	40	0	21	2	0	17	D	42.5
平衡生	60	2	16	12	1	29	D	48.3
总和	100	2	37	14	1	46	D	46.0

表 3-4-4　第 1 题学生理由选择情况

学生类型	总人数	作废/人	选 a/人	选 b/人	选 c/人	选 d/人	正确答案	得分率/%
尖子生	40	0	39	0	1	0	a	97.5
平衡生	60	2	41	4	8	5	a	68.3
总和	100	2	80	4	9	5	a	80.0

　　数据显示在答案选择时,尖子生的得分率是 42.5%,平衡生的得分率是 48.3%,整体的得分率只有 46.0%;而在选择该答案的理由时,尖子生的得分率是 97.5%,平衡生的得分率是 68.3%,整体的得分率是 80.0%。这说明大部分学生对反应物的断键与生成物的成键的微观认识以及电解水属于吸热反应是理解的;但此题的得分率不高,而且错选 A 的学生人数较多,说明学生对能量 Q 的含义不是很理解。其中平衡生有 2 人该题答案作废,因为学生在选择答案的理由时选了多个答案。

【教学建议】

　　(1)理解能量 Q 的表达含义,其数值的大小没有正、负之分。

　　(2)熟悉常见反应的反应热,如大多数的化合反应是放热的,大多数的分解反应是吸热的。

　　(3)明确断键是吸热的(消耗能量),成键是放热的(释放能量)。

【第 2 题】化学反应中的能量变化是由化学反应中旧化学键断裂时吸收的能量与新化学键形成时放出的能量不同引起的。如下为 $N_2(g)$ 和 $O_2(g)$ 反应生成 $NO(g)$ 过程中的能量变化图示。

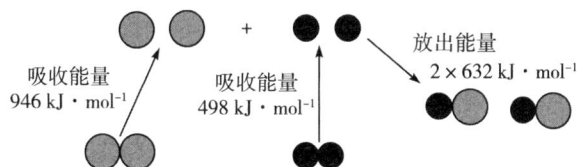

吸收能量　946 kJ·mol^{-1}　　吸收能量　498 kJ·mol^{-1}　　放出能量　2×632 kJ·mol^{-1}

　　试画出 $N_2(g)$ 和 $O_2(g)$ 反应生成 $NO(g)$ 过程中的能量—反应过程图象。

【试题分析】

本题主要考查:

　　(1)反应热的计算。

　　(2)化学反应的实质是分子断键为原子要吸收能量,原子再形成新的分子时成键要释放能量。

（3）作图的能力。

【解题方法】

（1）明确反应的化学方程式：$N_2(g) + O_2(g) \rightleftharpoons 2NO(g)$。

（2）计算：断键需要吸收的能量 $Q_{吸} = 946\ kJ + 498\ kJ = 1444\ kJ$，成键需要释放的能量 $Q_{放} = 632\ kJ \times 2 = 1264\ kJ$。

（3）计算：$\Delta H = 1444 - 1264 = +180\ kJ \cdot mol^{-1}$。

（4）确定：反应物的总能量 < 生成物的总能量。

（5）作图：如图 3-4-1 所示。

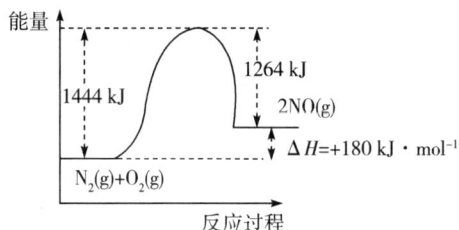

图 3-4-1　能量—反应过程图象

【答题情况】

学生答题情况如表 3-4-5 所示。

表 3-4-5　第 2 题学生答题情况

学生类型	总人数	能表达该反应是吸热反应			表达为放热反应/人	无法判断热量变化/人	未作答/人
		表达完全正确/人	数据表达不正确/人	无任何数据的表达/人			
尖子生	40	0	17	7	11	0	5
平衡生	60	0	4	11	23	2	20
总和	100	0	21	18	34	2	25
百分率	100%	0%	21%	18%	34%	2%	25%

　　数据显示此题学生做得很糟糕，没有一个学生能完全准确表达。未作答的学生占 25%，说明这部分学生对这类题比较怕，连尝试画图的欲望都没有，其中有 5% 是尖子生；有 34% 的学生不会根据反应中能量的变化来判断该反应是吸热反应还是放热反应，其中尖子生占 11%；虽然有 39% 的学生能判断出该反应是吸热反应，但在表达时存在较多的问题。

【典型答卷】

学生典型答卷如图 3-4-2 所示。

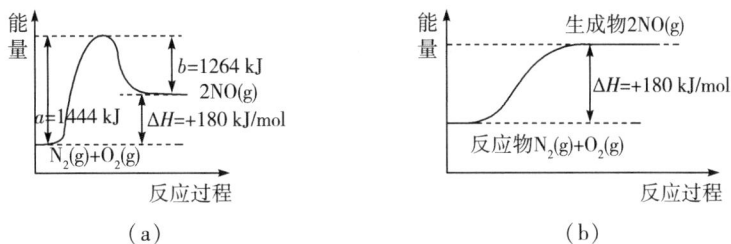

（a）　　　　　　　　　　　　　（b）

图 3-4-2　第 2 题学生典型答卷

【教学建议】

（1）要明确反应的化学方程式。

（2）会根据键能计算反应热。

（3）明确在吸热反应中，生成物的总能量大于反应物的总能量；在放热反应中，反应物的总能量大于生成物的总能量。

（4）化学反应的实质是分子断键形成原子要吸收能量，原子再形成新的分子时成键要释放能量。

（5）作图时要有明确的量的关系。

【第 3 题】已知：$2SO_2(g) + O_2(g) \rightleftharpoons 2SO_3(g)$，在一个密闭容器中充入 SO_2 和由 ^{18}O 原子构成的氧气，在一定条件下开始反应，在反应达到平衡后 ^{18}O　　　　（　　）

A.只存在于 O_2 中　　　　　　　　　　B.只存在于 SO_3 中

C.只存在于 O_2 和 SO_3 中　　　　　　D.在 SO_2、SO_3、O_2 中都存在

你选择该答案的理由是　　　　　　　　　　　　　　　　　　　（　　）

a.O_2 是由 ^{18}O 原子构成的

b.SO_2 和由 ^{18}O 原子构成的氧气反应只生成 SO_3

c.O_2 没有反应完

d.可逆反应中的正反应和逆反应是同时进行的

【试题分析】

本题主要考查学生对化学平衡的 5 个特征中"化学平衡是一个动态平衡"的理解。

【解题方法】

根据化学反应的本质是分子分解成原子，原子再组合成新的分子，理解可逆反应是正反应和逆反应同时进行的。因此当反应向左进行的时候，SO_2 与 ^{18}O 反应生成 SO_3；当反应向右进行的时候，含有 ^{18}O 的 SO_3 分解、再组合，^{18}O 就有可能组合成 SO_2、O_2。

因此，本题答案是 D，选择理由是 d。

【答题情况】

学生答题情况如表 3-4-6、表 3-4-7 所示。

表 3-4-6　第 3 题学生答案选择情况

学生类型	总人数	作废/人	选 A/人	选 B/人	选 C/人	选 D/人	正确答案	得分率/%
尖子生	40	6	0	0	2	32	D	80.0

学生类型	总人数	作废/人	选A/人	选B/人	选C/人	选D/人	正确答案	得分率/%
平衡生	60	0	0	2	12	46	D	76.7
总和	100	6	0	2	14	78	D	78.0

表3-4-7　第3题学生理由选择情况

学生类型	总人数	作废/人	选a/人	选b/人	选c/人	选d/人	正确答案	得分率/%
尖子生	40	6	0	1	0	33	d	82.5
平衡生	60	0	1	4	5	50	d	83.3
总和	100	6	1	5	5	83	d	83.0

本题考查学生对"化学平衡状态"的理解。数据显示在答案选择时,尖子生的得分率是80.0%,平衡生的得分率是76.7%,整体的得分率是78.0%;选C的学生没有正确理解化学反应的本质是分子分解成原子,原子再组合成新的分子。而在选择该答案的理由时,尖子生的得分率是82.5%,平衡生的得分率是83.3%,整体的得分率是83.0%。数据说明学生对本题的理解整体上还是比较好的。其中尖子生有6人该题答案作废,因为学生在选择答案的理由时选了多个答案。

【教学建议】

(1)明确化学反应的本质是分子分解成原子,原子再组合成新的分子。

(2)可逆反应是正反应和逆反应同时进行的。

【第4题】在一恒容的密闭容器中进行反应:$2SO_2(g) + O_2(g) \rightleftharpoons 2SO_3(g)$　　$\Delta H = -196.6 \text{ kJ} \cdot \text{mol}^{-1}$,已知反应开始时 SO_2、O_2、SO_3 的浓度分别为 $0.2 \text{ mol} \cdot \text{L}^{-1}$、$0.1 \text{ mol} \cdot \text{L}^{-1}$、$0.2 \text{ mol} \cdot \text{L}^{-1}$(此时反应未达到平衡状态,反应往正方向移动),一段时间后(该时间为 t_1)反应达到平衡,平衡一段时间后(该时间为 t_2)升高温度,在 t_3 时间反应达到平衡。

试画出该反应从开始到 t_3 后这一过程的 v—t 图象。

【试题分析】

本题主要考查:

(1)平衡移动的方向与 $v_正$、$v_逆$ 大小的关系。

(2)条件(温度)的改变,$v_正$、$v_逆$ 的变化以及平衡移动的方向。

(3)作图的能力。

【解题方法】

(1)平衡前反应往正方向移动,从 O 到 t_1 前都是 $v_正 > v_逆$,如图3-4-3所示。

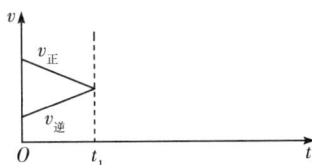

图 3-4-3　反应达到平衡状态前

（2）t_1 时刻达到平衡状态,则从 t_1 到 t_2 前都是 $v_正 = v_逆$,如图 3-4-4 所示。

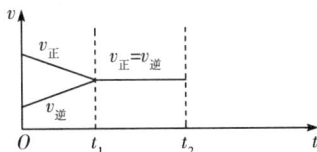

图 3-4-4　反应达到平衡状态时

（3）t_2 时升高温度,$v_正$ 和 $v_逆$ 同时增大,且该反应是放热反应,温度升高,平衡往逆方向移动,$v_逆 > v_正$,在 t_3 时反应达到平衡,则到达 t_3 前都是 $v_逆' > v_正'$,如图 3-4-5 所示。

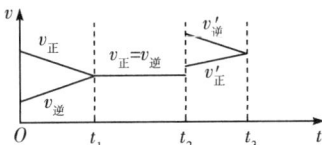

图 3-4-5　温度升高后,反应平衡状态的变化

（4）在 t_3 反应达到平衡,则在 t_3 后 $v_逆' = v_正'$,如图 3-4-6 所示。

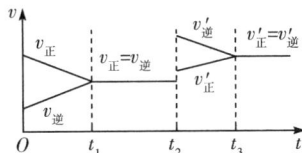

图 3-4-6　反应再次达到平衡状态时

【答题情况】

学生答题情况如表 3-4-8 所示。

表 3-4-8　第 4 题学生答题情况

学生类型	总人数	正确/人	错误/人	未作答/人	得分率/%
尖子生	40	6	34	0	15.0
平衡生	60	1	37	22	1.7
总和	100	7	71	22	7.0

本题考查学生对特定条件下速率的大小及改变温度时速率变化的 $v—t$ 图象的作图能力。数据显示尖子生的得分率是 15.0%,平衡生的得分率是 1.7%,整体的得分率是 7.0%,且存在比较多学生放弃作答的情况。数据说明学生的作图能力比较薄弱,其存在的问题包括以下几点。

（1）没有准确理解改变温度时正、逆反应速率是同时受影响的。

（2）不理解起始状态的速率。

（3）此反应是放热反应，温度升高，平衡往逆方向移动，没有准确理解正、逆反应速率与温度变化的关系。

（4）时间标的位置不对。

【典型答卷】

学生典型答卷如图 3-4-7 所示。

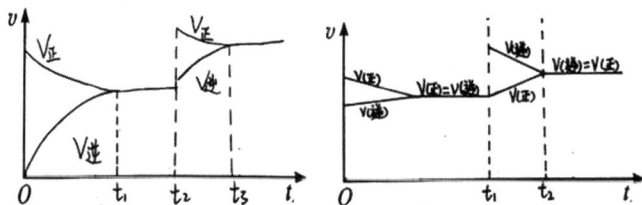

图 3-4-7　第 4 题学生典型答卷

【教学建议】

（1）明确如果到达平衡前反应往正方向移动，则 $v_正 > v_逆$；如果到达平衡前反应往逆方向移动，则 $v_逆 > v_正$。

（2）明确改变条件时正、逆反应速率的变化。

以 $2SO_2(g) + O_2(g) \rightleftharpoons 2SO_3(g)$　　$\Delta H = -196.6\ kJ \cdot mol^{-1}$ 为例，具体情况如表 3-4-9 所示。

表 3-4-9　改变条件时正、逆反应速率的变化情况

条件变化		$v_正$	$v_正$ 瞬时曲线变化特点	$v_逆$	$v_逆$ 瞬时曲线变化特点	平衡移动的方向	$v_正$ 与 $v_逆$ 的关系
浓度	增大（反应物）	↑	突变	不变	渐变	正	$v_正 > v_逆$
	减小（生成物）	个变	渐变	↓	突变	正	$v_正 > v_逆$
压强	加压（减小容器容积）	↑	突变	↑	突变	正	$v_正 > v_逆$
	减压（增大容器容积）	↓	突变	↓	突变	逆	$v_逆 > v_正$
温度	升高	↑	突变	↑	突变	逆	$v_逆 > v_正$
	降低	↓	突变	↓	突变	正	$v_正 > v_逆$
催化剂（正）		↑	突变	↑	突变	不移动	$v_正 = v_逆$

【第 5 题】实验测得 $0.1\ mol \cdot L^{-1}$ 的 NaCl 溶液 pH 约为 7，$0.1\ mol \cdot L^{-1}$ 的 NH_4Cl 溶液 pH 约为 5，请仿照 NaCl 溶液的分析方法，从微观角度去分析 NH_4Cl 溶液显酸性的原因，并填写下表。

	NaCl 溶液	NH_4Cl 溶液
溶液中存在的电离或水解	$NaCl \Longrightarrow Na^+ + Cl^-$ $H_2O \Longrightarrow H^+ + OH^-$	
溶液中存在的粒子	分子：H_2O 离子：Na^+、Cl^-、H^+、OH^-	
溶液中粒子的浓度	$c(Na^+) = c(Cl^-) = 0.1\ mol \cdot L^{-1}$ $c(H^+) = c(OH^-) = 10^{-7}\ mol \cdot L^{-1}$	
用图象来表达溶液中存在的粒子浓度的大小关系（H_2O忽略）		

【试题分析】

本题主要考查：

(1)盐的电离、H_2O 的电离和弱碱离子的水解。

(2)盐完全电离、弱电解质电离的微弱和水解微弱的理解。

(3)粒子浓度的计算。

(4)作图的能力。

此题对学生能力的要求比较高，特别是溶液中粒子浓度的计算。

【解题方法】

(1)对于盐溶液，先考虑电离，再考虑是否有水解，则：

$NH_4Cl \Longrightarrow NH_4^+ + Cl^-$；$NH_4^+ + H_2O \Longrightarrow NH_3 \cdot H_2O + H^+$；$H_2O \Longrightarrow H^+ + OH^-$

(2)根据上述的电离和水解的方程式，对溶液中存在的粒子进行分析：由于盐的电离是完全电离的，所以只有 NH_4^+ 和 Cl^-，不存在 NH_4Cl 分子；水的电离是微弱(部分电离)的，所以除了有 H^+ 和 OH^-，还有 H_2O 分子；NH_4^+ 的水解是微弱(部分水解)的，所以除了 $NH_3 \cdot H_2O$、H^+，还有 NH_4^+。所以溶液中存在的分子有：H_2O、$NH_3 \cdot H_2O$；离子有 NH_4^+、Cl^-、H^+、OH^-。

(3)从 $0.1\ mol \cdot L^{-1}$ 的 NH_4Cl 溶液 pH 约为 5 可知：

$c_{液}(H^+) = 10^{-5}\ mol \cdot L^{-1}$

$c(OH^-) = 10^{-9}\ mol \cdot L^{-1}$

$c(Cl^-) = 0.1\ mol \cdot L^{-1}$

$$c(NH_3 \cdot H_2O) = c_{液}(H^+) - c_{液}(OH^-) = 10^{-5} \text{ mol} \cdot L^{-1} - 10^{-9} \text{ mol} \cdot L^{-1} \approx 10^{-5} \text{ mol} \cdot L^{-1}$$

$$c(NH_4^+) = c(Cl^-) - c(NH_3 \cdot H_2O) = 0.1 \text{ mol} \cdot L^{-1} - 10^{-5} \text{ mol} \cdot L^{-1} \approx 0.1 \text{ mol} \cdot L^{-1}$$

（4）根据上述（3）中的粒子浓度的大小关系，作图（图3-4-8）。

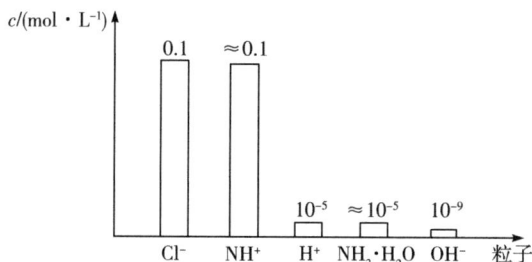

图3-4-8　第5题答案图示

【答题情况】

学生答题情况如表3-4-10所示。

表3-4-10　第4题学生答题情况

学生类型	总人数	正确/人	错误/人	未作答/人	得分率/%
尖子生	40	2	38	0	5.0
平衡生	60	0	50	10	0.0
总和	100	2	88	10	2.0

本题考查学生对盐的水解的微观分析能力和作图能力。数据显示尖子生的得分率是5.0%，平衡生的得分率是0.0%，整体的得分率是2.0%。学生存在的问题包括：①不会计算离子浓度大小，不会画图；②不会写离子的水解方程式；③未考虑到离子的水解。

【典型答卷】

学生典型答卷如表3-4-11所示。

表3-4-11　第5题学生典型答卷

	NaCl 溶液	NH₄Cl 溶液
溶液中存在的电离或水解	$NaCl \Longrightarrow Na^+ + Cl^-$ $H_2O \Longrightarrow H^+ + OH^-$	$NH_4Cl = NH_4^+ + Cl^-$ $NH_4^+ + OH^- \rightleftharpoons NH_4OH$ $H_2O \rightleftharpoons H^+ + OH^-$
溶液中存在的粒子	分子：H_2O 离子：Na^+、Cl^-、H^+、OH^-	分子：H_2O、NH_4OH 离子：NH_4^+、Cl^-、H^+、OH^-
溶液中粒子的浓度	$c(Na^+) = c(Cl^-) = 0.1 \text{ mol} \cdot L^{-1}$ $c(H^+) = c(OH^-) = 10^{-7} \text{ mol} \cdot L^{-1}$	$c(Cl^-) = 0.1 \text{mol/L}$　$c(H^+) = 10^{-5} \text{mol/L}$ $c(NH_4^+) = 0.1 - 10^{-5} + 10^{-9}$，$c(OH^-) = 10^{-9}$

（续表）

	NaCl 溶液	NH$_4$Cl 溶液
用图像来表达溶液中存在的粒子浓度的大小关系（H$_2$O 忽略）	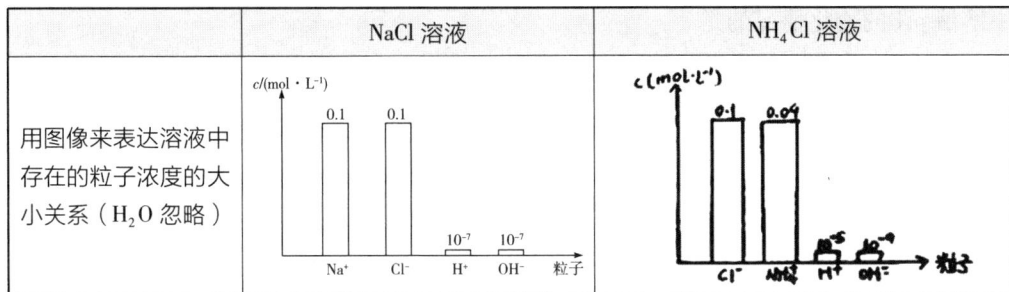	

【教学建议】

（1）熟记常见的强酸、强碱、弱酸、弱碱（表 3-4-12）。

表 3-4-12　常见的强酸、强碱、弱酸、弱碱

酸	强电解质	HCl、HNO$_3$、H$_2$SO$_4$
	弱电解质	H$_2$CO$_3$、H$_2$S、CH$_3$COOH、HF、HCN、H$_3$PO$_4$
碱	强电解质	NaOH、KOH、Ba(OH)$_2$、Ca(OH)$_2$
	弱电解质	NH$_3$·H$_2$O、Cu(OH)$_2$、Fe(OH)$_2$、Fe(OH)$_3$、Al(OH)$_3$

（2）懂得判断常见盐的分类（表 3-4-13）。

表 3-4-13　常见盐的分类

强酸强碱盐	NaCl、KNO$_3$、BaCl$_2$、CaSO$_4$
强酸弱碱盐	NH$_4$NO$_3$、CuSO$_4$、FeCl$_2$、FeCl$_3$、AlCl$_3$
弱酸强碱盐	Na$_2$CO$_3$、NaHCO$_3$、K$_2$S、KHS、CH$_3$COONa、KCN、CaF$_2$、CaHPO$_4$

（3）能根据盐的种类进行判断该盐在水溶液中发生的变化（以 1 mol·L^{-1}为例），具体见表 3-4-14。

表 3-4-14　盐在水溶液中发生的变化

盐	电离	水解	粒子浓度大小	溶液酸碱性
NaCl	NaCl $=\!=\!=$ Na$^+$ + Cl$^-$	不水解	$c(\text{Na}^+) = 1 \text{ mol} \cdot \text{L}^{-1}$ $c(\text{Cl}^-) = 1 \text{ mol} \cdot \text{L}^{-1}$	中性
NH$_4$NO$_3$	NH$_4$NO$_3$ $=\!=\!=$ NH$_4^+$ + NO$_3^-$	NH$_4^+$ + H$_2$O $\rightleftharpoons$ NH$_3$·H$_2$O + H$^+$	$c(\text{NO}_3^-) = 1 \text{ mol} \cdot \text{L}^{-1}$ $c(\text{NH}_4^+) < 1 \text{ mol} \cdot \text{L}^{-1}$	酸性
Na$_2$CO$_3$	Na$_2$CO$_3$ $=\!=\!=$ 2Na$^+$ + CO$_3^{2-}$	CO$_3^{2-}$ + H$_2$O $\rightleftharpoons$ HCO$_3^-$ + OH$^-$ HCO$_3^-$ + H$_2$O $\rightleftharpoons$ H$_2$CO$_3$ + OH$^-$	$c(\text{Na}^+) = 2 \text{ mol} \cdot \text{L}^{-1}$ $c(\text{CO}_3^{2-}) < 1 \text{ mol} \cdot \text{L}^{-1}$	碱性
NaHCO$_3$	NaHCO$_3$ $=\!=\!=$ Na$^+$ + HCO$_3^-$	HCO$_3^-$ + H$_2$O $\rightleftharpoons$ H$_2$CO$_3$ + OH$^-$	$c(\text{Na}^+) = 1 \text{ mol} \cdot \text{L}^{-1}$ $c(\text{HCO}_3^-) < 1 \text{ mol} \cdot \text{L}^{-1}$	碱性

【第 6 题】下面图象能表达 10 mL、pH = 2 的一元弱酸加水稀释到 1000 mL 的过程中溶液 pH 的变化情况的是　　　　　　　　　　　　　　　　　　（　　）

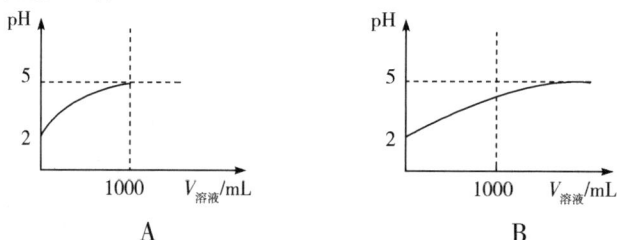

A　　　　　　　　　　　　　　　B

你选择的依据是：_____。

【试题分析】

本题主要考查：

（1）pH 的含义及其计算方法。

（2）弱电解质的电离程度随着溶液浓度的降低逐渐增强。

【解题方法】

要想理解一元弱酸，先要理解一元强酸。

（1）一元强酸以 HCl 为例，因为 HCl 的电离是完全电离。

$HCl \!=\!=\! H^+ + Cl^-$，当 pH = 2 时，$c_{液}(H^+) = 10^{-2}$ mol·L^{-1}，10 mL 的盐酸溶液中 $n_{液}(H^+) = 10^{-5}$ mol，当溶液由 10 mL 加水稀释到 1000 mL，稀释过程中 H^+ 的物质的量不变，仍为 $n_{液}(H^+) = 10^{-5}$ mol，但溶液体积为 1000 mL，则此时 $c_{液}(H^+) = 10^{-5}$ mol·L^{-1}，pH = 5。

（2）一元弱酸以 CH_3COOH 为例，因为 CH_3COOH 的电离是不完全电离。

$CH_3COOH \rightleftharpoons CH_3COO^- + H^+$，当 pH = 2 时，$c_{液}(H^+) = 10^{-2}$ mol·L^{-1}，10 mL 的醋酸溶液中 $n_{液}(H^+) = 10^{-5}$ mol，当溶液由 10 mL 加水稀释到 1000 mL，根据弱酸是越稀越电离可知，稀释过程中 CH_3COOH 的电离程度增大，H^+ 的物质的量增大，$n_{液}(H^+) > 10^{-5}$ mol，但溶液体积为 1000 mL，则此时 $c_{液}(H^+) > 10^{-5}$ mol·L^{-1}，pH < 5。

因此，本题答案是 B，依据是弱酸越稀电离程度越大。

【答题情况】

学生答题情况如表 3-4-15 所示。

表 3-4-15　第 6 题学生答题情况

学生类型	总人数	选 A／人	选 B／人	未作答／人	正确答案	得分率/%
尖子生	40	3	37	0	B	92.5
平衡生	60	13	40	7	B	66.7
总和	100	16	77	7	B	77.0

本题考查学生对弱酸加水稀释的微观分析能力。数据显示尖子生的得分率是 92.5%，平衡生的得分率是 66.7%，整体的得分率是 77.0%，其中未作答人数占 7.0%。

但用文字来表达依据时,能解释到位的只有 3 人,不做解释的有 24 人,这些数据说明虽然多数学生能选对答案,但存在解释不够详细、解释错误或不会解释原因等问题。

【教学建议】

要想理解弱酸的变化,先要理解强酸的变化。

(1)10 mL、pH = 2 的一元强酸(如稀盐酸)加水稀释(溶液由 10 mL 加水稀释到1000 mL)的过程中,溶液 pH 的变化过程如表 3-4-16 所示。

表 3-4-16　一元强酸稀释时溶液 pH 的变化过程

	溶液稀释前				溶液稀释后			
	$V_{溶液}/$ mL	$n(H^+)/$ mol	$c(H^+)/$ $(mol \cdot L^{-1})$	pH	$V_{溶液}/$ mL	$n(H^+)/$ mol	$c(H^+)/$ $(mol \cdot L^{-1})$	pH
稀盐酸	10	10^{-4}	10^{-2}	2	1000	10^{-4}	10^{-4}	4
原因解析	$HCl =\!=\!= H^+ + Cl^-$							
解题小结	溶液由 10 mL 加水稀释到 1000 mL, 相当于稀释了 10^2 倍; pH 的变化相当于由 pH = 2 变为 pH = 2 + 2 = 4							

(2)10 mL、pH = 2 的一元弱酸(如醋酸)加水稀释(溶液由 10 mL 加水稀释到1000 mL)的过程中,溶液 pH 的变化过程如表 3-4-17 所示。

表 3-4-17　一元弱酸稀释时溶液 pH 的变化过程

	溶液稀释前				溶液稀释后			
	$V_{溶液}/$ mL	$n(H^+)/$ mol	$c(H^+)/$ $(mol \cdot L^{-1})$	pH	$V_{溶液}/$ mL	$n(H^+)/$ mol	$c(H^+)/$ $(mol \cdot L^{-1})$	pH
醋酸	10	10^{-4}	10^{-2}	2	1000	$>10^{-4}$	$>10^{-4}$	<4
原因解析	$CH_3COOH \rightleftharpoons CH_3COO^- + H^+$							
解题小结	溶液由 10 mL 加水稀释到 1000 mL, 相当于稀释了 10^2 倍; pH 的变化相当于由 pH = 2 变为 pH = 4,稀释后促进醋酸电离, 所以溶液 pH < 4							

【第 7 题】分子模型可以直观地表示分子的微观结构(分子模型中,不同颜色、大小的小球代表不同的原子)。右图所示的分子模型表示的分子是 (　　　　)

A. NH_3 　　　　　　　　　　　　　　　　B. CO_2

C. HCHO 　　　　　　　　　　　　　　　D. CH_4

你选择的依据是:_____。

【试题分析】

本题主要考查学生分析图形的能力,辨析原子的种类和个数的能力。

【解题方法】

(1)判断原子的种类有 3 种。

(2)原子个数比为 1∶1∶2。

因此,本题答案是 C,依据是选项 C(HCHO)符合题目 3 种原子和原子个数比 1∶1∶2 的要求。

【答题情况】

学生答题情况如表 3-4-18 所示。

表 3-4-18　第 7 题学生答题情况

学生类型	人数	选 A/人	选 B/人	选 C/人	选 D/人	未作答/人	正确答案	得分率/%
尖子生	40	0	0	40	0	0	C	100.0
平衡生	60	3	0	55	1	1	C	91.7
总和	100	3	0	95	1	1	C	95.0

本题考查学生对分子的比例模型的认识。数据显示尖子生的得分率是 100%,平衡生的得分率是 91.7%,整体的得分率是 95.0%。数据说明学生对模型的掌握还是很好的,但用文字来表达依据时,能说明“有 3 种原子”和“原子个数比为 1∶1∶2”的共 16 人(尖子生 12 人,平衡生 4 人),占总人数的 16%,存在描述不够完整的现象。

【教学建议】

明确不同的原子其半径大小是不一样的。

【第 8 题】碳、氧、氢原子分别表示为:●碳原子,◨氧原子,○氢原子。根据化学反应的实质,试从微观角度画出甲烷燃烧反应变化的微观过程。

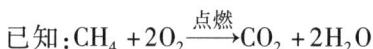

已知:$CH_4 + 2O_2 \xrightarrow{\text{点燃}} CO_2 + 2H_2O$

反应过程	反应前	→	反应过程中	→	反应后
微观粒子		→		→	

【试题分析】

本题主要考查:

(1)反应的本质就是分子分解成原子,原子再重新组成新分子。

(2)反应的质量守恒定律:原子的种类守恒,原子的数目守恒,原子的大小守恒。

【解题方法】

(1)解题依据。

①化学反应的本质就是分子分解成原子,原子再重新组成新分子;

②不同的原子其半径大小是不一样的;

③化学反应中的质量守恒定律:原子的种类守恒,原子的数目守恒,原子的大小守恒。

(2)作图过程。

①反应前粒子以分子的形式存在,分子的结构和分子的数目,如图 3-4-9 所示。

图 3-4-9　反应前

②反应过程中粒子以离子的形式存在,原子的数目要与反应前原子的数目相等,如图 3-4-10 所示。

图 3-4-10　反应过程中

③反应后粒子以分子的形式存在,分子的结构和分子的数目如图 3-4-11 所示。

图 3-4-11　反应后

【答题情况】

学生答题情况如表 3-4-19 所示。

表 3-4-19　第 8 题学生答题情况

学生类型	总人数	正确/人	错误/人	未作答/人	得分率/%
尖子生	40	22	15	3	55.0
平衡生	60	18	25	17	30.0
总和	100	40	40	20	40.0

本题考查学生对甲烷燃烧的微观分析能力和作图能力。数据显示尖子生的得分率是 55.0%,平衡生的得分率是 30.0%,整体的得分率是 40.0%。其中未作答人数比例占 20.0%,说明这部分学生惰性很大,不去动脑筋。而其他学生存在的问题包括:①忽略了原子守恒问题;②O_2 分子的结构没有画正确;③没有按题目要求画图;④没有考虑原子的大小问题。

【教学建议】

(1)明确不同的原子其半径大小是不一样的。

(2)明确化学反应的本质就是分子分解成原子,原子再重新组成新分子。

(3)明确化学反应的质量守恒定律包括:原子的种类守恒,原子的数目守恒,原子的大小守恒。

【第 9 题】两种有机物分子,结构简式分别为 $CH_3—CH \!=\! CH_2$、$\begin{smallmatrix} & CH_2 & \\ CH_2 & - & CH_2 \end{smallmatrix}$,关于它们的说法中正确的是　　　　　　　　　　　　　　　　　　　　　　　　　　　　　(　　)

A.都能使溴的四氯化碳溶液褪色　　　　　　B.两者化学性质不同

C.均能燃烧,前者黑烟程度大　　　　　　　D.两者互为同素异形体

你选择该答案的理由是　　　　　　　　　　　　　　　　　　　（　　）

a. 两者结构不同,性质不同　　　　　　　b. 两者分子式相同,结构不同

c. 都为不饱和烃能与溴的加成　　　　　　d. 前者含碳量高于后者

【试题分析】

本题主要考查:

(1)结构决定了性质。

(2)官能团的性质。

(3)燃烧过程中黑烟程度的决定因素。

(4)同分异构体与同素异形体的区别。

【解题方法】

结构决定了性质,结构不同,性质也不同,故 B 正确。CH_3—CH ＝CH_2具有碳碳双键,具有不饱和键,能发生加成反应,可以使溴的四氯化碳溶液褪色;CH_2—CH_2—CH_2只有碳碳单键,无碳碳双键,不能发生加成反应,不能使溴的四氯化碳溶液褪色,故 A 错。两种有机物都能燃烧,黑烟的程度取决于碳的含量,CH_3—CH ＝CH_2与CH_2—CH_2—CH_2属于同分异构体,碳的含量都是 85.7%,所以黑烟的程度是一样的,故 C 错。同素异形体指的是同种元素构成的不同种单质,CH_3—CH ＝CH_2与CH_2—CH_2—CH_2不属于同素异形体,CH_3—CH ＝CH_2与CH_2—CH_2—CH_2属于分子式相同,结构不同的化合物,属于同分异构体,故 D 错。

因此,本题答案是 B,选择理由是 a。

【答题情况】

学生答题情况如表 3-4-20,表 3-4-21 所示。

表 3-4-20　第 9 题学生答案选择情况

学生类型	总人数	作废/人	选 A/人	选 B/人	选 C/人	选 D/人	正确答案	得分率/%
尖子生	40	6	0	33	1	0	B	82.5
平衡生	60	9	1	34	11	5	B	56.7
汇总	100	15	1	67	12	5	B	67.0

表 3-4-21　第 9 题学生理由选择情况

学生类型	总人数	作废/人	选 a/人	选 b/人	选 c/人	选 d/人	正确答案	得分率/%
尖子生	40	6	32	1	0	1	a	80.0
平衡生	60	9	34	14	1	2	a	56.7
总和	100	15	66	15	1	3	a	66.0

数据显示尖子生对此题的理解还是比较好的,而平衡生中的部分学生对物质的性质特别是结构性质没有完全掌握。其中尖子生有 6 人、平衡生有 9 人该题答案作废,因为学生在选择答案的理由时选了多个答案。

【教学建议】

(1)学会判断官能团。

(2)学会根据官能团去判断物质的性质。

(3)注意区分易迷惑性概念的含义,如同分异构体、同素异形体、同位素、同系物。

【第 10 题】 $CH_3-\overset{^{18}O}{\overset{\|}{C}}-OH$ 在水溶液中存在如下平衡: $CH_3-\overset{^{18}O}{\overset{\|}{C}}-OH$ ⇌ $CH_3-\overset{^{18}OH}{\underset{|}{C}}=O$,当 $CH_3-\overset{^{18}O}{\overset{\|}{C}}-OH$ 与 CH_3CH_2OH 发生酯化反应时,不可能生成的产物是 （　　）

A. $CH_3-\overset{O}{\overset{\|}{C}}-OC_2H_5$　　　　　　B. $CH_3\overset{O}{\overset{\|}{C}}-{}^{18}OC_2H_5$

C. H_2O　　　　　　　　　　　D. $H_2{}^{18}O$

你选择的依据是: _____。

【试题分析】

本题主要考查酯化反应的原理。

【解题方法】

根据反应的原理(酸脱羟基,醇脱氢)写出方程式:

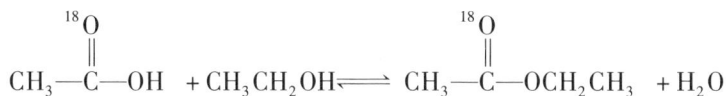

$CH_3-\overset{^{18}O}{\overset{\|}{C}}-OH$ ＋ CH_3CH_2OH ⇌ $CH_3-\overset{^{18}O}{\overset{\|}{C}}-OCH_2CH_3$ ＋ H_2O

再根据 $CH_3-\overset{^{18}O}{\overset{\|}{C}}-OH$ ⇌ $CH_3-\overset{^{18}OH}{\underset{|}{C}}=O$ 发生可逆反应,确定还有一个酯化反应:

$CH_3-\overset{^{18}OH}{\underset{|}{C}}=O$ ＋ CH_3CH_2OH ⇌ $CH_3-\overset{O}{\overset{\|}{C}}-OCH_2CH_3$ ＋ $H_2{}^{18}O$

可知其产物有 $CH_3-\overset{^{18}O}{\overset{\|}{C}}-OCH_2CH_3$ 、H_2O 、$CH_3-\overset{O}{\overset{\|}{C}}-OCH_2CH_3$ 、$H_2{}^{18}O$,所以不可能生成的产物是 B 选项,即 $CH_3\overset{O}{\overset{\|}{C}}-{}^{18}OC_2H_5$。

因此,本题答案是 B,依据是酯化反应的断键是发生在羧酸脱去羟基及醇中羟基脱去氢,酯的水解反应是酯化反应的逆反应,再结合题目中 ^{18}O 的可逆转换确定答案。

【答题情况】

学生答题情况如表 3-4-22 所示。

表 3-4-22　第 10 题学生答题情况

学生类型	总人数	作废/人	选 A/人	选 B/人	选 C/人	选 D/人	未作答/人	正确答案	得分率/%
尖子生	40	3	1	32	0	4	0	B	80.0
平衡生	60	0	15	30	1	12	2	B	50.0
总和	100	3	16	62	1	16	2	B	62.0

本题考查学生对酯化反应中酸和醇的断键和成键的认识。数据显示尖子生的得分率是 80.0%,平衡生的得分率是 50.0%,整体的得分率是 62.0%。数据说明学生对这个知识点的判断只是中等水平。选错答案的学生虽然能写出"酸脱羟基,醇脱氢",但不能真正理解断键部位和断键方式的含义。

【教学建议】

能根据反应原理写出相关方程式。

四、高二年级调研结论

从以上数据结果看,第 2、4、5、8 题学生得分率特别低,这几道题有一个共同点,就是图像的表达,包括能量—反应过程图象、v—t 图象、浓度—粒子种类图象、化学反应过程中粒子的变化图。

从学生做题的情况看,学生的思维不够严密,思维缺乏有序性,主要体现在以下几个方面。

1. 思维严密性不足

(1)能量—反应过程图象中没有标明具体的物质和能量的关系,没有标明具体的能量的关系,没有准确标明物质的量的关系,没有标明能量的单位,以及 ΔH 的数据表达不正确。

(2)v—t 图象中没有关注起始状态的速率与浓度的关系,没有关注温度的改变对正、逆反应速率的影响是同时出现的,也没有正确理解温度对平衡移动方向的影响及与正、逆速率的大小关系。

(3)浓度—粒子种类图象中粒子的种类不全面。

(4)化学反应过程中粒子的变化图中忽略了原子守恒问题,忽略了原子大小的不同。

2. 思维缺乏有序性

在作能量—反应过程图象时,没有准确理解反应物断键是吸收能量的,形成生成物是释放能量的,没有先写好化学方程式,不注意量的关系就会导致 ΔH 的计算有误,就会造成整个图象的走向出错。

学生就是因为思维缺乏有序性,所以才会导致思维的不严密。

五、高二年级调研的教学启示

从对调查结果的分析和学生建议中可以看出,学生对微观知识的认识比较薄弱,导致其用符号或者图象表达的能力很弱。笔者认为在教学过程中,对于化学"宏—微—符"三重表征的关联,应注重"生成性"教学模式。

1. 生成性学习理论

生成性学习理论最早是由美国心理学家维特罗克提出的。他认为,学生也许不能理解教师的语句,但是他们肯定能理解自己加工生成的语句。但是生成不完全等于"语义加工"。因此,并非允许学生自由发言的课堂就可以被称为"生成性课堂"。生成是学生对知识和信息的主动建构,生成性学习理论和心理学领域密切相关,包括人类的认知发展、人类学习、人类潜能、信息加工和智能互动。从生成的角度来看,学习活动可以从动机、学习过程、生成过程和创造过程四个方面来理解。

2. 生成性教学的实施策略

(1)激发学习兴趣。

心理学家皮亚杰说过:"智力方面的工作都要依赖于兴趣。"成功的化学教学应该是先激发起学生对本学科的热爱和兴趣,只有有了浓厚的兴趣,学生才会积极主动地投入学习。一个故事、一条新闻、一个实验小魔术、一段视频等,都可以激发学生的学习兴趣,使其产生学习动机。

(2)创设化学情境。

建构主义学习理论认为,情境是影响学生有效学习的一个重要因素。教师通过创设真实的、日常的、与学生实际生活紧密联系的能引起学生共同兴趣的化学情境,可以使学生形成良好的情绪状态,激发学生探究的积极性和主动性,引起他们共同思考、共同探究,自由地表达各自的疑问和观点。师生共同解决问题,实现对当前所学知识的意义建构,从而提高高二化学教学实效。

(3)引发学生质疑。

爱因斯坦认为:"提出一个问题往往比解决一个问题更重要。"学生由于长期受传统教学的影响,已经习惯了"教师问、学生答""教师讲、学生听"的教学方式,学生视教师为权威,从不怀疑教师给出的答案,提问的意识淡薄。新课程倡导学生自主学习,而"疑是思之始,学之端",教师要更新教学理念,鼓励学生发现问题,提出问题,培养学生质疑、释疑的良好思维品质。教师首先要把质疑的主动权还给学生,营造自由宽松的氛围,使学生放下顾虑,敢于提出质疑,对于质疑的学生,教师要及时给予鼓励和表扬,从而带动更多的学生勇于提出自己的疑惑或见解;其次,教师要努力激发每个学生的学习兴趣和问题意识,让学生变得爱问,通过师生互动合作交流,使问题得以圆满解决,使学生体验到成功的喜悦;最后,教师还要灵活地创设问题情境引发学生的认知冲突,从而能够使他们发现问题,提出问题。教师若能让学生想问、敢问、爱问、能问,师生合作探究,必能实现课堂动态生成。

(4)开展多向对话。

①师生对话。

"最近发展区"理论告诉我们:如果课堂上没有发挥教师的引领作用,教师没有提供适当的"脚手架"帮助学生,教师没有和学生进行对话,没有参与到学生与学生、学生与文本之间的对话中,这样的课堂只是停留于肤浅的层次,停留于"最近发展区"低端,无法成功通过"最近发展区"。因此,在课堂教学中,教师应积极发挥其主导作用和促进作用。教师要转变角色和行为,建立新型的平等、民主的师生关系。

②生生对话。

生生对话是基于共同的问题展开的探索交流。学生之间年龄相仿,心理、知识水平相近,在对话中最能形成真正的交流互动,他们自由地表达观点,提出见解,并能获得及时反馈。在对话中,每个学生的思维都被激活,获得了一种互补性的提高,更激发了他们新的探索热情,碰撞出创造的火花。

生生对话使对话双方学会了互相理解、尊重、宽容与接纳,学会相互欣赏、相互帮助,在共同分享中获得一种群体归属的满足,体验到合作学习的轻松与快乐。

③生本对话。

在化学课堂教学中,除了进行师生、生生对话,同样也进行着生本对话。如化学教材中存在很多的概念教学,教师如果生硬地把概念告诉学生,然后通过大量的习题训练巩固所学的概念,学生是不可能正确理解的,最终也只是机械性地记住了这个概念。由于学生的认知水平不同,对文本的理解也各不相同,部分学生对这些概念的记忆十分模糊,学习效果也就存在很大差异。

④自我对话。

苏霍姆林斯基认为,只有让孩子能够每天按照自己的愿望随意使用 $5 \sim 7$ h 的空余时间,才有可能培养出聪明的、全面的人。化学特级教师刘景崑也说过:"难懂之处,只能想通,不能讲通。"课堂中教师要把更多的时间和空间还给学生,课后时间也要还给学生,尽量少布置些家庭作业,让学生与自己对话,自主思考、审查、分析,深刻反思自己的错误,自己找到解决错误的办法。学习需要"悟"的过程。

3.精心预设——预约生成的基础

"凡事预则立,不预则废。"预设是整个教学活动的指南,他是课堂教学的重要组成部分。教学的成功依赖有效的教学预设,这种预设必须是充分的、合理的,又是可以生成和调整的。教师课前需要充分的思考,预见课堂中可能出现的意外情况及其解决办法。

4.生成性教学的流程设计

新课改提倡学生自主探究与交流合作的学习方式,在学生主动参与、积极探究中促进创新意识与实践能力的发展。基于新课改的要求,我们在化学教学实践中,尝试设计了生成性教学的流程,以问题为主线,由 6 个环节组成:发现问题—提出问题—分析问题—解决问题—迁移拓展—反思提升。具体如图 3-4-12 所示。

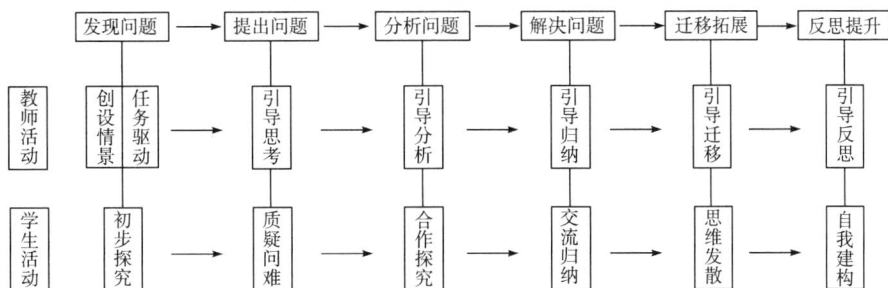

图 3-4-12　化学生成性教学的流程

第五节　高三年级学生微观化学调研报告

一、高三年级学生调研试题的研制

高三年级调查问卷共有 10 道题,其中有 8 道选择题 + 文字描述题,2 道作图题。试卷发给学生后要求其独立完成。本次调查问卷涉及微观认知,分别从化学反应与能量、化学平衡、化学反应速率、盐的水解、弱电解质的电离、有机物入手,分析了解学生的认知水平,进行教学策略的改变。为此,制定了高三调研试题命题双向细目表(表 3-5-1)。

表 3-5-1　高三年级调研试题命题双向细目表

题号	内容分类	具体内容	分值
1	物质间的反应	电解质在水溶液中的行为	10
2		氧化还原反应的判断	10
3	化学键	化合物形成的过程	10
4		形成共价化合物的原子的判断	10
5	元素周期表	元素周期规律	10
6	化学反应与能量	化学反应中能量的变化图	10
7	影响化学反应速率因素	温度对化学反应速率的影响的变化图	10
8	弱电解质的电离	浓度对弱电解质的电离平衡影响	10
9	盐类水解	盐的水解原因	10
10	有机物	有机物反应过程的微观认识	10

二、高三年级学生调研总体情况分析

对高三年级学生调研总体情况的分析如表 3-5-2 所示。

表 3-5-2　高三年级学生调研总体情况

题号	满分	平均分	典型问题
1	10	4.63	对粒子存在形式不够明确:①数目不对;②没画出水分子
2	10	9.18	没有从氧化还原反应的表征分析
3	10	4.09	不理解化学键的具体形成过程、类型和表达形式
4	10	5.86	误认为核外 8 个电子是稳定结构,忽略了电子层的排布规律
5	10	5.56	对元素周期律的规律理解不透彻
6	10	2.84	依据说不清,表达为放热反应;没有数据;木写物质
7	10	3.16	理由的陈述不到位
8	10	6.19	忽略弱电解质在加水稀释过程发生电离的分子个数增加,稀释变化的倍数没有强电解质变化的幅度大
9	10	7.17	铵根离子的水解方程式不会写;分子漏写 $NH_3 \cdot H_2O$
10	10	6.80	没有利用已知信息,对酸和醇发生酯化反应的断键位置不明确

三、高三年级学生调研具体分析

【第 1 题】画出稀盐酸和氢氧化钠溶液反应后粒子在溶液中存在的微观示意图。

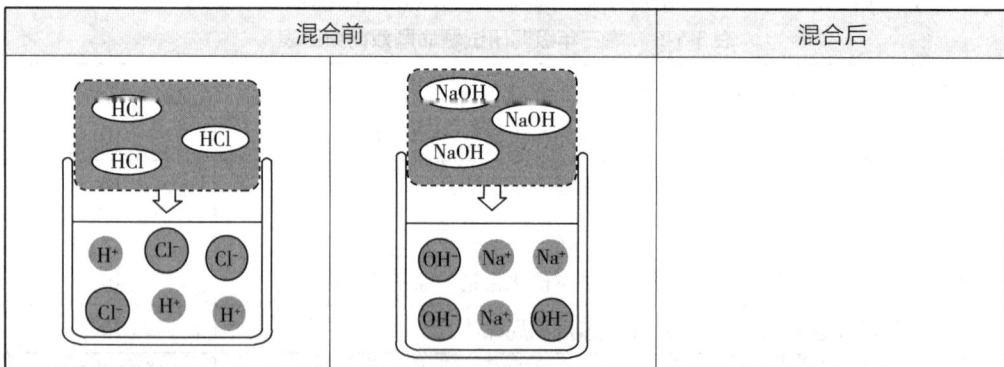

【试题分析】

本题通过学生平时常见的化学反应,要求其画出离子之间反应后粒子的微观存在形式,考查学生对电离以及离子在溶液中相互之间的反应情况的认识,反映出学生对于离子反应的实质、离子反应条件、离子共存问题的掌握程度。除此之外,本题还隐藏着对守恒思想特别是对原子守恒认识的考查。

【解题方法】

本题参考答案如图 3-5-1 所示。

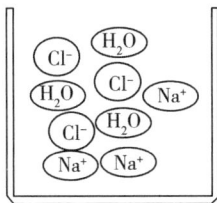

图 3-5-1　第 1 题参考答案

稀盐酸与氢氧化钠反应生成氯化钠与水,氯化钠在溶液中电离成钠离子与氯离子,而水是以分子的形式存在于溶液中。根据原子守恒,混合后的原子个数要与混合前的相等,故得如图 3-5-1 所示的答案。

【答题情况】

从学生的答题试卷看,高三学生比高一学生的答题情况好很多,说明经过两年多的化学学习,高三学生对化学原理本质的理解有了较大提升,但也存在不少的问题。其中有 25% 的学生未作答,不会画微粒图,得分率不足 62%。这些学生存在的主要问题是:①漏画水分子;②离子漏带电荷;③阳离子和阴离子没分散画。从学生的画图情况分析得出,仍有部分学生的微粒观念比较薄弱:①没能从微观视角理解离子反应的本质;②没能从微观视角理解溶液的均一性和稳定性这两个特征;③宏观与微观的转换存在思维障碍。

【教学建议】

高三学生要通过加强对基本概念和反应原理的学科理解,重视宏观、微观和符号三重表征的关联,建构离子反应的认知模型。要通过陌生情境题型的训练来加强能力的培养,同时要关注社会热点问题,密切联系生活,理论联系实际,建构学科大概念,发展化学学科核心素养。

【第 2 题】下列反应中属于氧化还原反应的是　　　　　　　　　　（　　）

A. $Cu(OH)_2 \xrightarrow{\triangle} CuO + H_2O \uparrow$

B. $Na_2O + H_2O = 2NaOH$

C. $Na_2CO_3 + 2HCl = 2NaCl + H_2O + CO_2 \uparrow$

D. $4HNO_3(浓) \xrightarrow{\triangle} 4NO_2 \uparrow + O_2 \uparrow + 2H_2O$

你判断的依据是：_____。

【试题分析】

本题主要考查氧化还原反应的判断依据。氧化还原反应的特征(判断依据)是方程式中有化合价的升降。

【解题方法】

本题答案是 D。判断依据:根据氧化还原反应的原理,把元素化合价标出,发现

D 选项的 N 元素从 +5 价降到 +4 价,O 元素从 −2 价升到 0 价。因此,答案为 D。

【答题情况】

学生答题情况如表 3-5-3 所示。

表 3-5-3　第 2 题学生答题情况

选项	特尖班（13 份）	普尖班（27 份）	普通班（60 份）	总数（100 份）
A	0	0	1	1
B	0	2	0	2
C	0	0	0	0
D	13	25	59	97

此题调查结果高三比高一好一些。高三学生对氧化还原反应的判断基本上都能从反应前后元素化合价变化入手,有部分同学直接从 D 答案中有单质生成判断出一定有化合价升降。仍有少部分同学判断依据未作答,或者胡乱填写。

【教学建议】

教学中要强化学困生对化合价的认识,了解氧化还原反应的本质和特征。

【第 3 题】下列用电子式表示化合物的形成过程正确的是　　　　　　　　　(　　)

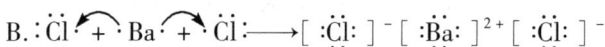

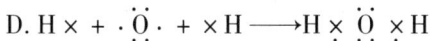

A. K $\cdot$ $\ddot{\ddot{O}}$ $\cdot$ K══K$^+$ [$:\ddot{\ddot{O}}:$]$^{2-}$ K$^+$

B. $:\ddot{\ddot{Cl}}$ $\cdot$ Ba $\cdot$ $\ddot{\ddot{Cl}}$ ──→ [$:\ddot{\ddot{Cl}}:$]$^-$ [$:\ddot{Ba}:$]$^{2+}$ [$:\ddot{\ddot{Cl}}:$]$^-$

C. 2 $\dot{\ddot{F}}$ $\cdot$ + $\cdot$ Mg $\cdot$ ──→ Mg^{2+} [$:\ddot{F}:$]$^-$

D. H × + $\cdot$ $\ddot{O}$ $\cdot$ + ×H ──→ H × $\ddot{O}$ ×H

你判断的依据是: _____。

【试题分析】

本题考查学生用电子式表示物质的形成过程,反映出学生对物质形成过程的掌握程度。

【解题方法】

本题答案是 D。判断依据:用电子式表示形成过程用"──→"连接;阴离子的最外层电子要表示出来并加中括号,简单阳离子用离子符号表示。

用单质经反应生成化合物的过程,反应物写原子的电子式,生成物写分子或离子化合物的电子式,反应物和生成物之间用"──→"分开,在反应物前写上系数以满足质量守恒定律。

【答题情况】

有 23% 的同学满分,具体答题情况如表 3-5-4 所示。

表 3-5-4　第 3 题学生答题情况

选项	特尖班（13 份）	普尖班（27 份）	普通班（60 份）	总数（100 份）
A	0	10	25	35
B	0	0	4	4
C	1	0	1	2
D	12	17	30	59

答题依据主要有以下几种情况：

（1）反应物和生成物之间用"⟶"连接。

（2）阳离子就用简单的阳离子符号表示，不用标出最外层电子数。

（3）反应物和生成物系数要相等。

从答题情况可以看到，特尖班答题情况较为理想，得分率能达到 92％，而普尖班和普通班的答题情况就较为一般了，由此可知，学生对于用电子式表示物质形成过程的微观思维还比较欠缺。

【教学建议】

根据各种物质的类别判断电子式的不同，离子化合物阴离子带电荷用"[　]"，共价化合物不带电荷，注意各原子或离子应满足稳定结构，注意相关基础知识的积累。运用对比，培养学生质疑、求实、创新的精神。

【第 4 题】若有两个不同原子，可通过一个共用电子对而形成双原子分子，则这两个原子的电子层结构可能为　　　　　　　　　　　　　　　　（　　）

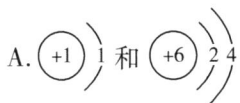

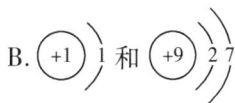

A. (+1) 1 和 (+6) 2 4　　　　　　　　　　B. (+1) 1 和 (+9) 2 7

C. (+11) 2 8 1 和 (+9) 2 7　　　　　　　D. (+6) 2 4 和 (+8) 2 6

你选择的依据是：_____。

【试题分析】

本题考查学生共价化合物形成的原子的判断，反映出对学生对共价化合物形成过程以及概念的掌握程度。

【解题方法】

本题答案是 B。选择依据：共用电子对一般是在活泼的非金属与非金属元素之间形成的，元素的原子用最外层电子以共用电子对的方式形成 2 或 8 的稳定结构。

答案 A 中 H 和 O 应是两个共用电子对；答案 B 中 H 和 F 则为一个共用电子对，形成 HF 共价化合物；答案 C 中是 Na 和 F 形成的是离子键；答案 D 中形成的是化合物 CO_2，共四个共用电子对。故答案为 B。

【答题情况】

有38％的同学满分,具体答题情况如表3-5-5所示。

表3-5-5　第4题学生具体答题情况

选项	特尖班（13份）	普尖班（27份）	普通班（60份）	总数（100份）
A	0	0	1	1
B	12	16	39	67
C	0	5	13	18
D	1	6	7	14

学生的答题依据主要有以下几种典型答案:

(1)H与F共用一个电子对均达到稳定结构。

(2)通过共用电子对形成最外层,达到稳定结构。

(3)Na与F形成NaF化合物。

(4)C与O能形成CO化合物。

本题主要考查原子是如何构成共价化合物的。从高三学生答题情况分析,高三得分率67％比高一得分率48％高。但仍有三分之一的同学选择C或D,说明他们对共用电子对没有理解,仅从选项组成的化学式为XY型就认为是双原子分子,没有真正理解题目中"通过一个共用电子对而形成双原子分子"的含义。

【教学建议】

化学的变化观念是化学的基本观念,即物质之间发生化学反应生成新的物质。高三学生不仅要从宏观上认识物质变化的现象和生成物,还应该从原子、分子水平认识化学反应发生的原因(电子得失或共用),能用原子结构进行预测或解释化学反应。因此,高三学生要在成键的本质上加强对化学键(离子键和共价键)的学习,从微观上建构离子化合物和共价化合物的认知模型。

【第5题】X和Y两元素的阳离子具有相同的电子层结构,X元素的阳离子半径大于Y元素的阳离子半径,Z和Y两元素的原子核外电子层数相同,Z元素的原子半径小于Y元素的原子半径,X、Y、Z三种元素原子序数的大小顺序是　　　　　　　　（　　　）

A.X＞Y＞Z

B.Y＞X＞Z

C.Z＞X＞Y

D.Z＞Y＞X

你选择的依据是:＿＿＿＿＿＿＿＿＿＿＿＿＿＿＿＿＿＿＿＿＿＿＿＿＿＿＿＿。

【试题分析】

本题主要考查元素周期律,同一周期原子或离子半径的递变性,以及对元素周期性变化规律的掌握程度,也就是对原子结构变化本质的理解能力。有效提高学生对多数物质性质的推断与理解能力。

【解题方法】

本题答案是 D。选择依据:根据元素周期律,相同电子层结构的阳离子,核电荷数越大,半径越小;同周期的原子,核电荷数越大,半径越小。

根据元素周期律分析,若是电子层结构相同,也就是电子数一样多的离子,质子数越大,半径越小。根据题意,X 和 Y 两元素的阳离子具有相同的电子层结构,X 元素的阳离子半径大于 Y 元素的阳离子半径,则 X 的质子数小于 Y 的质子数。对于原子来说,同周期的原子从左到右,核电荷数越大,半径越小。Z 和 Y 两元素的原子核外电子层数相同,Z 元素的原子半径小于 Y 元素的原子半径,所以 Z 的质子数大于 Y 的质子数。最后得出三种元素原子序数的大小顺序为:Z > Y > X。

【答题情况】

学生答题情况如表 3-5-6 所示。

表 3-5-6　第 5 题学生答题情况

选项	特尖班（13 份）	普尖班（27 份）	普通班（60 份）	总数（100 份）
A	1	3	6	10
B	0	6	13	19
C	2	0	4	6
D	10	18	37	65

数据分析显示,有 65% 的学生能较好地理解元素周期表的基本规律,但学生对于电子层、原子半径的没有完全理解,没有深入去分析电子层的关系。

【教学建议】

从本题答题情况反映出学生对于元素周期律有一定的认识,基本掌握了电子层的概念、原子半径与质子数的关系。应加强对原子结构的教学,让学生充分掌握 1 ~ 20 号原子结构示意图。

【第 6 题】化学反应中的能量变化是由化学反应中旧化学键断裂时吸收的能量与新化学键形成时放出的能量不同引起的。以下为 $N_2(g)$ 和 $O_2(g)$ 反应生成 $NO(g)$ 过程中的能量变化图示。

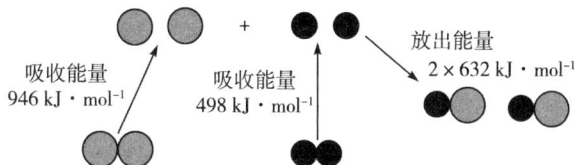

试画出 $N_2(g)$ 和 $O_2(g)$ 反应生成 $NO(g)$ 过程中的能量—反应过程图象。

【试题分析】

本题主要考查：

（1）反应热的计算。

（2）化学反应的实质是分子断键为原子要吸收能量，原子再形成新的分子时成键要释放能量。

（3）作图的能力。

【解题方法】

（1）明确反应的化学方程式：$N_2(g) + O_2(g) \rightleftharpoons 2NO(g)$。

（2）计算：断键需要吸收的能量 = 946 kJ + 498 kJ = 1444 kJ，成键需要释放的能量 $Q_{放} = 632 \text{ kJ} \times 2 = 1264 \text{ kJ}$。

（3）计算：$\Delta H = 1444 - 1264 = +180 \text{ kJ} \cdot \text{mol}^{-1}$。

（4）确定：反应物的总能量＜生成物的总能量。

（5）作图：如图 3-5-2 所示。

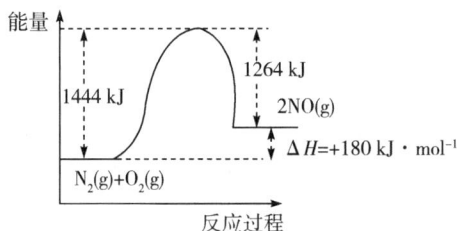

图 3-5-2　能量—反应过程图象

【答题情况】

学生答题情况如表 3-5-7 所示。

表 3-5-7　第 6 题学生答题情况

学生类型	总人数	能表达该反应是吸热反应			表达为放热反应/人	无法判断热量变化/人	未作答/人
		表达完全正确/人	数据表达不正确/人	无任何数据的表达/人			
尖子生	40	9	12	7	12	0	0
平衡生	60	1	15	8	23	1	12
总和	100	10	27	15	35	1	12
百分率	100%	10%	27%	15%	35%	1%	12%

　　数据显示此题做得情况不是很理想，高三的得分情况与高二相比，总体进步不是很大，只是尖子生好一点。整体来看，表达完全正确的人占 10%，未作答的人占 12%，说明学生对画图或读图的题型掌握还是比较差。

【典型答卷】

学生典型答卷如图 3-5-3 所示。

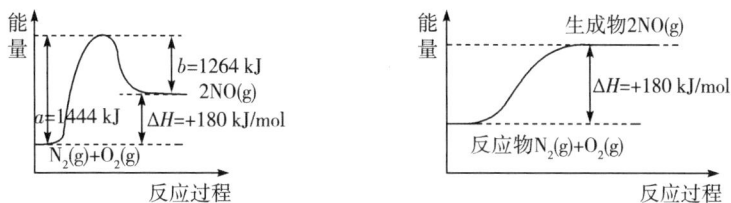

图 3-5-3　第 6 题学生典型答卷

【教学建议】

(1)要明确反应的化学方程式。

(2)会根据键能计算反应热。

(3)明确在吸热反应中,生成物的总能量大于反应物的总能量;在放热反应中,反应物的总能量大于生成物的总能量。

(4)化学反应的实质是分子断键形成原子要吸收能量,原子再形成新的分子时成键要释放能量。

(5)作图时要有明确的量的关系。

【第 7 题】在一恒容的密闭容器中进行反应:$2SO_2(g) + O_2(g) \rightleftharpoons 2SO_3(g)$　$\Delta H = -196.6\ kJ \cdot mol^{-1}$,在投料相同的条件下改变温度,结果发现 T_1 温度下先到达平衡状态($T_1 > T_2$),用碰撞理论分析,其原因是　　　　　　　　　　　　　　　(　　)

A.活化分子百分数不变,但提高了单位体积内活化分子的总数

B.增大分子的运动速率而使有效碰撞增加

C.升高反应物分子的能量,使活化分子的百分数增加

D.降低反应所需的能量,使活化分子百分数增加

你选择的依据是:_____。

【试题分析】

本题主要考查学生对用微观的碰撞理论解释影响化学反应速率的因素的理解。

【解题方法】

本题答案是 C。选择依据:升高温度,单位体积内的活化分子数增多,活化分子百分数提高,分子碰撞的概率变大,反应速率提高。

在其他条件不变时,升高温度,单位时间内分子总数不变,但一部分普通分子吸收能量后变为活化分子,增大了活化分子百分数,导致有效碰撞次数增多了,反应速率变快了。

【答题情况】

学生答题情况如表 3-5-8 所示。

表 3-5-8   第 7 题学生答题情况

学生类型	总人数	选A/人	选B/人	选C/人	选D/人	正确答案	得分率/%
尖子生	40	1	19	18	2	C	45.0
平衡生	60	4	34	21	1	C	35.0
总和	100	5	53	39	3	C	39.0

本题考查学生对影响化学反应速率的因素分析的理解。数据显示尖子生的得分率是 45.0%，平衡生的得分率是 35.0%，整体的得分率是 39.0%。数据说明学生对本题的判断理解还是存在一定的困难。

【教学建议】

（1）明确改变化学反应速率有哪些因素。

（2）每个因素的改变会引起分子总数、活化分子数、活化分子百分数如何变化。

【第 8 题】下面图象能表达 10 mL、pH = 2 的一元弱酸加水稀释到 1000 mL 的过程中溶液 pH 的变化情况的是   （   ）

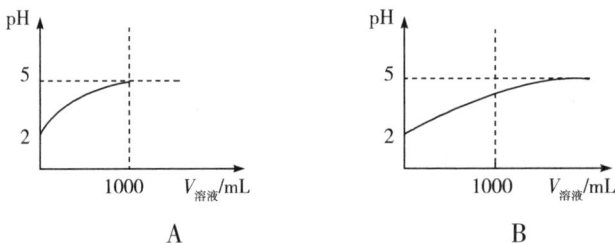

A   B

你选择的依据是：_____。

【试题分析】

本题主要考查：

（1）pH 的含义及其计算方法。

（2）弱电解质的电离程度随着溶液浓度的降低逐渐增强。

【解题方法】

本题答案是 B。选择依据：弱酸越稀电离程度越大。

要想理解一元弱酸，先要理解一元强酸。

（1）一元强酸以 HCl 为例，因为 HCl 的电离是完全电离。

$HCl \longrightarrow H^+ + Cl^-$，当 pH = 2 时，$c_{液}(H^+) = 10^{-2}$ mol·L^{-1}，10 mL 的盐酸溶液中 $n_{液}(H^+) = 10^{-5}$ mol，当溶液由 10 mL 加水稀释到 1000 mL，稀释过程中 H^+ 的物质的量不变，仍为 $n_{液}(H^+) = 10^{-5}$ mol，但溶液体积为 1000 mL，则此时 $c_{液}(H^+) = 10^{-5}$ mol·L^{-1}，pH = 5。

（2）一元弱酸以 CH_3COOH 为例，因为 CH_3COOH 的电离是不完全电离。

$CH_3COOH \rightleftharpoons CH_3COO^- + H^+$, 当 $pH=2$ 时, $c_{液}(H^+)=10^{-2}\ mol\cdot L^{-1}$, 10 mL 的醋酸溶液中 $n_{液}(H^+)=10^{-5}\ mol$, 当溶液由 10 mL 加水稀释到 1000 mL, 根据弱酸越稀越电离可知, 稀释过程中 CH_3COOH 的电离程度增大, H^+ 的物质的量增大, $n_{液}(H^+)>10^{-5}\ mol$, 但溶液体积为 1000 mL, 则此时 $c_{液}(H^+)>10^{-5}\ mol\cdot L^{-1}$, $pH<5$。

【答题情况】

学生答题情况如表 3-5-9 所示。

表 3-5-9　第 8 题学生答题情况

学生类型	总人数	选 A/人	选 B/人	未作答/人	正确答案	得分率/%
尖子生	40	3	37	0	B	92.5
平衡生	60	11	49	0	B	81.7
总和	100	14	86	0	B	86.0

本题高三得分率 86.0% 比高一得分率 77.0% 高, 解释也比较符合条理和规范。本题考查学生对弱酸加水稀释的微观分析能力。数据显示很多同学都能选出正确答案, 但判断原因却各有不同。

【教学建议】

要想理解弱酸的变化, 先要理解强酸的变化。

(1)10 mL、$pH=2$ 的一元强酸(如稀盐酸)加水稀释(溶液由 10 mL 加水稀释到 1000 mL)的过程中, 溶液 pH 的变化情况:溶液由 10 mL 加水稀释到 1000 mL, 相当于稀释了 10^2 倍;pH 的变化相当于由 $pH=2$ 变为 $pH=2+2=4$。

(2)10 mL、$pH=2$ 的一元弱酸(如醋酸)加水稀释(溶液由 10 mL 加水稀释到 1000 mL)的过程中, 溶液 pH 的变化情况:溶液由 10 mL 加水稀释到 1000 mL, 相当于稀释了 10^2 倍;pH 的变化相当于由 $pH=2$ 变为 $pH<4$。

【第 9 题】在常温下测得 $0.1\ mol\cdot L^{-1}$ NaCl 溶液的 pH 约为 7, 则 $0.1\ mol\cdot L^{-1}$ NH_4Cl 溶液的 pH 约　　　　　　　　　　　　　　　　　（　　）

A. 等于 7　　　　　　　　　　B. 大于 7

C. 小于 7　　　　　　　　　　D. 不能确定

你选择的依据是：_____（从微观的角度分析）。

【试题分析】

本题主要考查学生对盐类水解的应用理解。

【解题方法】

本题答案是 C。选择依据:NH_4Cl 中的铵根离子会发生水解使溶液呈酸性, $NH_4^+ + H_2O \rightleftharpoons NH_3\cdot H_2O + H^+$。

氯化铵是一种盐, 从氯化铵的生成来看可以认为它是由盐酸和氨水中和反应生成的,而氨水是一种弱碱,在水中发生不完全电离,盐酸是一种强酸,在水中发生完全电离,所以当生成的氯化铵溶于水时,铵根离子发生水解,$NH_4^+ + H_2O \rightleftharpoons NH_3 \cdot H_2O + H^+$,使溶液产生氢离子导致氯化铵溶液呈酸性。

【答题情况】

学生答题情况如表3-5-10所示。

表3-5-10 第9题学生答题情况

学生类型	总人数	选A/人	选B/人	选C/人	选D/人	正确答案	得分率/%
尖子生	40	0	1	38	1	C	95.0
平衡生	60	3	4	50	3	C	83.3
总和	100	3	5	88	4	C	88.0

本题考查学生对盐类水解的应用的理解。数据显示尖子生的得分率是95.0%,平衡生的得分率是83.3%,整体的得分率是88.0%。数据说明学生对本题的理解还是比较好的。

【教学建议】

(1)明确盐溶液的溶质。

(2)根据规律"谁弱显谁性进行"判断。

【第10题】 $CH_3-\overset{\overset{18}{O}}{\overset{\|}{C}}-OH$ 在水溶液中存在平衡: $CH_3-\overset{\overset{18}{O}}{\overset{\|}{C}}-OH \rightleftharpoons$

$CH_3-\overset{\overset{18}{OH}}{\underset{}{C}}=O$,当 $CH_3-\overset{\overset{18}{O}}{\overset{\|}{C}}-OH$ 与 CH_3CH_2OH 发生酯化反应时,不可能生成的产物是 ( )

A. $CH_3-\overset{O}{\overset{\|}{C}}-OC_2H_5$ B. $CH_3\overset{O}{\overset{\|}{C}}-^{18}OC_2H_5$

C. H_2O D. $H_2^{18}O$

你选择的依据是:_____。

【试题分析】

本题主要通过考查酯化反应的原理来诊断学生对有机物反应的微观认识水平。

【解题方法】

本题答案是B。选择依据:酯化反应的断键是发生在羧酸脱去羟基及醇中羟基脱去氢,酯的水解反应是酯化反应的逆反应,再结合题目中^{18}O的可逆转换确定答案。

根据酯化反应原理,即反应发生在官能团羧基和羟基之间,具体是乙酸羧基中的羟基与乙醇羟基中的氢反应脱成水,先写出方程式:

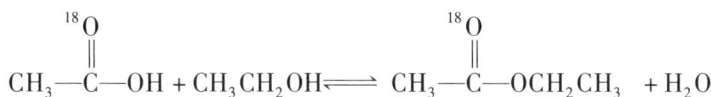

再根据  发生可逆反应,确定还有一个酯化反应:

$$CH_3\!-\!\overset{\overset{^{18}OH}{\|}}{C}\!-\!O + CH_3CH_2OH \rightleftharpoons CH_3\!-\!\overset{\overset{O}{\|}}{C}\!-\!OCH_2CH_3 + H_2^{18}O$$

可知其产物有 $CH_3\!-\!\overset{\overset{^{18}O}{\|}}{C}\!-\!OCH_2CH_3$ 、H_2O、$CH_3\!-\!\overset{\overset{O}{\|}}{C}\!-\!OCH_2CH_3$ 、$H_2^{18}O$,所以不

可能生成的产物是 B 选项,即 $CH_3\overset{\overset{O}{\|}}{C}\!-\!^{18}OC_2H_5$。

【答题情况】

学生答题情况如表 3-5-11 所示。

表 3-5-11　第 10 题学生答题情况

学生	人数	作废/人	选 A/人	选 B/人	选 C/人	选 D/人	未作答/人	正确答案	得分率/%
尖子生	40	0	1	36	1	2	0	B	90.0
平衡生	60	0	2	46	2	10	0	B	76.7
汇总	100	0	3	82	3	12	0	B	82.0

本题以 $CH_3\!-\!\overset{\overset{^{18}O}{\|}}{C}\!-\!OH \rightleftharpoons CH_3\!-\!\overset{\overset{^{18}O}{\|}}{C}\!-\!O$ 这一可逆反应为信息素材,考查了酯化

反应的断键和成键方式,同时,还要说明理由,要求学生"知其然",还要"知其所以然",考查目的是诊断学生对化学反应的微观认识。但是,高三年级大多数学生在写依据时仍停留在高二之前的机械记忆"酸脱羟基,醇脱氢"的低阶水平,未能从乙醇和乙酸的官能团易断键和成键的视角分析。也就是说没有从化学反应的本质(化学键断键与成键)视角进行解释,暴露了学生死记硬背的学习方法。

【教学建议】

(1)课堂教学中应更新教学理念,用化学原理和化学知识解释化学的问题,避免死记硬背。

(2)高三复习要回归课本精读原型(如乙醇和乙酸的酯化反应),要注重对化学学科的理解。

(3)建构结构决定性质的认知模型,并用结构模型指导学生认知物质性质、预测未知物质的性质。

四、高三级调研结论

从以上数据结果看,第1、3、6、7题学生得分比较低,这些题考查了图象和符号的表达,包括粒子存在、物质的形成过程、结构与性质关系、能量—反应过程图象、化学键断键与成键等。

从学生做题的情况看,学生审题不严密,思维缺乏有序性,知识不够结构化和系统化,主要体现在以下几个方面。

(1)能量—反应过程图象中没有标明具体的物质和能量的关系,没有标明能量的单位,ΔH的数据表达不正确,反应图没有中间态等多种错误。

(2)画酸碱反应后的生成物时画错微粒的种类或数目。

(3)对化学反应原理(或本质)缺乏学科理解,解释化学问题如对酯化反应的原因进行解释时,停留在机械记忆(酸脱羟基,醇脱氢)阶段。

(4)由于学生的思维缺乏有序性,所以导致思维的不严密,如画能量—反应过程图象时没有中间高能态。

五、高三年级调研的教学启示

1. 在化学学习过程中要建立两种思维:宏观和微观

(1)宏观思维指的是宏观知识或宏观信息在人脑中的记载和呈现方式。在化学学习的过程中,进行宏观思维训练可以激发学习者的兴趣,培养他们的观察与形象思维能力,还可以依靠提供的其他大量感性知识,为微观思维的培养打下良好的基础。

(2)微观思维指的是微观知识或微观信息,包括不能为人眼直接观察到的原子、分子、离子等微粒的运动和相互作用,物质的微观组成和结构及其反应机理在人脑中的反映。

化学教学中的一个重要任务就是让学生建立对物质的微观认识,并从这个角度解释一些自然现象。对化学知识进行微观思维的培养,有利于学习将宏观现象还原为微观粒子的内部作用,从而揭示化学现象的内在本质。

2. 在教学过程中要强化微观想象力的培养

对化学学习而言,微观想象力就是对原子、分子、离子等化学微观粒子及其运动变化的微观思维能力,想象它们的运动状态,掌握动态特征和规律。

3. 加强图表信息处理能力的训练

学生的读图和画图能力普遍较弱,要适当加大训练的力度。

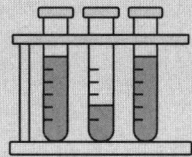

第四章 微观化学认知障碍的教学研究

第一节　九年级学生个案跟踪分析报告

一、基本情况

跟踪研究对象:九年级的学生。

1.九年级为学习化学的启蒙阶段

根据课程标准设计,化学学科在九年级才开设,九年级的学生对于化学的认识就如同一张"白纸",化学的基础知识、方法、思维方式都是在这一启蒙阶段开始学习的,这一阶段化学老师在学生学习化学的能力培养方面起到重要的作用。

2.研究学校九年级学生的基本情况

研究学校属于粤北山区学校,学生普遍基础较薄弱,理解能力、思维能力、想象能力等较欠缺。

3.实验班与对比班学生的基本情况

2018—2019学年和2019—2020学年,课题研究期间选取的实验班与对比班大部分学生的基础相对较好,学习自觉性较高,能力也相对较强。

二、课题实施情况

课题研究的内容是"微观化学认知过程及教学策略的研究",化学是在原子、分子水平上研究物质,"微观"最能体现化学的本质。微观化学的知识内容比较抽象,难以理解,所以学生学习微观化学时比较困难,学习的方法多为死记硬背,认为学习化学是一个枯燥、沉闷、被动的"任务",学习化学的兴趣不浓厚。本课题从微观化学认知过程入手,寻找学习微观化学的方法,解决学生学习微观化学比较困难的问题,对帮助学生更好地理解化学的本质具有重要的现实意义。

1.2018—2019学年第一学期九年级调研考试微观化学部分试题及数据分析

【第7题】(2分)下列现象或事实,用分子的相关知识加以解释,其中不正确的是

（　　）

选项	现象或事实	解释
A	热胀冷缩	分子大小随温度改变而改变
B	酒香不怕巷子深	分子不断地运动

（续表）

选项	现象或事实	解释
C	氧气可供人呼吸，二氧化碳不能	构成物质的分子不同，物质的性质不同
D	水通电后生成氢气和氧气	在化学变化中分子可以再分

【第 16 题】(3 分)下图为某化学反应的微观过程，其中"●""$\bigcirc$"表示两种不同的原子。

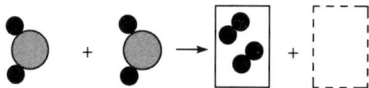

(1)该反应属于＿＿＿＿＿＿＿反应(填基本反应类型)。

(2)在虚线框内画出微观图示。

【第 17 题】(4 分)如图是五种粒子的结构示意图，请回答下列问题：

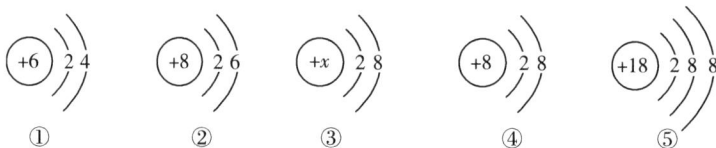

① ② ③ ④ ⑤

(1)③带有 2 个单位正电荷，则 $x = $ ＿＿＿＿＿＿＿＿。

(2)属于稳定结构的原子是＿＿＿＿＿＿＿(填序号)；属于同种元素的粒子是＿＿＿＿＿＿＿(填序号)；写出属于阴离子的离子符号＿＿＿＿＿＿＿。

【第 18 题】(5 分)下列各图中"○""●"分别表示两种不同元素的原子，其中表示化合物的是　　　　　　　　　　　　　　　　　　　　（　　）

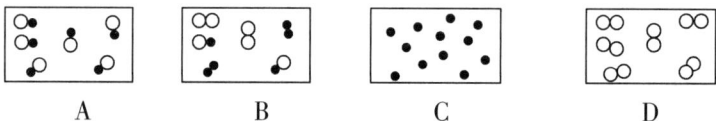

A　　　　　　B　　　　　　C　　　　　　D

你选择的依据是(写两点)：

①宏观依据：＿＿＿＿＿＿＿＿＿＿＿＿＿＿＿＿＿＿＿＿＿＿＿＿＿；

②微观依据：＿＿＿＿＿＿＿＿＿＿＿＿＿＿＿＿＿＿＿＿＿＿＿＿＿。

2018—2019 学年第一学期九年级调研考试微观化学部分试题成绩数据如表 4-1-1 所示。

表 4-1-1　2018—2019 学年第一学期九年级调研考试微观化学部分试题成绩跟踪

2018—2019 学年	考试人数	第 7 题(2 分)					第 16 题（3 分）				
		平均分	零分人数	零分率/%	满分人数	满分率/%	难度	平均分	零分人数	零分率/%	满分人数	满分率/%	难度
全县抽样	445	1.15	180	40.4	265	59.6	0.5955	1.35	130	29.2	130	29.2	0.4486
任教班 1	55	1.30	19	34.5	36	65.5	0.6545	2.55	0	0.0	30	54.5	0.8500

（续表）

2018—2019学年	考试人数	第7题(2分)						第16题(3分)					
		平均分	零分人数	零分率/%	满分人数	满分率/%	难度	平均分	零分人数	零分率/%	满分人数	满分率/%	难度
任教班2	52	1.23	20	38.5	32	61.5	0.6154	2.44	3	5.8	28	53.8	0.8133
任教班3	52	1.30	18	34.6	34	65.4	0.6538	2.48	4	7.7	29	55.8	0.8267
对比班	54	1.20	22	40.7	32	59.3	0.5926	2.00	6	11.1	20	37.0	0.6667

2018—2019学年	考试人数	第17题(4分)						第18题(5分)					
		平均分	零分人数	零分率/%	满分人数	满分率/%	难度	平均分	零分人数	零分率/%	满分人数	满分率/%	难度
全县抽样	445	1.61	93	20.9	58	13.0	0.4018	1.64	161	36.2	44	9.9	0.3285
任教班1	55	2.09	5	9.1	11	20.0	0.5225	2.30	20	20.0	9	16.4	0.4600
任教班2	52	2.10	6	11.5	8	15.4	0.5250	2.20	10	19.2	8	15.4	0.4400
任教班3	52	2.67	5	9.6	8	15.4	0.6675	2.50	8	15.4	11	21.2	0.5000
对比班	54	1.50	9	16.7	4	7.4	0.3750	1.80	16	29.6	6	11.1	0.3600

2.2019年初中毕业生调研测试微观化学部分试题及数据分析（测试时间：2019年5月）

【第5题】(2分)下列是几种粒子的结构示意图,有关说法正确的是　　　　（　　）

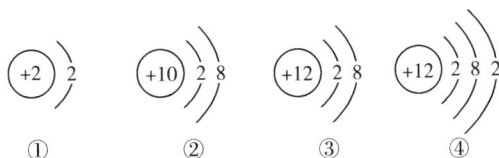

A.①和④两种粒子的化学性质相似

B.②和③表示的粒子均为离子

C.③④属于同种元素的不同离子

D.③表示的粒子符号为 Mg^{2+}

【第7题】(2分)下列相关事实,用微观粒子知识解释错误的是　　　　（　　）

A.二氧化碳气体压缩成干冰——分子体积减小

B.金刚石与石墨物理性质不同——原子排列方式不同

C.湿衣服在阳光下比在阴凉处干得快——温度升高,分子运动加快

D.醋酸是酸的,蔗糖是甜的——不同种分子性质不同

【第9题】(2分)科学家发现,利用催化剂可有效消除室内装修材料释放的甲醛,其反应微观示意图如下。下列有关该反应的说法正确的是 (　　　)

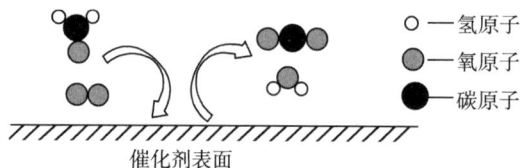

　　—氢原子
　　—氧原子
　　—碳原子

催化剂表面

A. 属于置换反应

B. 可解决甲醛带来的室内空气污染问题

C. 其中甲醛属于氧化物

D. 化学方程式为:$HCO + O_2 \xlongequal{} CO_2 + H_2O$

【第16题】(5分)元素周期表是学习和研究化学的重要工具。请分析图中信息回答相关问题。

(1)硫元素的质子数是_____,它属于_____(填"金属"或"非金属")元素,在化学反应中容易_____(填"得到"或"失去")电子。

(2)原子序数为1、7、8的三种元素形成的酸的化学式为_____。

(3)周期表中横的叫周期,竖的叫族,写一条规律:_____。

【第18题】(4分)清华大学研究人员成功研制出一种纳米纤维催化剂,可将二氧化碳转化成液体燃料甲醇(CH_3OH),其微观示意图如下图所示,请回答下列问题。

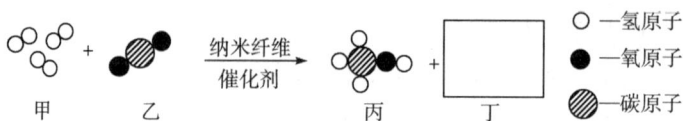

甲　　　　乙　　　纳米纤维催化剂　　　丙　　　丁

　　—氢原子
　　—氧原子
　　—碳原子

(1)请在上图的方框中画出丁物质的分子模型。

(2)该反应的化学方程式为:_____。

(3)由图可知化学反应的实质是_____,这是质量守恒定律的理论依据。

2019 年初中毕业生调研测试微观化学部分试题成绩数据如表 4-1-2 所示。

表 4-1-2 2019 年初中毕业生调研测试微观化学部分试题成绩跟踪

2019 年	考试人数	第 5 题（2 分）						第 7 题（2 分）						第 9 题（2 分）				
		平均分	零分人数	零分率%	满分人数	满分率%	难度	平均分	零分人数	零分率%	满分人数	满分率%	难度	平均分	零分人数	零分率%	满分人数	满分率%	难度
全县抽样	440	1.10	198	45.0	242	55.0	0.5500	1.30	152	34.5	288	65.5	0.6545	1.08	203	46.1	237	53.9	0.5386
任教班 1	55	1.35	18	32.7	37	67.3	0.6727	1.34	18	32.7	37	67.3	0.6727	1.45	15	27.3	40	72.7	0.7273
任教班 2	52	1.23	20	38.5	32	61.5	0.6154	1.48	15	28.8	37	71.2	0.7115	1.38	16	30.8	36	69.2	0.6923
任教班 3	52	1.30	18	34.6	34	65.4	0.6538	1.46	14	26.9	38	73.1	0.7308	1.50	13	25.0	39	75.0	0.7500
对比班	54	1.20	22	40.7	32	59.3	0.5926	1.33	18	33.3	36	66.7	0.6667	1.30	19	35.2	35	64.8	0.6481

2019 年	考试人数	第 16 题（5 分）					第 18 题（4 分）				
		平均分	零分人数	零分率/%	满分人数	满分率/%	难度	平均分	零分人数	零分率/%	满分人数	满分率/%	难度
全县抽样	440	2.64	61	13.9	144	32.7	0.5285	2.3	98	22.3	89	20.2	0.5750
任教班 1	55	3.80	4	7.3	27	49.1	0.7600	2.8	3	5.5	20	36.4	0.7000
任教班 2	52	3.60	5	9.6	26	50.0	0.7200	2.9	2	3.8	22	42.3	0.7250
任教班 3	52	3.70	3	5.8	29	55.8	0.7400	3.2	2	3.8	24	46.2	0.8000
对比班	54	3.10	6	11.1	22	40.7	0.6200	2.6	5	9.3	18	33.3	0.6500

实验班部分学生两次考试微观化学的答卷如图 4-1-1、图 4-1-2 所示。

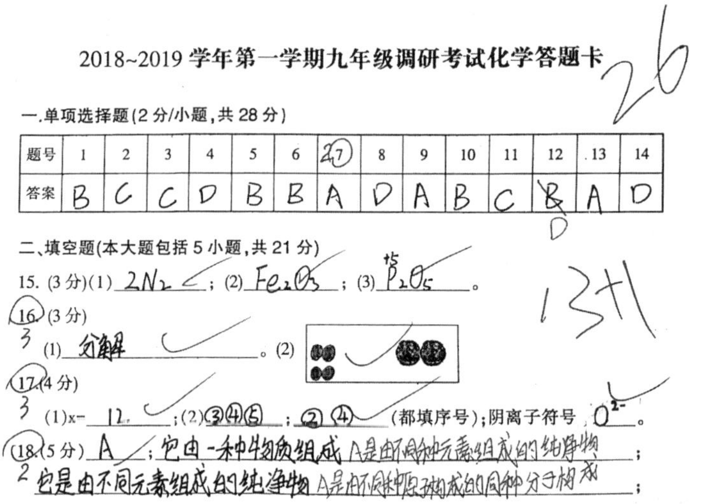

2018~2019 学年第一学期九年级调研考试化学答题卡

一.单项选择题(2 分/小题,共 28 分)

题号	1	2	3	4	5	6	7	8	9	10	11	12	13	14
答案	B	C	C	D	B	B	A	D	A	B	C	B	A	D

二、填空题(本大题包括 5 小题,共 21 分)

15. (3 分)(1) $2N_2$;(2) Fe_2O_3 ;(3) $\overset{+5}{P}_2O_5$ 。

16. (3 分)

(1) 分解 。(2)

17. (4 分)

(1)x= 12 ;(2) ③④⑤ ; ② ④ (都填序号);阴离子符号 O^{2-} 。

18. (5 分) A ;它由一种物质组成 A是由同种元素组成的纯净物 ;

它是由不同元素组成的纯净物 A是由不同种原子构成的同种分子构成 ;

图 4-1-1　2018—2019 学年第一学期九年级调研考试化学答卷

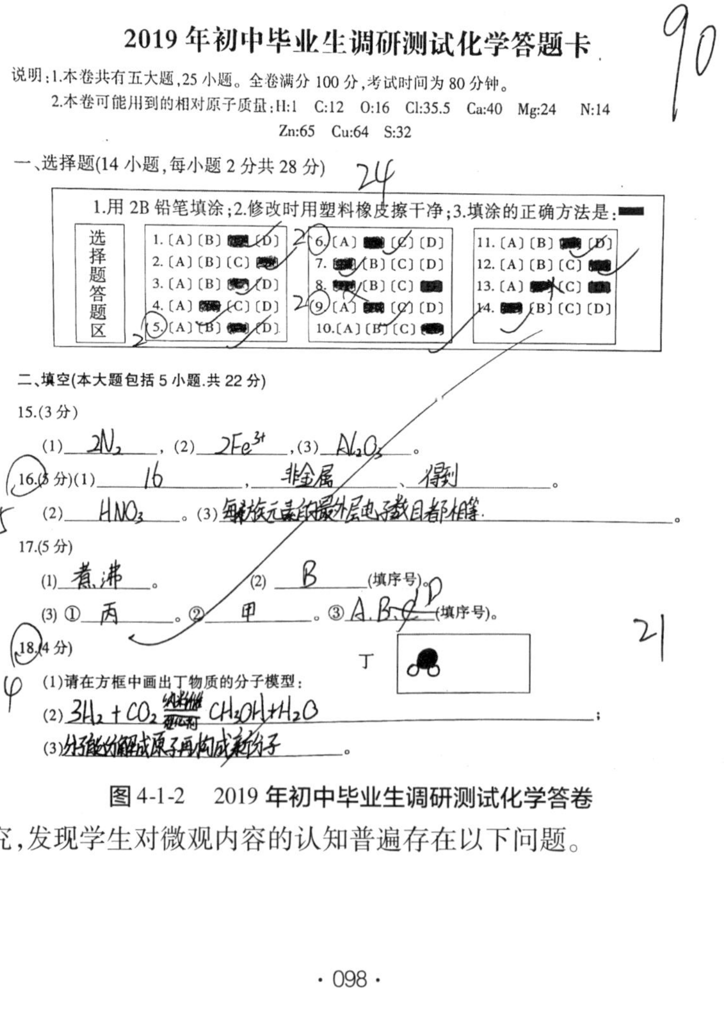

2019 年初中毕业生调研测试化学答题卡

说明:1.本卷共有五大题,25 小题。全卷满分 100 分,考试时间为 80 分钟。

2.本卷可能用到的相对原子质量:H:1 C:12 O:16 Cl:35.5 Ca:40 Mg:24 N:14 Zn:65 Cu:64 S:32

一、选择题(14 小题,每小题 2 分共 28 分)

1.用 2B 铅笔填涂;2.修改时用塑料橡皮擦干净;3.填涂的正确方法是:

选择题答题区

1.[A][B][C][D]　6.[A][B][C][D]　11.[A][B][C][D]
2.[A][B][C][D]　7.[A][B][C][D]　12.[A][B][C][D]
3.[A][B][C][D]　8.[A][B][C][D]　13.[A][B][C][D]
4.[A][B][C][D]　9.[A][B][C][D]　14.[A][B][C][D]
5.[A][B][C][D]　10.[A][B][C][D]

二、填空(本大题包括 5 小题.共 22 分)

15.(3 分)

(1) $2N_2$,(2) $2Fe^{3+}$,(3) Al_2O_3 。

16.(3 分)(1) 16 , 非金属 、 得到 。

(2) HNO_3 。(3) 同主族元素的最外层电子数目都相等 。

17.(5 分)

(1) 煮沸 。(2) B (填序号)。

(3) ① 丙 。② 甲 。③ A.B.C D (填序号)。

18.(4 分)　丁

(1)请在方框中画出丁物质的分子模型:

(2) $3H_2+CO_2 \longrightarrow CH_3OH+H_2O$;

(3) 分子分解成原子再构成新分子 。

图 4-1-2　2019 年初中毕业生调研测试化学答卷

通过研究,发现学生对微观内容的认知普遍存在以下问题。

（1）微观内容认知机械。

学生对微粒是否存在的问题普遍停留在对课本的简单识记和语句的记忆上,对于微粒是否运动、微粒之间是否存在间隙的问题,学生的掌握情况较好,大多数同学可以认同微粒是运动的,微粒之间存在间隙,且能从微观角度对日常生活中的相关现象进行解释说明。

（2）微观内容理解肤浅。

在从分子水平上对分解反应和化合反应进行理解的问题中,大多数学生都知道分解反应和化合反应的定义,但不会将宏观、微观结合起来进行思考,从而不能很好地从微观水平认识分解反应和化合反应,并做出解释。

在原子水平上对物质进行分类如纯净物和混合物或单质、化合物和氧化物的理解问题中,学生掌握了纯净物和混合物的定义,可以从宏观物质的种类角度进行区分,有意识地从微观角度进行说明,但不能抓住微观角度中纯净物和混合物的本质区别,而是以微粒的排布混乱程度进行区分。

（3）微观水平解释不当。

对具体事例进行解释时,学生有一定的解释意识,但不得其法,不能很好地组织语句,将所学的微观内容和实际问题联系起来进行解释说明。

（4）微观模型建构空白。

学生对微观模型的认识不够深刻,近一半学生对微观模型的理解接近空白状态,在掌握画模型的方法方面有一定的难度。在从原子水平上解释化学反应时,对原子重新组合的模型理解浅薄,没有使用原子重新组合模型进行表示和说明的意识,不能进行准确的解释描述。

3.2019—2020学年第一学期九年级调研考试微观化学部分试题及数据分析（测试时间:2020年1月）

【第4题】下列对宏观事实的微观解释错误的是 （ ）

A. 水的三态变化:分子的间隔发生了改变

B. 闻到远处饭菜的香味:分子在不断地运动

C. 夏天轮胎变胀:分子受热后体积变大

D. 水通电分解:分子在化学变化中可以再分

【第17题】(9分)在"宏—微—符"之间建立联系是化学特有的思维。根据电解水实验,回答下列问题。

（1）从宏观上观察:如右下图所示,试管 a 和试管 b 中产生气体的体积比约为____。

（2）从微观上分析:下列说法正确的是_____（填字母）。

A. 水是由氢气和氧气组成的

B. 水是由氢原子和氧原子构成的

C. 每个水分子是由 2 个氢原子和 1 个氧原子构成的

（3）从符号上表示:电解水的化学方程式为_____。

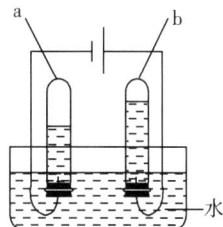

（4）画出试管 a 和试管 b 中反应的微观过程。

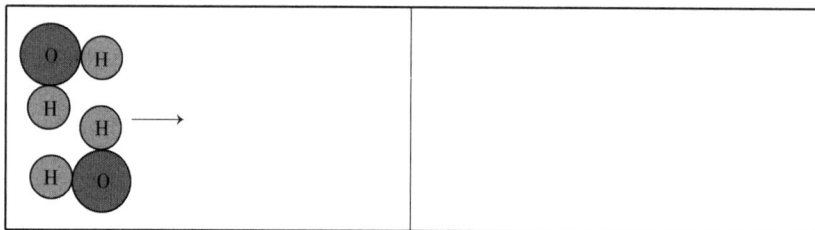

2019—2020 学年第一学期九年级调研考试微观化学部分试题成绩数据如表 4-1-3 所示。

表 4-1-3 2019—2020 学年第一学期九年级调研考试微观化学部分试题成绩跟踪

2019—2020 学年	考试人数	第 4 题（3 分）						第 17 题（9 分）					
		平均分	零分人数	零分率/%	满分人数	满分率/%	难度	平均分	零分人数	零分率/%	满分人数	满分率/%	难度
全县抽样	438	1.77	179	40.9	259	59.1	0.5913	4.30	36	8.2	97	22.1	0.4778
任教班 1	49	2.44	9	18.4	40	81.6	0.8163	6.55	0	0.0	15	30.6	0.7278
任教班 2	50	2.52	8	16.0	42	84.0	0.8400	6.64	0	0.0	16	32.0	0.7378
任教班 3	50	2.64	6	12.0	44	88.0	0.8800	6.88	0	0.0	18	36.0	0.7644
对比班	50	2.28	12	24.0	38	76.0	0.7600	6.12	5	10.0	8	16.0	0.6800

根据微观化学认知障碍原因分析，课题组通过微观化学课例研究，认真总结经验，联系学生实际，提出有效的学习微观化学的教学策略，实验班学生对微观化学的认识和理解提升较大。学生微观化学的典型答卷如图 4-1-3 所示。

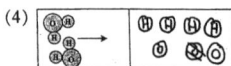

图 4-1-3 2019—2020 学年第一学期九年级调研考试化学答卷

三、教学思考

化学是在分子水平上研究物质的，"微观"最能体现化学的本质。本课题从微观化学认知过程入手，寻找学习微观化学的方法，解决中学生学习微观化学比较困难的问题，帮助学生更好地理解化学的本质。对此，化学老师必须做出下列改变。

1. 教学观念的改变

教师必须认识到微观化学的重要性,并且能根据教材内容和学生的实际情况有意识地在教学中渗透。如九年级在学习"构成物质的微粒""电解水""物质组成的表示式""质量守恒定律""化学方程式的意义""物质的分类"等知识的时候有意引导学生从微观的角度去理解物质的构成和化学反应的实质。

2. 了解微观化学认知障碍的原因

对课题组研究发现的微观化学认知障碍的原因要认真学习、理解和领悟。

3. 学习微观化学的教学策略

课题组通过微观化学课例研究,认真总结经验,根据学生实际,提出有效的学习微观化学的教学策略。教师也要根据学生的实际情况有效地落实,以使学生提高对微观化学的认识和理解,学习化学的本质。

第二节　高一年级学生个案跟踪分析报告

一、现状分析

跟踪研究对象:高一升高二的学生。

1. 高一、高二年级知识衔接的问题

九年级学生初步接触了原子、分子、离子的概念,对微观的知识有了一个初步的印象,高一进一步学习了电解质、离子反应、离子方程式的书写、物质的结构、原电池等,对微观的认知和学习有了进一步的理解。在此基础上,高二再进行深入学习。

2. 研究学校高二年级的基本情况

研究学校属于粤北山区学校,学生普遍基础较薄弱,理解能力、思维能力、想象能力等较欠缺。

二、课题实施情况

化学是在原子、分子水平上研究物质的组成、结构、性质及转化等的一门自然学科。化学学科教学要培养学生的物质观、变化观、能量观、守恒观、微粒观等许多基本观念,这些基本观念有利于培养学生的化学学科核心素养,而微粒观体现了自然科学和化学学科的基本特点。

高一年级的学生通过一段时间的学习,对分子、原子、离子等微观粒子有了一定的进阶认识,也能从微观视角对一些化学反应的宏观现象进行解释,如离子反应的本质是电解质电离出的离子生成难电离的沉淀、气体、水等。但是微观化学的知识内容比较抽象,难以理解,所以高一年级的学生对微观化学的学习还是比较困难的。高一年级的学生要重点加强"分类法、氧化还原反应和元素周期表等原理和方法"的学习。从电子得失(或偏移)微观视角建立氧化还原反应与非氧化还原反应的认知模型,指导认识化学反应、预测物质的性质;从原子结构的层面上认识物质性质的递变性,为后续学习化学反应中化学键的断键与成键、反应的能量变化等奠定基础。

【第7题】对于反应:$WO_3 + 3H_2 \xrightarrow{高温} W + 3H_2O$,下列说法不正确的是 （ ）

A. WO_3 做氧化剂

B. H_2 表现还原性

C. W 是氧化产物

D. 每生成 3 mol H_2O,转移的电子数为 $6N_A$(N_A表示阿伏伽德罗常数)

【第11题】下列反应的离子方程式正确的是 （ ）

A. Na_2O_2 与 H_2O 反应:$Na_2O_2 + H_2O = 2Na^+ + 2OH^- + O_2 \uparrow$

B. 铜与 $AgNO_3$ 溶液反应:$Cu + Ag^+ = Cu^{2+} + Ag$

C. 氧化亚铁溶于稀盐酸中:$FeO + 2H^+ = Fe^{2+} + H_2O$

D. 碳酸氢钠溶液中加入氢氧化钠溶液:$HCO_3^- + OH^- = CO_2 \uparrow + H_2O$

【第12题】N_A表示阿伏伽德罗常数,下列说法中正确的是 （ ）

A. 17 g NH_3 中含有的原子总数为 $4N_A$

B. 1 mol Fe 溶解于足量的盐酸中,转移的电子数为 $3N_A$

C. 标况下,22.4 L H_2O 中含有的分子数为 N_A

D. 1 $mol \cdot L^{-1}$ NaOH 溶液中含有的 Na^+ 数为 N_A

【第19题】已知溶液中可以发生反应:①$2FeCl_3 + 2KI = 2FeCl_2 + I_2 + 2KCl$;②$Cl_2 + 2FeCl_2 = 2FeCl_3$,下列说法不正确的是 （ ）

A. 反应①属于氧化还原反应,其中 $FeCl_3$ 做氧化剂

B. 由上述方程式可知氧化性顺序:$Cl_2 > Fe^{3+} > I_2$

C. I^- 也可以被 Cl_2 氧化

D. 往 2 mL 0.1 $mol \cdot L^{-1}$ 的 FeI_2 溶液中先滴入几滴氯水,再滴加几滴 KSCN 溶液,溶液变红

2018—2019 学年第一学期期末考查跟踪内容如表4-2-1所示(跟踪人数为15人)。

表4-2-1 2018—2019 学年第一学期期末考查跟踪内容

项目	第7题	第11题	第12题	第19题
考查内容	氧化还原反应的基本概念、电子转移数等的考查	离子方程式的书写和正误的判断	阿伏伽德罗常数的考查	氧化还原反应中氧化性和还原性的强弱判断

项目	第 7 题	第 11 题	第 12 题	第 19 题
答对人数	10	8	6	4
平均得分	1.333	1.067	0.800	0.533
难度	0.6667	0.5333	0.4000	0.2667

从数据统计中可以看出，高一的学生对于氧化还原反应概念的掌握程度还可以，但是对于氧化还原反应的应用和化学方程式的判断总体上处于较低水平。虽然通过课程学习学生已经具备了与微观认识相关的化学知识，且这些微观变化学生都已熟悉，但却没有形成预期的微观认知水平。从不同的角度看，学生在建立不同方面的微观认识的难易程度是不同的。这可能与下列因素有关：①教师的教学。教师在课堂中普遍重视引导学生对宏观现象的观察和记忆，而忽视从微观本质上引导学生思考和理解宏观现象发生的原因，导致中学生缺失对物质变化的微观认识。②教科书的编制。多年来我国化学教科书中关于微观过程和微观认识的内容较少，缺乏相应的图片、模型，来引导学生在宏观和微观之间建立内在的联系。③学生的学习习惯。学生习惯于从宏观出发，机械记忆宏观现象，而不考虑微观实质。

2019—2020 学年第一学期期末考查跟踪内容如表 4-2-2 所示（跟踪人数为 15 人）。

表 4-2-2　2019—2020 学年第一学期期末考查跟踪内容

项目	第 7 题	第 9 题	第 11 题	第 13 题	第 17 题
考查内容	离子共存的问题	燃料电池的基本原理、电极反应式的书写	阿伏伽德罗常数的考查	电解池的基本原理、电极反应式的书写、离子交换膜的应用	化学反应与能量的知识，燃料电池的基本原理、电极反应式等
答对人数	7	11	6	7	9
平均得分	0.9333	1.4667	0.8000	0.9333	1.2000
难度	0.4652	0.6077	0.3854	0.5260	0.5567

两年化学考试成绩跟踪对比如表 4-2-3 所示。

表 4-2-3　两年化学成绩跟踪对比

项目	2018—2019 学年第一学期期末			2019—2020 学年第一学期期末		
	平均分	优秀率/%	及格率/%	平均分	优秀率/%	及格率/%
全市	37.35	0.03	0.15	50.66	4.59	30.04
全级	35.19	0.01	0.08	44.56	1.19	13.27
任教班 1	30.31	0.00	0.00	39.22	0.00	3.92

（续表）

项目	2018—2019 学年第一学期期末			2019—2020 学年第一学期期末		
	平均分	优秀率/%	及格率/%	平均分	优秀率/%	及格率/%
任教班 2	30.54	0.00	0.00	44.46	1.92	3.85
对比班	30.49	0.00	0.00	38.91	0.00	7.41

课题组通过微观化学课例研究及两学年的成绩对比，认真总结经验，根据学生实际，提出了有效的学习微观化学的教学策略。实验班的学生对微观化学的认识和理解提升较大，对微观的认知和学习的能力有了较大的提高，成绩也有了较大的进步。

三、教学反思

（1）在高中生的头脑中构建较合理且较高层次的物质微粒观是可实现的。经过一个单元的教学实践，无论是听课老师还是学生都表示对物质微粒观的认识更清晰了，并且大部分学生都能明白物质微粒观的含义、范围及其在学习化学和解决化学问题时所起到的作用。

（2）我们所提出的教学策略是行之有效的。在实证研究的过程中，我们都以本研究提出的教学策略为指导，运用了大量模型、数据等帮助学生形成微粒理解的手段进行教学。单元测验及各教学案例后的测评显示，实验班的学生学习成绩有了一定的提高。另外，绝大多数的听课教师认为，当学生构建了合理的物质微粒观后，一些教学难点就能够较好地被攻克，而且学生的思维水平一下子提高到了另一个高度。

（3）物质微粒观的培养对学生的化学学习是有意义的。从课题的展示课"盐类水解"学案报告任务的完成和利用手持技术的数据进行酸碱中和滴定实验设计两个测评中，我们发现实验班学生的实验设计思路、问题解决策略的选择、表达能力、动手实验能力都得到了提高。这些能力的提高给了我们惊喜，这说明一部分学生已经深入化学的本质，真正地认识了化学、理解了化学。还有一部分学生认为，基于物质微粒观的教学让他们学习化学的思路一下子清晰起来，突然发现所有的化学问题都可以通过微粒间的相互作用来解释，把化学知识通过物质微粒观很好地串联起来，尤其是进行复习时，感觉就像放动画片一样，知识点非常流畅地浮现在脑海中。

第三节 高二年级学生个案跟踪分析报告

一、基本情况

研究对象:高二升高三的学生。

1.学生基本情况

研究学校属于粤北山区学校,学生普遍基础较薄弱,理解能力、思维能力、想象能力等较欠缺。在课题研究期间选取的实验班与对比班大部分学生基础相对较好,学习自觉性较高,能力也相对较强。

2.了解高中学生的微观化学现状

在高中化学教学中发现很多学生对分子、离子等微观内容的练习常常出现错误,例如对必修1的离子反应、离子共存和氧化还原反应这些基本知识的理解都存在一定的困难。

3.诊断高中学生的微观化学发展水平

为了了解学生对微观化学的真实现状,课题组抽取部分典型学生进行测试情况跟踪,从他们的答题情况可以显露出学生对微观内容的认知存在哪些障碍,暴露学生微观化学的思维过程,然后进行有针对性的诊断。通过调研分析,了解学生对微观化学认知的过程是怎样的,有哪些学习方法,并寻找学生"微粒观"形成过程中的困难及成因,进而改进微观化学教学方法,更好地提高教学质量。

二、课题实施情况

化学是在原子、分子水平上研究物质的,"微观"最能体现化学的本质。微观化学认知是指"微观"结构的认知和"微观"变化的认知两个层面。在高中的必修1第一章"物质的量"教学内容中,让学生接触学习化学的"微观"思维,在高中化学中,离子在溶液中的行为、平衡观的"微观"认知是一个重难点。因此在开展课题研究的过程中,教师应做到以下几个方面。

1.课题组教师方面

(1)定期集中学习,提升教师的理论知识,更好地服务教学。

(2)对高中模块的主要"微观"认知内容进行集体备课、磨课,打造优质的教学课堂设计。

(3)多走出去交流、学习。

2. 学生方面

做好学生对"微观"内容的学习情况跟踪,通过试题测试、个别谈话等方式了解、掌握学生的学习情况。

3. 课堂教学过程

课堂是传授知识的主要阵地,要让学生对"微观"认知消除障碍,主要是通过课堂上的教学实施实现的。

(1)"微观"教学课堂主要借助实验探究开展,让学生感受、分析微观变化,揭示本质。

(2)通过模型、多媒体,展示原子、分子之间发生的变化,让学生用符号画出来,让微观认知变得直观化。

(3)课堂教学过程中重视问题引导,激发学生的学习兴趣。

(4)利用思维导图让学生自主建构知识网络,提升学习能力。

三、选取试题和成绩跟踪

2018—2019 学年第一学期期末考试第 23 题如下所示。

【第 23 题】(12 分)已知化学平衡、电离平衡、水解平衡和溶解平衡均符合勒夏特列原理。请回答下列问题:

(1)可逆反应:$FeO(s) + CO(g) \rightleftharpoons Fe(s) + CO_2(g)$ 是炼铁工业中的一个重要反应,其温度与平衡常数 K 的关系如下表所示。

T/K	938	1100
K	0.68	0.40

若该反应在体积固定的密闭容器中进行,在一定条件下达到平衡状态,若升高温度,混合气体的平均相对分子质量_____(填"增大""减小"或"不变",下同);充入氩气,混合气体的密度_____。

(2)常温下,浓度均为 $0.1\ mol \cdot L^{-1}$ 的下列五种溶液的 pH 如下表所示。

溶质	CH_3COONa	$NaHCO_3$	Na_2CO_3	$NaClO$	$NaCN$
pH	8.8	9.7	11.6	10.3	11.1

①对于上述盐溶液中的阴离子,结合质子能力最强的是_____。

②根据表中数据判断,浓度均为 $0.01\ mol \cdot L^{-1}$ 的下列四种物质的溶液中,酸性最强的是_____(填字母,下同);将各溶液分别稀释 100 倍,pH 变化最小的是_____。

A. HCN   B. HClO   C. H_2CO_3 D. CH_3COOH

③要增大氯水中 HClO 的浓度,可向氯水中加入少量的碳酸钠溶液,反应的离子方程式为_____。

④含有 $Cr_2O_7^{2-}$ 的废水毒性较大,某工厂废水中含 $5.0 \times 10^{-3}\ mol \cdot L^{-1}$ 的 $Cr_2O_7^{2-}$。

为了使废水的排放达标,进行如下处理:

若处理后的废水中残留的 $c(Fe^{3+}) = 4.0 \times 10^{-13}$ mol·L^{-1},则残留的 Cr^{3+} 的浓度为_____ mol·L^{-1} {已知:$K_{sp}[Fe(OH)_3] = 4.0 \times 10^{-38}$,$K_{sp}[Cr(OH)_3] = 6.0 \times 10^{-31}$}。

【参考答案】(12分)

(1)减小(1分)　增大(1分)　(2)①CO$_3^{2-}$(2分)　②D(2分)　A(2分)

③$2Cl_2 + CO_3^{2-} + H_2O \Longrightarrow CO_2\uparrow + 2Cl^- + 2HClO$(2分)　④$6 \times 10^{-6}$(2分)

2019—2020 学年第一学期期末考试第 26 题如下所示。

【第26题】(15分)镍是一种常用的有机催化剂,且在电磁领域应用广泛。某工厂以含镍废料(主要含 NiO、Fe$_2$O$_3$、FeO、Al$_2$O$_3$、SiO$_2$、CaO)为原料制备镍单质的流程如下。

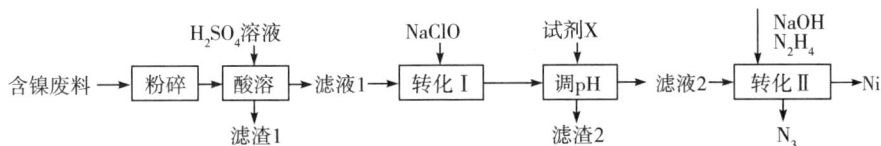

已知:①Ni^{2+} 在弱酸性环境中易水解,氧化性:Ni^{2+}(高浓度) > H$^+$ > Ni^{2+}(低浓度);②常温下,$K_{sp}[Fe(OH)_3] = 4 \times 10^{-38}$,$K_{sp}[Fe(OH)_2] = 8 \times 10^{-16}$,$K_{sp}[Al(OH)_3] = 1 \times 10^{-33}$,$K_{sp}[Ni(OH)_2] = 2 \times 10^{-15}$,离子浓度低于 1×10^{-5} mol·L^{-1} 时,认为沉淀完全。

回答下列问题:

(1)"粉碎"的目的是_____;"滤渣 1"的主要成分为_____。

(2)"转化Ⅰ"的目的为(用离子方程式表示):_____。

(3)为了更加环保,有人用 H$_2$O$_2$ 代替 NaClO 进行"转化Ⅰ",发现所用的 H$_2$O$_2$ 实际用量远远高于理论用量,造成这一结果的原因为_____。

(4)调 pH 的目的是沉淀溶液中的铁和铝,调节 pH = 5 时,_____(填"能"或"不能")达到目的,"试剂 X"可以是_____(填字母)。

A. FeO　　　　　B. Fe$_2$O$_3$　　　　　C. NiO　　　　　D. Al$_2$O$_3$

(5)N$_2$H$_4$ 的电子式为_____;"转化Ⅱ"中发生反应的离子方程式为_____。

(6)工业上也可取"滤液 2",利用电沉积法制取金属 Ni,电解装置如下。电解过程中镍棒上可能发生的电极反应式为_____。

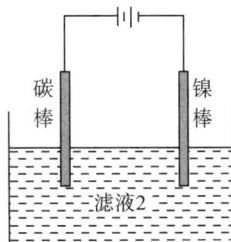

【参考答案】(15分)

(1)增大接触面积,加快酸溶速率(1分,答案合理即可)　SiO_2、$CaSO_4$(2分,每个1分)

(2)$2H^+ + 2Fe^{2+} + ClO^- ==== 2Fe^{3+} + Cl^- + H_2O$(2分)

(3)溶液中的 Fe^{3+} 能催化分解 H_2O_2,从而使 H_2O_2 实际用量远远高于理论用量(2分)

(4)能(1分)　C(1分)

(5)$H : \overset{..}{N} : \overset{..}{N} : H$(2分)　$2Ni^{2+} + N_2H_4 + 4OH^- ==== 2Ni\downarrow + N_2\uparrow + 4H_2O$(2分)

(6)$Ni^{2+} + 2e^- ==== Ni, 2H^+ + 2e^- ==== H_2\uparrow$(2分,每个1分)

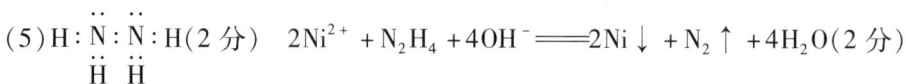

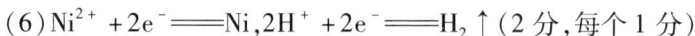

学生两学年的化学成绩跟踪对比如表4-3-1所示。

表4-3-1　学生两学年的化学成绩跟踪对比

项目	2018—2019 学年第一学期期末				2019—2020 学年第一学期期末			
	考试人数	平均分	优秀率/%	及格率/%	考试人数	平均分	优秀率/%	及格率/%
全年级	536	40.4	1.31	16.42	543	34.2	1.31	16.42
任教班1	49	67.1	8.16	79.59	50	61.5	0.04	0.56
任教班2	52	49.8	0.00	25.00	53	41.2	0.00	0.28
任教班3	55	50.3	3.64	27.27	55	43.5	0.00	0.31
对比班	55	50.7	0.00	27.27	55	41.0	0.00	0.28

对学生两学年的期末统考成绩进行跟踪,发现高三经过一轮系统知识的复习,思维能力和分析能力得到提升,但对于基础比较薄弱的学生,"微观"认知始终是个硬伤。今后,我们要对微观化学的内容进行有针对性的教学设计,做到精准施策。

四、学生答题外露存在的问题

2018—2019 学年第一学期期末考试第23题的第(2)问,2019—2020 学年第一学期期末考试第26题的第(2)问,主要是考查酸性强弱不同,离子在溶液中的行为有所不同,酸根结合氢离子的能力有强弱之分,并考查离子方程式的书写。但学生对离子在水溶液中行为的理解很薄弱,对离子方程式书写的掌握也很薄弱。由他们的答题情况可以看出以下几点问题。

1. 对微观认知区分不清

很多学生在学习化学时不能从宏观与微观视角来认识物质,更不用说找到学习微观的技巧和方法。微观是肉眼看不到、摸不着的,相当于我们说的"六子":原子、分子、离子、中子、电子和质子。在没有理解的基础上只是被动地接受,不能将一些知识点内化成自身的东西,更多的是通过死记硬背加强对知识点的了解,对知识的认识是肤浅的、表面的。

2. 对微粒性质行为理解不够

对于离子在溶液中的行为,比如电离、水解,这是由于物质本身的性质不同而引起的,强酸、强碱是完全电离,弱酸、弱碱是部分电离;酸性越弱,越难电离,酸根结合氢离子的能力越强;只有弱酸根或弱碱离子才能水解;等等,学生还不能完全理解,在遇到问题时,也不能从宏观和微观角度思考问题,不能抓住问题的本质。

3. 没有抓住微观模型建构认知

在学习过程中,学生对微观模型的认识不够深刻,近一半学生对微观模型的理解接近空白状态,对掌握画模型的方法有一定的困难。比如在离子方程式的书写过程中,首先要抓住参加反应的离子,并且考虑电荷守恒,而没有参加反应的离子不用考虑。所以,对每一个微观认知,应该有一定的建模步骤,并且要熟练运用。

五、教学思考

纵观整个高中化学,微观在化学中有着举足轻重的地位,要想学好化学,运用化学解决实际问题,我们应该做到以下几点。

1. 引导好学生对微观的入门学习

调查结果表明,高中化学对学生来说是一个"台阶"。对于高一、高二的学生来说,由于知识难度的增加,学生对化学的学习有一种畏难情绪,这时需要老师进行引导、帮助,使他们克服学习的困难和障碍。对于微观的学习,比如从离子到离子键的认识、原子到共价键的认识,难度都上升了一个高度,大部分学生感到不适应。针对这种情况,在教学中应抓好知识点的延续,知识点之间不是分离的、独立的,而是相互联系的。因此,高中课程教学中,需要引导学生以初中已有知识深入思考,应用并迁移到新的知识点中,慢慢过渡,层层深入,让学生易于理解新知识。

2. 优化教学课堂,搭建好宏观与微观的桥梁

微观粒子看不见、摸不着,化学家通过模型来说明他们心目中粒子的"模样",揭示物质的微观结构特点,解释微观结构与宏观现象之间的因果关系。在课堂上借助实验、多媒体、模型化等方法,让微观世界变得可视化。通过实验教学过程,提高了学生的实践动手能力,让学生在学习过程中体验、感悟微观与宏观的关系。借助模型帮助学生建立宏观与微观的桥梁,这样能有效地突破教学难点,强化教学重点,更能帮助学生形成和建立正确的微粒观。同时,也教会学生从微观角度理解和解释宏观现象的方法。

3. 借助思维导图自主建构微观认知概念

离子在溶液中的行为是高中微观的重难点,突破平衡观使学生理解掌握运用,这是教学中的关键一环。在教学中可采取演示实验、类比、总结、归纳等方法,灵活处理教材。许多基本概念和原理都是建立在非常抽象的微观角度上的,应化繁为简、化难为

易,如果只靠一些实验现象、知识点的分析等进行教学,对学生来说难以真正理解。那么在化学微观教学过程中,如何构建微观概念,让抽象更为具体,在教学中可以充分利用多媒体技术,从图像、影音、文字等多方面对学生进行微观教学,帮助学生理解与构建,从而认识微观世界。

4.做好"宏—微—符"三者的有机结合

搭建好宏观与微观的桥梁,能自主构建微观认知模型,如果能用符号表达出离子在溶液中的行为,那说明学生对微观认知已经达到了一定的认知水平。化学用语是高度浓缩的符号体系,可准确简洁地记录、表达、交流化学信息,也是化学的语言,是学习化学的重要工具。学生在化学世界里,如何表达微观呢? 对此,我们接触到、看到的物质或者反应,以及化学符号的正确表达,都能帮助学生理解微观世界。因此,教学过程中,要教会学生深入理解化学用语的概念,教师的语言表达也要严谨、准确,以提高微观教学效果。

第四节　高三年级学生个案跟踪分析报告

一、基本情况

研究对象:高三年级的学生。

高三化学的学科思维要求比较严谨,重点是学生的学科能力与素质,考试的难度比高一、高二难度更大,综合能力更强。本次跟踪研究 2018—2019 学年高三学生对微观的认知情况,课题研究选取笔者所教班级的学生作为研究对象,笔者所带班级为平衡班。平衡班学生的基础比较薄弱,化学知识不扎实,对微观的认知多数是通过死记硬背,难以抽象理解。

二、课题开展情况

(一)微观试题及试题分析

将清远市 2018—2019 学年第一学期期末教学质量检测(测试时间:2019 年 1 月 26 日)高三化学试题微观试题及试题分析与 2018—2019 学年第二学期广东省一模高三化学考试(测试时间:2019 年 3 月 22 日)微观试题的成绩数据中阿伏伽德罗常数的选择题进行对比。

【微观试题】

【第 10 题】(1月)设 N_A 为阿伏伽德罗常数的数值,下列说法正确的是　　(C)

A.标准状况下,11.2 L H_2 与 11.2 L D_2 所含的中子数均为 N_A

B. 1 L 0.1 mol·L^{-1} $FeCl_3$ 溶液中含 Fe^{3+} 数目为 $0.1N_A$

C. 6.4 g Cu 与 3.2 g O_2 隔绝空气加热,充分反应后,转移电子数为 $0.2N_A$

D. 0.1 mol 乙醇与 0.1 mol 乙酸在浓硫酸加热催化下,生成的乙酸乙酯为 $0.1N_A$

【第 2 题】(3 月)设 N_A 是阿伏伽德罗常数的值,下列说法正确的是　　　(A)

A. 10 g D_2O 中含有的质子数与中子数均为 $5N_A$

B. 标准状况下,22.4 L $CHCl_3$ 中含 C—Cl 键的数目为 $3N_A$

C. 密闭容器中,1 mol NH_3 和 1 mol HCl 反应后气体分子总数为 N_A

D. 100 mL 1.0 mol·L^{-1} $FeCl_3$ 溶液与足量 Cu 反应,电子转移数为 $0.2N_A$

两道试题考点对比如表 4-4-1 所示。

表 4-4-1　1 月第 10 题和 3 月第 2 题试题考点对比

选项	1 月期末检测	3 月省一模
A	物质中的微粒数（中子数）	物质中的微粒数（质子数、中子数）
B	弱离子的水解	化学键数目
C	氧化还原反应电子转移数	可逆反应特点
D	可逆反应的特点	氧化还原反应电子转移数
相同点：两次考试都是阿伏伽德罗常数的基本考点，要求学生从微观角度理解阿伏伽德罗常数		

（二）学生的微观化学试题成绩数据分析

1. 学生的微观化学试题横向对比成绩数据

学生的微观化学试题横向对比成绩数据具体如表 4-4-2、表 4-4-3 所示。

表 4-4-2　学生的微观化学试题年级横向对比成绩数据

项目	年级总人数	年级平均分	微观题总分	微观题平均分	难度	区分度
1 月期末检测	473	30.67	6	2.80	0.34	0.59
3 月省一模	456	31.34	6	2.25	0.31	0.29

表 4-4-3　实验班与对比班横向对比数据

项目	实验班人数	实验班年级平均分	实验班微观题平均分	对比班人数	对比班年级平均分	对比班微观题平均分
1 月期末检测	46	23.00	2.10	42	20.60	2.60
3 月省一模	46	24.90	2.22	44	23.30	2.32

微观题班级平均得分情况如图 4-4-1 所示。

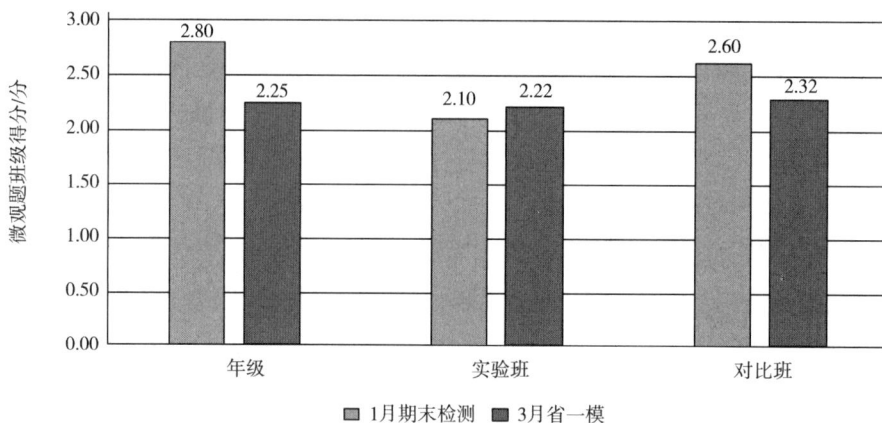

图 4-4-1　微观题班级平均得分对比情况

2. 学生微观化学试题成绩对比数据

实验班学生微观化学试题成绩对比数据如图 4-4-2 所示。

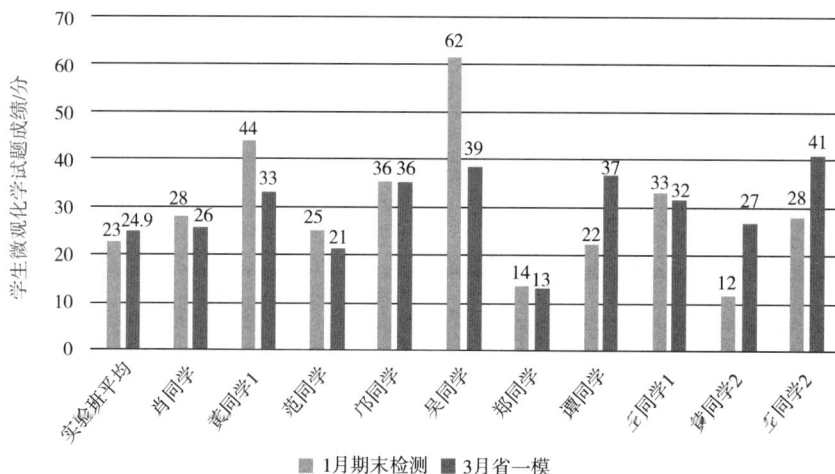

图 4-4-2　实验班学生微观化学试题成绩对比数据

3. 跟踪高三学生微观化学答题情况

2019 年 3 月广东省一模理科综合第 8 题部分高三学生微观化学答题情况如表 4-4-4 所示。

表 4-4-4　2019 年 3 月广东省一模理科综合第 8 题部分高三学生答题情况

班级	姓名	科目	学生答卷	正确答案
高三（08）班	邝同学	化学	A	B
高三（08）班	吴同学	化学	B	B
高三（08）班	郑同学	化学	A	B

（续表）

班级	姓名	科目	学生答卷	正确答案
高三（08）班	谭同学	化学	B	B
高三（08）班	王同学1	化学	D	B
高三（08）班	黄同学	化学	C	B
高三（08）班	王同学2	化学	A	B

（三）学生的微观化学数据分析报告

从以上数据可以看出，很大一部分学生在化学的微观思维构建过程中还不能找到适合自己的行之有效的学习方法。在化学学习中，他们是被动的接受者，对于一些知识点，并不能内化成自身的东西，更多的是通过背诵加强对知识点的了解，对知识的认识是肤浅的、表面的。学生不善于用微观思维来解决问题，在遇到问题时，不能借助微观思维来解答。改变教学方法后，从横向、纵向对比中得出，班级整体化学成绩得到了提高。

三、学习微观化学存在的障碍及原因分析

阿伏伽德罗常数是高考热点之一，其所涉及的内容丰富，可以考查不同的知识点，涵盖范围广、能力要求高，因此是高三复习的重点内容。课题组通过高三第一学期的期末检测数据分析，找到了学生微观认知的困难，通过教学方法的改变，使学生对微观的认知水平得到一定程度的提高。通过数据分析，课题组发现学生微观化学认知存在障碍的原因主要有以下几个方面。

1. 微观学习方法不当

原子、分子等微观粒子由于看不见、摸不着，比较抽象，不少学生在学习微观化学时停留在对课本的简单识记和语句的记诵上，不会从微观角度对宏观现象进行理解或解释。学生学法不当直接导致微观化学的学习更加困难。

2. 微观化学认知模糊

对微观化学核心概念理解不透，未能把握概念的本质内容，头脑中缺乏微观粒子的认知。例如对于共价键的形成很模糊，不了解原子之间如何成键，不理解氧化还原反应中电子如何转移等。

3. 忽视建构微观模型

原子、分子等微观粒子比较微小，要借助一定的模型来帮助理解，但学生对微观模型不重视，容易忽视建构微观模型，近一半的学生对微观模型的理解接近空白状态。例如对原子的结构、质子与电子的关系、质子与中子的关系等不理解。

四、微观化学的教学策略或教学建议

虽然阿伏伽德罗常数涉及的内容多,但多为基本概念和基础知识,因此只要加强对基本知识的归纳总结,在练习中不断反思,就能提高解答有关阿伏伽德罗常数这类微观题的能力。根据本班学生的跟踪与分析,提出以下学习微观化学的教学策略。

1. 注重知识的衔接

与高一、高二的学习不同,高三学生学习知识综合运用的难度增大,学生遇到了知识上的困难,微观认识也相应地增加了难度。比如从离子到离子键的认识、原子到共价键的认识,难度都上升了一个高度。学生对微观认知只是停留在原子、分子、离子上,也不能很好地构建微观到宏观的桥梁,大部分学生感到不适应。针对这种情况,在教学上应抓好教学过程知识点的延续,知识点之间不是分离的、独立的,而是相互联系的。如对于元素周期表的认识,不能停留在单纯的 1 ~ 20 号元素的认识上,要能结合必修 1 中金属与非金属性质的特点进行推断。因此,在高三化学教学中,需要引导学生在高一、高二已有知识的基础上深入思考,应用并迁移到新的题目中,慢慢过渡,层层深入,让学生了然于心。

2. 建立宏观和微观的桥梁

微观粒子看不见、摸不着,化学家通过模型来说明他们心目中粒子的"模样",揭示物质的微观结构特点,解释微观结构与宏观现象之间的因果关系,模型化的方法是学习化学的重要思想工具。高中的新课中,利用模型的建立,让微观世界变得可视化。教学过程中,提高了学生的实践动手能力,让学生在学习过程中体验、感悟微观与宏观的关系。借助模型帮助学生建立宏观与微观的桥梁,能有效地突破教学难点,强化教学重点,更能帮助学生形成和建立正确的微粒观。同时,也教会学生从微观角度解决一些宏观现象与问题。

3. 重视学科理解与观念建构

化学二重表征的重要性决定了化学学习必然要从宏观、微观和符号三种水平对物质及其变化进行多种角度的思考。学生学习过程中往往注重宏观与微观的理解,基于对化学学科的理解,高三学生的复习要对中学阶段重点化学知识内容进行重构,如元素周期律、质量守恒定律、化学平衡移动原理等内容,特别是对研究物质的一般思路和方法等进行重构。

4. 强化训练与规范表达

学生对于微粒正确的符号表达总是分不清,如化合价与电荷数等,要突破原子、分子、离子等微观粒子内容的认识,就要加强训练,规范表达,要让学生在理解化学符号所表达的意义的基础上掌握运用,不能用死记硬背的方法,这是教学中的关键一环。

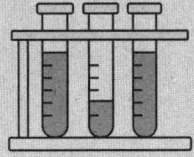

第五章 常见微观认知障碍及教学策略

第一节　微观化学常见的八种认知障碍

经过长期的研究,我们发现中学生学习微观化学的认知特点有以下几点。

(1)关注表面。中学生对化学表现出比较高的热情和好奇心,但不少学生只是爱看化学表面的热闹,缺乏对宏观现象背后的微观本质的思考。

(2)单向思维。不少学生学习化学时把宏观、微观、符号孤立起来,特别是只停留在宏观表象上,对物质的变化、性质、现象等比较感兴趣,而对微观本质缺乏足够的认识。

(3)机械记忆。学习化学的方法多是机械记忆,对微观概念和化学符号缺乏本质的理解。

(4)缺乏毅力。微观化学由于比较抽象,很多初中生一接触分子、原子等微观知识就认为化学难学,早早就产生了厌学的念头。

根据对比分析研究,我们发现了学习微观化学的八种常见认知障碍,下面分别来叙述。

一、微观化学抽象难懂

原子、分子等微观粒子看不见、摸不着,比较抽象。由人获取信息的认知过程可知,对大脑的"信息刺激"如果不够强,理解就不够深,大脑贮存"信息"就不够牢固。也就是说,微观化学的抽象性导致人们的认知过程出现障碍,学习微观化学就必然困难。

【例1】(2018年广东省中考化学19题)天然气可以在一定条件下合成甲醇。

(1)请把下图中反应物的微观示意图补画齐全。

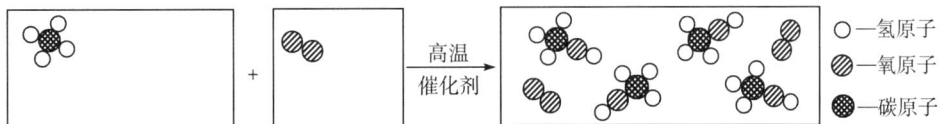

(2)该反应的化学方程式为_____,基本反应类型为_____。

学生的得分情况统计如表5-1-1所示。

表 5-1-1　例 1 学生得分情况统计

题号	满分	考生数	平均分	优秀率/%	及格率/%	标准差	零分率/%	区分度	难度	得分率/%
19(1)	2	37 406	1.0044	43.85	43.85	0.9341	43.40	0.6975	0.5022	50.22
19(2)	3	37 406	0.8043	9.55	25.34	1.0228	54.46	0.6523	0.2681	26.81

学生(分别为甲、乙、丙)典型答卷如图 5-1-1 所示。

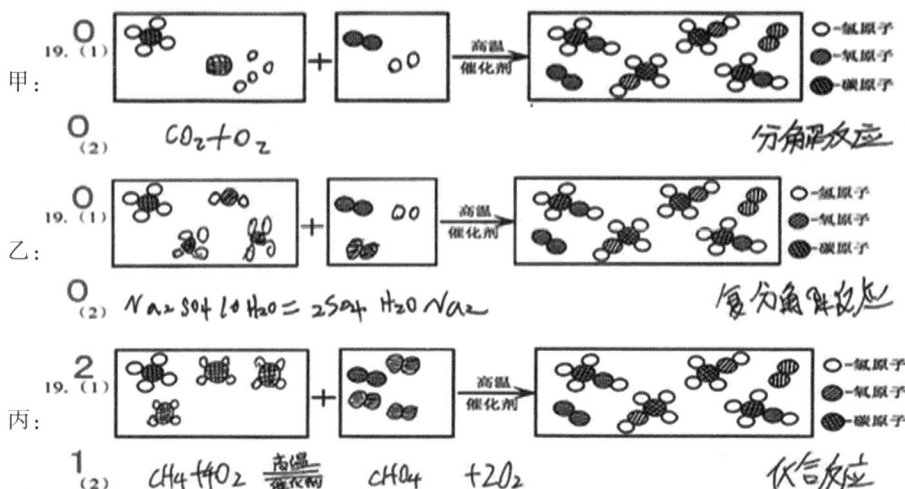

图 5-1-1　例 1 学生典型答卷

　　学生甲和学生乙根本不懂微观图代表的宏观和微观的含义,写化学方程式时也就无从下手,暴露了学生的信息提取和加工能力比较差,化学学科能力比较弱,这类学生把原子和分子混为一谈,用氧原子代替氧分子,存在微观认知障碍。学生丙虽然会画微观图,但化学方程式中存在化学式错误、原子不守恒等问题,存在符号认知障碍。微观认知障碍常常与宏观变化、化学符号相关联,宏观发生的反应可以用微观图示来表示,也可用化学符号表示,化学符号通常具有宏观和微观、定性与定量的含义。

二、微观化学教材局限

　　教材是根据课程标准的要求进行编写的,但由于教材篇幅有限,不可能把化学史上关于"微观"的内容全部进行详细的介绍。例如初中化学教材(科粤版)只用两节课来学习微观粒子"分子、原子、离子"。分子、原子、离子等粒子本身又极其微小,原子、分子的结构又比较抽象,学生看不见、摸不着,用这么短的时间让学生接受近代化学史上几百年的研究成果,教材编写有一定的局限性。

三、微观教学方法不当

　　不少教师在教微观粒子时,把微观知识直接"空降"给学生,用满堂灌的方式进行讲解,以为讲得越多学生就学得越多。不少学生学习微观化学时只停留在对课本的简单识记和语句的记诵上,不会从微观角度对宏观现象进行理解或解释。教法和学法不当直接导致学生学习微观化学更加困难。

四、微观化学认知模糊

对微观化学核心概念理解不透,未能把握概念的本质内容,头脑中缺乏对微观粒子的认知。例如对化学反应仅停留在宏观现象的层面,对反应的微观本质知之甚少,又例如物质的分类,多数学生不能从微观角度区分纯净物和混合物。

五、"宏—微—符"表征欠规范

"宏—微—符"是学习化学的一种独特的思维方式,我们研究宏观物质的组成、结构、性质、变化及合成规律等,用微观进行探析,因为微观化学最能体现化学的本质。然后再用化学符号进行表征,因为化学符号是学习化学的重要工具,每种符号都有特定的含义。不少学生把"宏—微—符"孤立、割裂开来学习,对化学符号不理解,表现在写化学式、离子符号或化学方程式等时不规范,错漏百出。

六、忽视建构微观模型

原子、分子等微观粒子比较微小,要借助一定的模型来帮助理解,但学生对微观模型不重视,容易忽视建构微观模型,近一半学生对微观模型的理解接近空白状态。例如容易混淆原子和离子的微观粒子结构示意图。又例如让学生画出水的三态变化微观图示,不少学生无法画出水的微观图示。再例如让学生完善化学反应的微观分子图时,学生经常画错或画少,说明学生学习微观模型较困难。

七、学科观念认识不强

不少学生缺乏元素观、守恒观、变化观、微粒观、平衡观、能量观等化学学科的基本观念,没有找到学习化学行之有效的方法。例如对溶液中的微粒变化、化学键的断裂与形成等认识不足,不能透过宏观现象抓住微观本质来解答问题。

八、缺乏科学的有序思维

大脑的认知思维是有序的,在思考和解决问题时都是有先后顺序的,但不少学生缺乏有序思维。例如,在分析能量—反应过程图象时,直接用化学键断开和生成时的能量变化来计算,没有先写化学方程式求出量的关系,就会导致 ΔH 的计算有误,就会造成整个图象的走向出错。又例如在盐的水解反应中,应先建立先有电离、再有水解的有序思维。

第二节　研究微观认知障碍取得的成效

我们课题组研究微观化学四年来,先后在佛冈县佛冈中学、城东中学、汤塘中学、大陂中学、潖江中学、四九中学、高岗中学、江门市广德实验学校、从化区龙潭中学、清远市源潭中学等学校进行了研究和推广应用,得到了各学校领导和师生的认可。由于微观化学内容抽象难学,是学好化学的主要障碍,我们从微观认知障碍入手,通过读微观图、识微观图、画微观图等多种手段,注重"宏—微—符"相结合,遵循学生的认知规律,使微观化学内容结构化、系统化,突破微观认知障碍,在多年的研究中取得了良好的效果。

一、提高教师专业水平

通过两年多的课题研究,大大提高了教师的科研水平,例如笔者及朱玲、刘伟星、周荃、冯丹平等多位老师在《中学化学教学参考》等核心期刊上共发表论文 13 篇。2019 年11 月,周荃老师主持市级课题"基于核心素养的元素及其化合物深度学习的研究"立项研究。2020 年 4 月,胡昌方老师的县级课题"基于核心素养下化学教学情境创设的研究"立项研究。2020 年 8 月,笔者和李桂凤老师主持的市级化学课题"物质结构中化学模型的教学研究"立项研究。

二、教学成绩显著提高

参与课题的初中 A 组实验学校(城东中学)与条件相当的对照学校(城北中学)进行对比,2017—2019 年实验学校的中考成绩超均率均取得较大进步(表5-2-1)。

表 5-2-1　2017—2019 年实验学校与对照学校的中考成绩超均率对比

年度	佛冈县	实验学校	对照学校
2017	-6.89	-0.72	-2.16
2018	3.55	14.37	7.22
2019	2.09	11.41	10.66

2017—2019 年参与课题的初中 B 组实验学校(汤塘中学)分别与条件相当的对照学校(汤塘二中)进行对比,实验学校近两年的中考平均分和超均率也取得了较大进步(图5-2-1)。

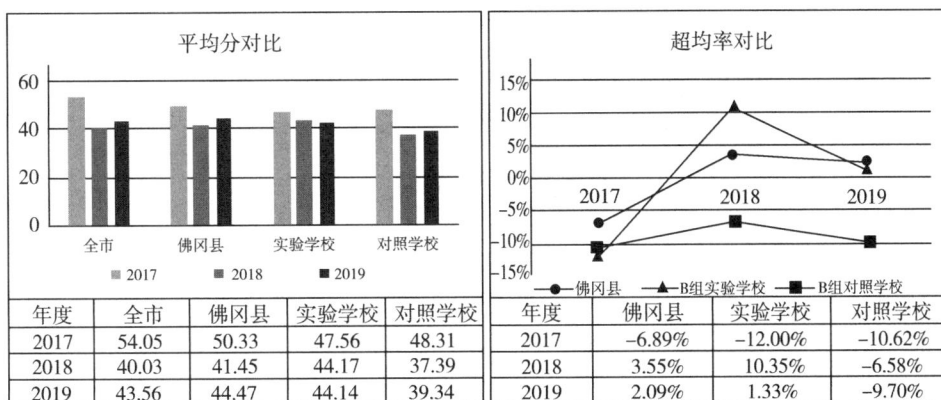

年度	全市	佛冈县	实验学校	对照学校
2017	54.05	50.33	47.56	48.31
2018	40.03	41.45	44.17	37.39
2019	43.56	44.47	44.14	39.34

年度	佛冈县	实验学校	对照学校
2017	−6.89%	−12.00%	−10.62%
2018	3.55%	10.35%	−6.58%
2019	2.09%	1.33%	−9.70%

图 5-2-1　2017—2019 年初中 B 组实验学校与对照学校中考平均分与超均率对比

2018 年 1 月开始对参与课题的高中实验学校(佛冈中学)与条件相当的对照学校(佛冈一中)进行两年市统考成绩跟踪,以 2018 年 1 月清远市统考成绩为基础,至 2020 年 1 月,实验学校的高中化学成绩比对照学校有明显提高(表 5-2-2 ~ 表 5-2-4)。

表 5-2-2　2018 年 1 月清远市统考高一化学基础成绩跟踪

学校	人数	平均分	标准差	及格率/%	优秀率/%	区分度	得分率/%	超均率/%
实验学校	711	36.24	16.15	10.55	0.84	0.4131	36.24	−2.46
对照学校	710	38.07	16.29	12.54	1.27	0.4094	38.07	2.46
全县高一	1421	37.16	16.24	11.54	1.06	0.4138	37.16	0.00

表 5-2-3　2019 年 1 月清远市统考高二(理科)化学成绩跟踪

学校	人数	平均分	I卷平均分	II卷平均分	标准差	及格率/%	优秀率/%	得分率/%	超均率/%
实验学校	536	40.37	24.88	15.49	16.53	16.42	1.31	40.37	4.05
对照学校	485	37.06	22.84	14.22	14.82	7.84	1.24	37.06	−4.47
全县高二	1021	38.80	23.91	14.89	15.83	12.34	1.27	38.80	0.00

表 5-2-4　2020 年 1 月清远市统考高三(理科)化学成绩跟踪

学校	人数	平均分	I卷平均分	II卷平均分	标准差	及格率/%	优秀率/%	得分率/%	超均率/%
实验学校	509	34.10	19.73	14.37	17.19	9.82	0.39	34.10	7.84
对照学校	465	28.90	18.54	10.35	15.61	3.87	0.22	28.90	−8.60
全县高三	974	31.62	19.16	12.45	16.66	6.98	0.31	31.62	0.00

三、发展学生核心素养

课题组以化学核心素养为导向,积极开展消防安全教育、化学手抄报、家庭小实验等化学活动(图5-2-2),促进学生的化学认知思维发展。

图5-2-2　学生消防演练和手抄报

2019年6月,刘于洋的电子报、李晓绮的小论文、邓敏怡的读书笔记等31人的作品获广东省"化学伴我成长"一等奖,冯欣怡的思维导图、钟宁阳的手抄报等15人的作品获广东省"化学伴我成长"二等奖。

四、辐射周边,影响他人

课题组不忘初心,牢记使命,积极开展送教下乡活动,分别在佛冈县大陂中学、潖江中学、四九中学等多个学校进行送教,辐射全县过半初中学校。另外,课题组还到江门市广德实验学校和从化区龙潭中学进行教学研讨。

由于课题研究水平比较高,深得广大教师的信赖,先后有8个市、县级课题组请教学习,数十位老师对笔者及笔者团队给予高度评价,跨越了学校和学科的界限,激励了许多教师的成长。

第三节　微观化学认知障碍的教学策略

如图5-3-1所示,我们建构了"三段式"微观认知诊断法(图5-3-1):通过看微观图、画微观图、思微观图来诊断微观化学的认知障碍。

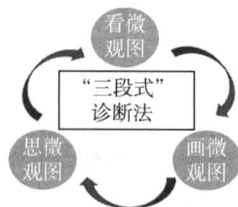

图5-3-1　"三段式"诊断法

教学策略是指教师在课堂上为达到课程目标而采取的一套特定的方式或方法。教学策略要根据教学情境的要求和学生的需要随时发生变化。课题组通过微观化学课例研究,认真总结经验,根据学生实际,提出以下学习微观化学的教学策略。

一、采用思维外露诊断微观认知水平

《普通高中化学课程标准(2017 年版)》提出五个化学学科核心素养,而思维是学科核心素养的关键,是核心素养的基因,特别是批判性思维和创新思维,它们是最具生命力的高阶思维能力。在教学中尽量暴露学生的思维过程,才能发现问题,精准教学,用画微观图的方式能很好地诊断学生的微观认知障碍。

【案例 1】以冰块融化成水后再变成水蒸气为例,从微观粒子变化的角度认识发生物理变化的实质,画出其变化的过程。

物质	冰	→	水	→	水蒸气
微观粒子		→		→	

试题分析:分子是保持物质化学性质的最小微粒,无论水在固态、液态、气态中如何转化,都只是分子间的间距发生改变,其化学性质不变。以画图的方式考查微观粒子的认知过程,在分子水平上进行微观模型建构。

单位体积下冰的变化过程如图 5-3-2 所示。

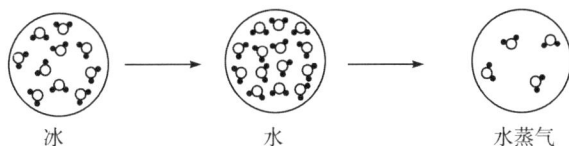

图 5-3-2 冰的变化过程图示

典型答卷:4 个学生根据自己对微观粒子的不同理解,画出了不同的图案,通过展现答卷,及时发现学生的微观认知障碍,并及时纠正。

案例 1 学生的典型答卷如表 5-3-1 ~ 表 5-3-4 所示。

表 5-3-1 学生 1 典型答卷

物质	冰	→	水	→	水蒸气
微观粒子		→		→	

表 5-3-2　学生 2 典型答卷

物质	冰	→	水	→	水蒸气
微观粒子		→		→	

表 5-3-3　学生 3 典型答卷

物质	冰	→	水	→	水蒸气
微观粒子	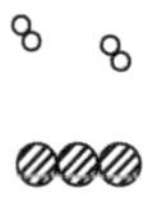	→		→	

表 5-3-4　学生 4 典型答卷

物质	冰	→	水	→	水蒸气
微观粒子		→	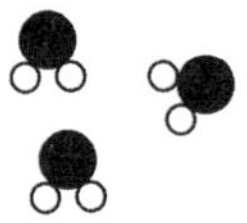	→	

【案例 2】学生用微观图示表达"物质的分类"（见以下复习学案）。

《物质的分类》复习学案（从微观示意图分析）

广东省清远市佛冈县城东中学　胡晨曦

一、学习目标

能从微观角度去区分纯净物、混合物、单质、化合物和氧化物。

二、思考过程

物质类别的微观表示如下表所示。

类别	微观构成	微粒示意图
单质	一种结构 → 一种物质 → 纯净物 ↓ 同种元素　　　　　单质	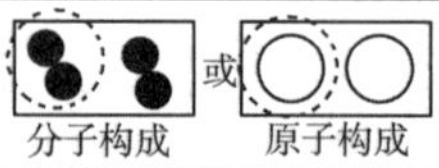
化合物	一种结构 → 一种物质 → 纯净物 ↓ 不同种元素　　　　化合物	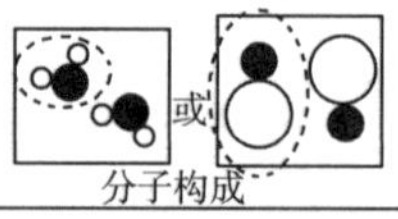
混合物	不同种结构 不同种结构 混合物	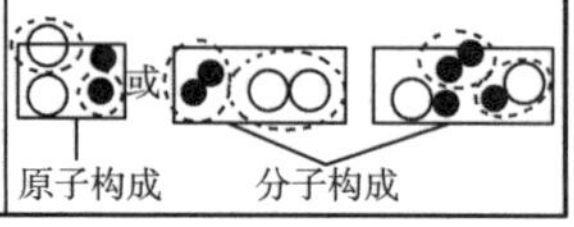

三、例题分析

1.(2017·南充)下列各图中分别表示不同种元素的原子,其中表示化合物的是
（　　）

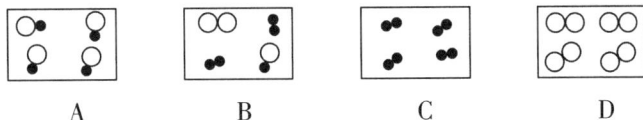

A　　　　　　B　　　　　　C　　　　　　D

试题分析:

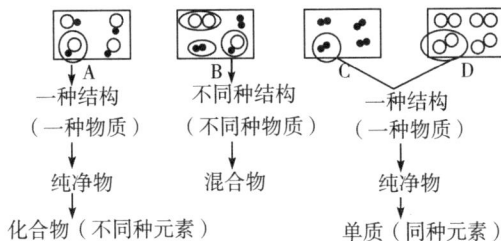

答案:A。

2.(2016年第16题节选)下图是某反应的微观示意图。

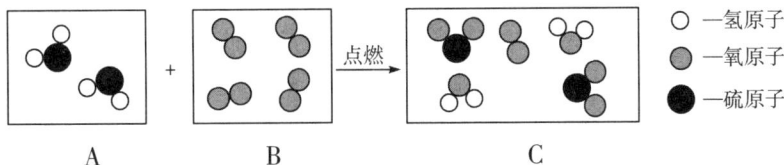

A　　　　　　B　　　　　　C

请回答:B框中的物质属于_____(填序号:①化合物;②单质;③纯净物;④混合物)。

试题分析:B框中,只有一种结构→表示一种物质→纯净物→含有同种元素→表示单质。

答案:②③。

四、小结

下面的微观示意图为从微观角度对纯净物、混合物、单质、化合物进行的区分。

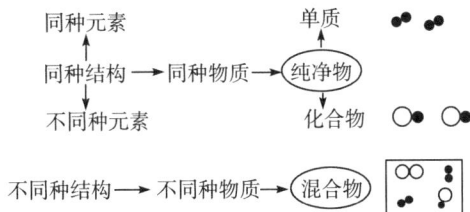

画微观图不但能暴露学生的思维过程,还鼓励学生主动建构知识网络,促进学生认知思维发展,有效落实核心素养。

二、补充化学史料,弥补教材素材的不足

教材编写微观化学时因篇幅所限,不能展示更多微观化学的内容,因此,在教学中要适当补充相关的微观化学史,从微观本源上解决问题。

在讲原子、分子时,就应回顾这段微观化学史:以"原子学说"的发展为例,从古希腊德谟克利特的"原子假说"→道尔顿的"原子论"→阿伏伽德罗的"分子学说",介绍各个时期人们对"微观"粒子的认识差别和依据,重点介绍道尔顿1803年提出的"原子论"和阿伏伽德罗的"分子学说"。道尔顿的"原子论"是建立在质量守恒定律、组成定律、倍比定律等重要化学研究成果之上的,与古希腊哲学家德谟克利特提出的"原子假说"具有本质上的不同,道尔顿的"原子论"具有划时代的意义。

正如南京师范大学附属中学保志明老师所说:"每一个科学概念的背后都有着极其深刻的科学本质。教学中,如果不顾这些概念背后的故事,将科学概念'空降'到学生面前,一是削弱了科学概念本身的教育价值,二是背离了科学理性,成为学生厌恶科学的根源。"[14]1883年8月15日,美国著名物理学家亨利·奥古斯特·罗兰在美国国家科学促进会的讲话中说过:"中国人很早就知道火药的应用,如果他们能用正确的方法来探索'火药应用'的原理,中国人就能够在实现众多应用的同时还能够发展出化学,甚至物理学!因为只满足于火药爆炸的事实和应用,而没有寻根问底,中国人已经远远落后于世界进步。"因此,在进行微观教学时,要充分利用化学史,让学生像科学家那样去探究,像科学家那样去思考问题。

原子和分子既有区别又有联系,这些微观粒子是学生系统认识微观世界的开始。微观粒子比较抽象、难懂,因此,在微观教学中要多结合微观化学史,让学生从本质上认知微观粒子。因为只有从本质上认知微观粒子,才能突破学习的认知障碍,达到培养学生的化学学科能力,最终发展学生的化学核心素养的目的。

三、强化知识关联,优化微观学习方法

建构主义告诉我们认知有两个基本过程:"同化"与"顺应",同化是认知结构数量的扩充,而顺应则是认知结构性质的改变。建构主义强调学习者的主动性,认为学习是学习者基于原有的知识经验生成意义、建构理解的过程。在学习微观化学时,特别强调新知识与旧知识的关联,例如元素"位、构、性"三者的关系,体现了"结构决定性质,性质反映结构"的观念,也是"宏观辨识与微观探析"等化学学科核心素养的具体体现。

又例如"宏—微—符"的关联和物质的组成,构成的知识网络如图 5-3-3 所示。

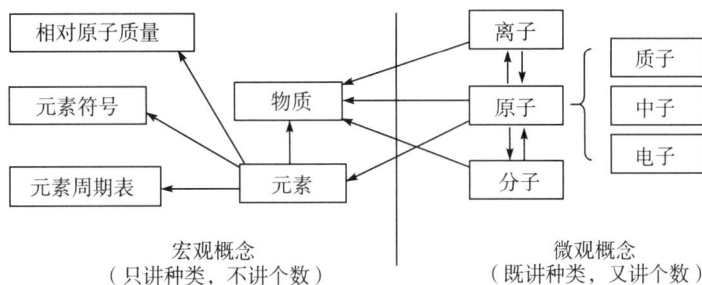

图 5-3-3　宏观与微观知识网络

四、研究"宏—微—符"突破微观化学的难点

化学是以实验为基础的一门自然学科,要重视化学实验,积极开展探究实验,在研究宏观物质现象时,引导学生从微观层面进行探析,并用化学符号进行表征。"宏—微—符"是一个整体,学习化学时要把它们有机结合起来,才能突破微观化学的难点。只有把符号与宏观、微观相结合,化学符号才有真正的意义,例如 H、2H、H_2 三种符号表示不同的含义。因此,要把"宏—微—符"紧密结合,才能突破微观认知的障碍。在教学中要加强微观化学有针对性的练习,提高学生对微观图的识别能力。

【例 1】下图是表示甲、乙、丙三种粒子的微观示意图,通过比较,发现属于同种元素的粒子是　　　　　　　　　　　　　　　　　　　　　　　　　　　　　　　　（　　）

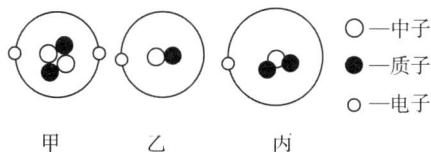

A. 甲和乙　　　　　　　B. 甲和丙　　　　　　　C. 乙和丙

你判断的依据是:＿＿＿＿＿＿＿＿＿＿＿＿＿＿＿＿＿＿＿＿＿＿＿＿＿＿＿＿＿。

五、建构化学模型,消除微观认知障碍

模型可以分为物理模型、概念模型、数学模型、化学模型、模拟模型等,化学模型恰好把化学问题或知识高度浓缩,使知识或问题以结构或形象表达的形式存在于人脑中。模型教学能使微观教学可视化,加深学生对微观粒子的理解,实现教学效果最优化。

模型教学具有很多优点:①将复杂事物和抽象概念直观化,有效降低化学学习的难度;②帮助学生形成"结构决定性质,性质决定应用"的基本观念;③帮助学生深入理解化学反应的本质;④帮助学生理解反应的机理;等等。在进行分子教学时,尽可能多地

展示常见的物质分子模型,如图 5-3-4 中的氧分子、氢分子、水分子、二氧化碳分子、甲烷分子等。

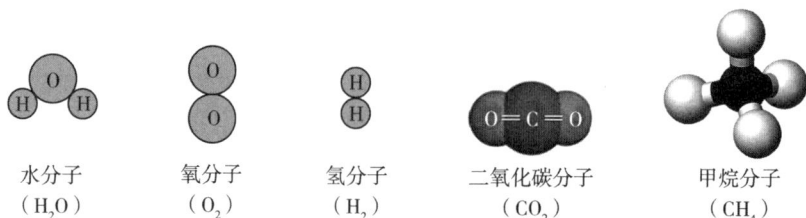

| 水分子
(H_2O) | 氧分子
(O_2) | 氢分子
(H_2) | 二氧化碳分子
(CO_2) | 甲烷分子
(CH_4) |

图 5-3-4　几种常见物质的分子模型

模型教学能加深学生对微观粒子的理解,有条件的学校还可以借助计算机技术进行微观可视化教学,实现教学效果最优化,构建分子、原子的认知模型,指导学生对微观粒子的认知。

六、重视化学观念,发展化学学科素养

化学有许多基本观念,如变化观、元素观、分类观、微粒观、守恒观、能量观、平衡观等,其中"微粒观"尤为重要,它是化学最本质的观念。例如原子、分子、离子是初中化学三个重要的微观概念,也是学生系统认识"微观"的开始。

微粒观的形成是长期的、进阶的,学生在不同时段有不同的要求。例如对于离子的学习,初中学生只要求知道离子带电荷和简单离子的表示方式,高一学生要求从离子视角理解离子反应的本质,高二理科学生要求学习离子键、键能等。教学中要重视这些化学基本观念,发展"宏观辨识与微观探析"等化学学科核心素养。

本项目在 2018—2019 学年广东省中学生"化学伴我成长"活动暨化学研究性学习成果评选中,荣获一等奖。证书见下图。

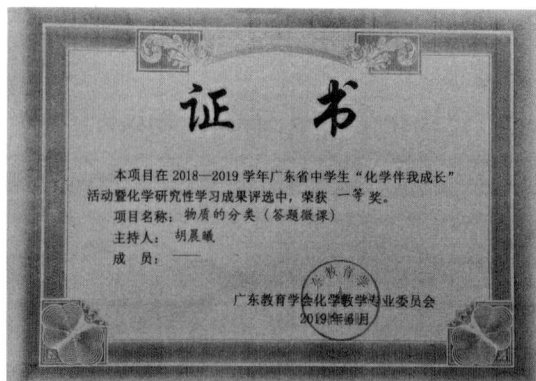

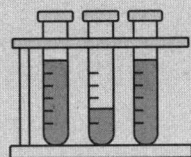

第六章

微观化学认知障碍及对策的研究成果

成果1　谈"微观"认知困难及教学策略

——赏析2017年广东省中考化学第16题

广东省清远市佛冈县教育局教学研究室　陈金锋

[摘要]本文从2017年广东省中考化学第16题"微观"化学考查入手,分析全市"微观"化学的答卷情况,分析"微观"认知困难的原因,提出相应的"微观"教学策略。

[关键词]广东中考　微观　认知　教学　策略

【2017年广东省中考化学第16题】(4分)微观示意图可形象地表示微粒发生的变化。

(1)请在下图第二、三个方框中把NH_3在纯氧气中燃烧($4NH_3 + 3O_2 \xrightarrow{\text{点燃}} 2N_2 + 6H_2O$)的微观粒子补充完整。

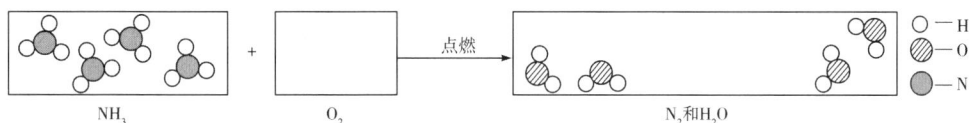

(2)第三个方框中的物质属于_____(填"单质""化合物""纯净物"或"混合物")。

命题分析:这是一道比较灵活的、有区分度的试题,题目以根据化学方程式画出"微观"粒子图的形式,考查学生对"微观"粒子(分子、原子)的认知水平,同时比较灵活地考查了"质量守恒定律"(反应前后原子守恒)和"物质分类"。

第16题得分情况如表6-1-1所示。

表6-1-1　第16题得分情况

考生数	满分值	平均分	及格率/%	优秀率/%	标准差	零分率/%	难度	区分度
24 573	4	2.4032	55.26	32.28	1.4555	14.41	0.6008	0.6578

第16题部分学生的典型答卷如图6-1-1所示。

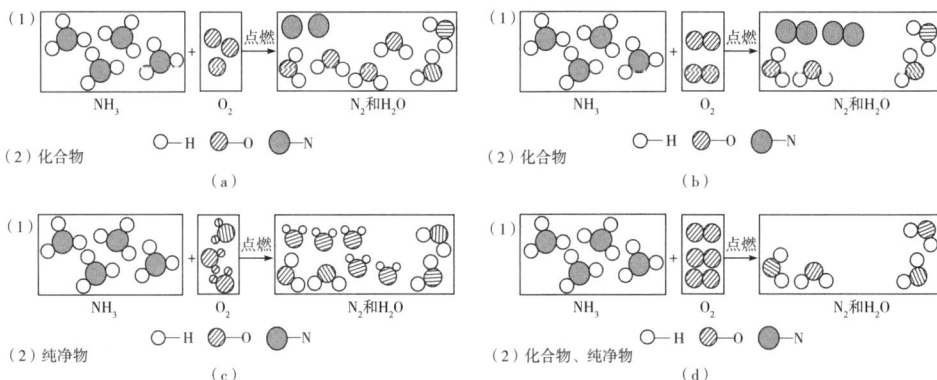

图 6-1-1　第16题部分学生的典型答卷

一、学生暴露的"微观"问题

从全市得分情况看,有近一半的学生不及格,有近15%的学生得零分。从学生的答卷情况分析,许多学生对"微观"化学的认知存在较多问题。

1.微观粒子认知模糊

"原子""分子""离子"是初中化学三个重要的"微观"概念,氧分子、氮分子、水分子是初中化学首先学习的微观粒子,也是学生系统认识"微观"的开始。原子和分子的概念有着本质的区别:"原子是化学变化中的最小微粒"和"分子是保持物质化学性质的一种微粒",这些概念比较抽象、概括,它们既有区别,又有密切的联系。学生画图时不会画分子微粒图或用原子代替分子,说明他们的头脑中没有"微观"粒子的认知或者说没有形成基本的"微粒观"。

2.缺乏质量守恒思想

化学方程式是化学工作者长期根据许多化学反应的客观事实,总结、浓缩、概括、提炼出来的重要化学语言,它遵守质量守恒定律、定组成定律、倍比定律等,是化学学习和交流的重要工具。题目已给出氨气和氧气反应的化学方程式:$4NH_3 + 3O_2 \xrightarrow{\text{点燃}} 2N_2 + 6H_2O$,从学生的答卷可以看出,学生没有画够反应前后各分子的数目(如氧分子、水分子等),反应前后各种原子的数目也不相等,证明他们对化学方程式所表达的含义不理解,这本质上就是缺乏守恒思想。

3.微观分类认识肤浅

第(2)问第三个方框中的物质分类是什么,有一部分学生可能没有审清题目,直接看到方框上只有一种水分子,就认为它是化合物或纯净物;另一部分学生则对反应后生成物的"微观"粒子情况不理解或看不懂,说明学生的分类观在"微观"层面上的认知出现困难。世界上的物质形形色色、种类繁多,形成科学的分类观有利于学生进行科学、系统的学习,如实验室药品的摆放,学习规律的总结,等等,都需要科学的分类观。混合物、纯净物、单质、化合物等是分类观中非常重要的几个概念,需要从宏观和微观两个层面上理解它们。

二、"微观"认知困难分析

学生为什么对"微观"化学认知存在这么大的困难? 心理学认为:认知是人脑对接受外界输入的信息进行经过加工处理并转换成内在的心理活动,从而获取知识或应用知识的过程,它包括记忆、语言、视空间、执行、计算和理解判断等方面。认知心理学的基本模型如图 6-1-2 所示。

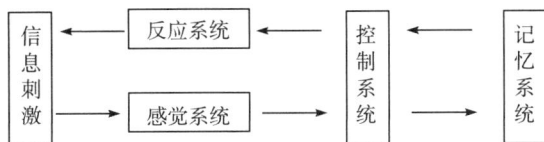

图 6-1-2　认知心理学的基本模型

认知包括具身认知和脑认知,两者有机和谐地构建着人的学习过程,缺一不可。具身认知是通过身体的体验及其行为活动方式而形成的,脑认知是指身体知觉参与的心理编码、解码过程,以获得事物意义。从认知心理学分析,"微观"认知困难的原因有以下几点。

1."微观"世界的抽象性

原子、分子等"微观"粒子看不见、摸不着,比较抽象。从人类获取信息的认知过程可知,外界对大脑的信息刺激不够强,人类的理解就不够深,大脑贮存的信息就不够牢固。也就是说,"微观"化学的抽象性导致认知过程出现障碍,学习"微观"化学就必然困难。

2."微观"教材的局限性

教材是根据课程标准的要求进行编写的,以初中化学教材(科粤版)为例,教材用两节对微观粒子"分子、原子、离子"进行教学:第 2.2 节从气体的气味和浓氨气与浓盐酸生成白烟的实验现象入手,再分析日常生活中的热胀冷缩等例子,得出分子的存在和分子的性质;第 2.3 节从古希腊哲学家德谟克利特提出的"原子假说""世间万物都是由不可分割的微粒构成的",到近代道尔顿以实验为基础提出的近代"原子论",再到阿伏伽德罗提出的"分子学说",配上扫描隧道显微镜(STM)获得的石墨中碳原子的图像以证明原子的存在,再简单介绍科学家发现了原子内部有电子、质子、中子,然后给出原子的结构示意图。教材为了说明分子、原子等微观粒子,也用了许多图片、分子模型等加以说明。分子、原子等粒子本身就微小,它们的结构又抽象,看不见、摸不着,要用两节课的时间让学生接受化学史上近200年才得到的重要成果,教材的编写确实很困难,因此,教材编写有一定的局限性。

3.“微观”教学方法不当

因为“微观”粒子在通常情况下看不见、摸不着,学生对“微观”的认知能力不同,思维能力也不同,教师在选用教学策略时就要因人而异,如果教学方法不当,学生就会产生恐惧心理,甚至厌学。但是,许多教师在教“微观”粒子的相关知识时,没有遵循学生的思维认知规律,把“微观”知识直接“空降”塞给学生,用满堂灌的方式进行讲解,以为讲得多学生就学得多,以为讲得越多学生就理解得越多。经调查,每年在学习“微观”知识后,就有三分之一的学生认为化学难学,有畏难情绪。如何把微观化学的内容讲好,这就需要教师的智慧和策略。

三、“微观”认知的教学策略

1. 遵循认知规律

“宏—微—符”是一个整体,学习时要把它们有机整合起来。“宏观”变化是“微观”变化的具体表现,是“微观”从“量变”到“质变”的过程,而“符号”是“宏观”和“微观”的表达方式,“宏—微—符”充分体现了化学学科的科学观、变化观、元素观、分类观、微粒观、守恒观、能量观等基本化学观念。学生头脑中的“宏观、微观、符号”三个认知水平如果是孤立的,没有形成有机的联系,那么,无论是宏观与微观、宏观与符号、微观与符号的两两结合,还是三种水平的结合,知识都会出现片面化、碎片化,学生的学习无法达到高效。因此,学习“微观”必须将“宏—微—符”有机整合起来。

2. 构建模型认知

虽然“微观”化学抽象难学,但只要遵循“模型认知”规律,还是可以学好的。化学“模型认知”就是指能依据事实,分析研究对象的构成要素和各要素的关系,建立实验模型、认知模型和数学模型,反映研究对象的本质特征,揭示规律;能正确认知模型和事物原型的关系,能应用模型解释说明物质的组成、结构、性质和变化。[13] 人类认识世界是从感觉和知觉开始的,并从众多信息中将有用的信息筛检过滤,储存到记忆系统,继而形成表象和概念。这种认识要靠思维过程来完成,所以人类的思维具有高度的概括性和间接性。认知原子要建立“原子模型”,认知分子要建立“分子模型”,这些模型会随着科学的发展而发展,例如原子模型的认识:古希腊德谟克利特猜想的不可分原子模型→道尔顿的实心原子模型→汤姆逊的镶葡萄干的面包→卢瑟福的核式模型,人们认识事物都是呈螺旋式上升发展前进的,有了模型,人们就能更好地认知新事物。在教学中要加强对微观化学的针对性练习,提高学生对"微观"图的识别能力。

【例1】下图是表示甲、乙、丙三种粒子的微观示意图,通过比较,属于同种元素的粒子是 ( )

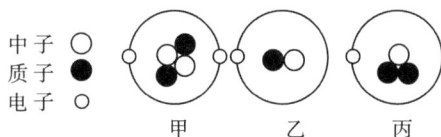

中子 ○
质子 ●
电子 □
甲 乙 丙

A.甲和乙 B.甲和丙 C.乙和丙

你判断的依据是:_____。

【例2】用"○"表示氢原子,"◯"表示氧原子,画出氢气在氧气中反应的微观反应示意图:_____。

3.重视生成过程

教材是编者们依据课程标准精心编写的,但会受到课时限制和各地学生实际情况不同等的影响。因此,教师在"微观"粒子教学中,一要多研究不同版本的教材对这些内容的编写,用"活"教材;二要关注科学概念背后的教育价值,理解、体会编者的编写意图;三要培养学生的思维能力和探究能力,要像科学家探究问题那样思考问题。以"原子学说"的发展为例,从古希腊德谟克利特的"原子假说"→道尔顿的"原子论"→阿伏伽德罗的"分子学说",介绍各个时期人们对"微观"粒子的认识差别和依据,重点介绍道尔顿 1803 年提出的"原子论"的要点。

(1)元素的最终组成称为简单原子,它们是不可见的,既不能创造,也不能毁灭或再分割,它们在一切化学变化中的本性不变。

(2)同一元素的原子,其形状、质量及性质是相同的;不同元素的原子则相反。每一种元素以其原子的质量为其最基本的特征(道尔顿"原子论"的核心)。

(3)不同元素的原子以简单数目的比例相结合,形成化合物。化合物的原子称为复杂原子,其质量为所含各元素原子质量的总和。同一种复杂原子,其形状、质量及性质也必然相同。

道尔顿的"原子论"是建立在质量守恒定律、定组成定律、倍比定律等重要化学研究成果之上的,与古希腊哲学家德谟克利特提出的"原子假说"具有本质上的不同,道尔顿的"原子论"具有划时代的意义。

　　但是,道尔顿在确定化合物组成的规则上是没有什么科学依据的,因此,他并没有弄清楚很多化合物复杂的原子组成,比如水是 H_2O,而他误作 HO,随之氧的相对原子质量也就错了;在解释一些化学反应上也无能为力,甚至自相矛盾。阿伏伽德罗总结道尔顿的"原子论",并在此基础上提出"分子学说":①物质是由分子组成的,分子是保留原物质化学性质的最小粒子;②分子是由原子组成的,原子则是用化学方法不能再分割的最小粒子,它已失去了原物质(由分子构成的物质)的性质。

　　正如南京师范大学附属中学的保志明老师所说:"每一个科学概念的背后都有着极其深刻的科学本质。教学中,如果不顾这些概念背后的'故事',将科学概念'空降'到学生面前,一是削弱了科学概念本身的教育价值,二是背离了科学理性,成为学生厌恶科学的根源。"[14]因此,在进行"微观"教学时,要充分利用化学史,让学生像科学家那样探究,像科学家那样思考问题。

　　"微观"是化学的重点和难点,在"微观"认知教学中,遵循"认知规律",构建"认知模型",重视"生成过程",就能抓住重点,突破难点。

　　(该论文发表在《中学化学教学参考》2018 年 3 月上半月)

成果2 微观认知障碍分析及消除策略

广东省清远市佛冈县教育局教学研究室 陈全锋

[摘要]学生在学习微观化学时很容易产生两极分化,原因是存在微观认知障碍。如何克服这种认知障碍? 本文从微观认知本原上进行剖析,并提出消除微观认知障碍的策略。

[关键词]微观 认知障碍 本原 诊断 学科能力

一、问题的提出

在教学中常常遇到这种情况:教师认认真真讲了很多次,学生也留心听明白了,可是考试还是出错,为什么呢? 学生在学习微观化学时很容易产生两极分化,这又是什么原因造成的呢?

其实,影响学生学习的因素有多种,如智力、兴趣、态度、能力、个性、心理、家庭、社会等因素,其中阻碍学生学习的因素统称为学习障碍。学习障碍多种多样,多属于心理学和学习论方面研究的对象。还有一种是学科认知障碍,发生的主体是智力正常的学生,与学科认知有关,通过教学活动能消除,例如不少学生有"分子的大小和质量一定比原子的大""气体受压,体积缩小,分子也会变小"等学科认知障碍。与微观有关的认知障碍统称为微观认知障碍,这些认知障碍属于化学学科认知障碍,如果不及时消除,又会继续影响学习。宏观现象的背后都隐藏着微观的本质,教学存在较多的微观认知障碍。

二、微观认知障碍溯源

1. 现代认知学习理论

心理学认为:认知是人脑对接受外界输入的信息进行加工处理并转换成内在的心理活动,从而获取知识或应用知识的过程,它包括记忆、语言、视空间、执行、计算和理解判断等方面。认知心理学的基本模型如图6-2-1所示。

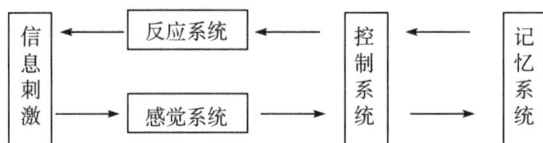

图 6-2-1　认知心理学的基本模型

认知包括具身认知和脑认知,两者有机和谐地构建着人的学习过程,缺一不可。具身认知是通过身体的体验及其行为活动方式而形成的,脑认知是指身体知觉参与的心理编码、解码过程,以获得事物意义。认知学习理论中比较有名的是美国心理学家、教育学家杰罗姆·布鲁纳(Jerome Seymour Bruner)提出的"认知结构学习理论"和美国认知教育心理学家戴维·保罗·奥苏贝尔(David Pawl Ausubel)提出的"认知同化说"。

心理学家阿特金森(R. C. Atkinson)和希大林(R. M. Shiffrin)等认为信息加工经过模式再认、短时记忆和长时记忆三个阶段(或三个加工过程),提出如图 6-2-2 所示的学习与记忆模型。[9]

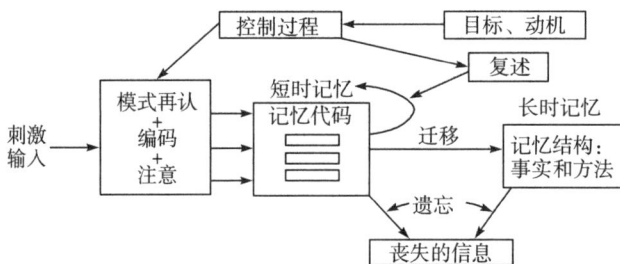

图 6-2-2　学习与记忆模型

2. 微观认知本原分析

"本原"在古代汉语词典(商务印书馆出版)的解释是:①根源,根由;②根本,至关重要的方面;③根基,基础;④推究,追根。"认知本原"意思是要从根源上、基础上认识事物,抓住最重要的部分来认知事物。

回顾化学史,从古希腊哲学家德谟克利特等人提出哲学的"原子",到 1803 年英国道尔顿提出"原子学说",再到 1811 年意大利科学家阿伏伽德罗提出"分子学说",逐渐形成了"原子 – 分子学说"。经历了电子、质子、中子的发现,建立了原子结构模型,再到 1981 年扫描隧道显微镜(STM)等观察到原子图像证实原子的存在,经历了 200 多年。原子和分子既有区别,又有密切的联系,原子、分子、离子是学生在初中首先接触的微观粒子,也是学生系统认识微观世界的开始,微观粒子比较抽象、难懂,存在微观认知障碍。因此,在微观教学中要让学生从本原上认知微观粒子。

三、微观认知障碍案例分析

1.实际案例

【2018年广东省中考化学第19题】天然气可以在一定条件下合成甲醇。

(1)请把下图中反应物的微观示意图补画齐全。

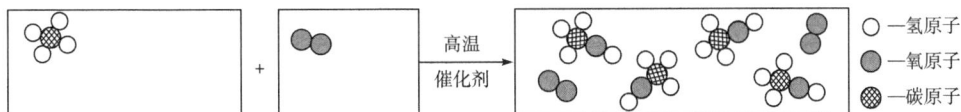

(2)该反应的化学方程式为＿＿＿＿＿＿＿＿＿＿＿＿,基本反应类型为＿＿＿＿＿＿。

第19题得分情况统计如表6-2-1所示。

表6-2-1　第19题得分情况

题号	满分	考生数	平均分	优秀率/%	及格率/%	标准差	零分率/%	区分度	难度	得分率/%
19(1)	2	37 406	1.0044	43.85	43.85	0.9341	43.40	0.6975	0.5022	50.22
19(2)	3	37 406	0.8043	9.55	25.34	1.0228	54.46	0.6523	0.2681	26.81

第19题部分学生的典型答卷如图6-2-3所示。

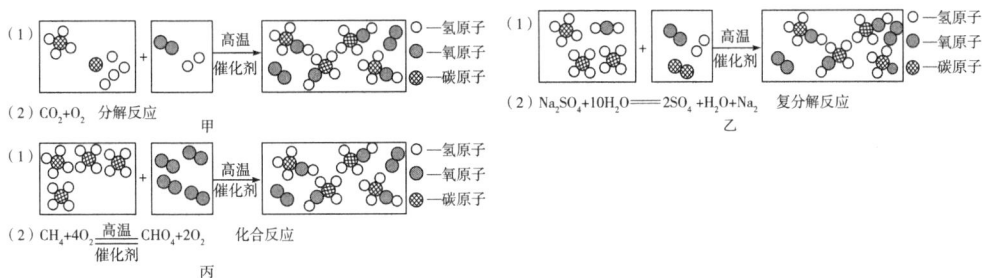

图6-2-3　第19题部分学生的典型答卷

2.示例分析

该题要求根据反应前后的微观粒子情况,补画反应前微观粒子的微观反应图,该题的生成物框内设置了两个氧分子作干扰,涉及质量守恒定律、化学方程式的书写、反应类型等内容;主要考查学生从图表中分析、获取信息的能力,灵活地考查了“宏—微—符”三重表征和对微观粒子的思维过程与认知水平等。

学生甲和乙根本不懂微观图代表的宏观和微观的含义,写化学方程式也就无从下手,暴露了学生信息提取和加工的能力比较差,化学学科能力比较弱;两位学生把原子和分子混为一谈,存在微观认知障碍。学生丙虽然会画微观图,但化学方程式中存在化学式错误、原子不守恒等化学符号问题,存在符号认知障碍。微观认知障碍常常与宏观变化、化学符号相关联,宏观上发生的反应可以用微观图示来表示,也可用化学符号表示,化学符号通常具有宏观和微观、定性与定量的含义。

3.微观认知障碍的原因

（1）微观的抽象性：由于微观粒子看不见、摸不着，学生缺乏微观粒子的感性认知，对分子、原子层次的微观现象缺乏真正的了解，用宏观思维与宏观现象来代替微观思维与微观想象，不能恰当地进行微观想象和微观思维。学生的想象力也不强，单了解花的香味、气体的热胀冷缩、水的蒸发等现象，很难想象微观粒子的存在，会有"分子的体积和质量都比原子的大，当氧气受压时，氧分子也会变小"等微观认知障碍。

（2）教材的局限性：科学出版社出版的九年级化学教材安排在第二章第2、3节"构成物质的微粒"（分子、原子和离子）学习微观粒子，由于学习时间不多，教材只能浓缩内容，对于它的化学史本原只能用知识窗的形式简单呈现，这不符合学生的认知发展规律，不利于学生微粒观的形成。

（3）重难点的确定：微观粒了的教学重点应该是"认识原子、分子、离子是构成物质的一种微粒，这些粒子在物质内部的状态和这种状态与物质宏观性质之间的联系"，难点是"帮助学生建立宏观物质与微观粒子的联系，帮助学生初步建立微粒观"。但很多教师将重难点落在"微观粒子的具体性质"上，这必然导致教师在课堂上只关注化学知识传授的浅层学习，缺乏培养学生能力的深层学习。

四、微观认知障碍的消除

消除微观认知障碍的方法有很多，要根据学生的实际情况有针对性地进行消除，常见的消除策略有以下几点。

1.知行合一

"知"指知识，"行"指行动，"知行合一"意思是化学知识与化学实验要相结合。在教学中多做一些实验，如在讲分子时，可做酸碱反应（加指示剂）实验，喷香水，用PPT播放微观反应图示等，让学生感受分子的存在。又例如，复分解反应是初中化学中重要的一类反应，沉淀和气体比较容易观察也容易懂，生成水就难以观察了。可以用指示剂做酸碱中和的定性实验，有条件的最好利用传感器技术进行定性实验，如氢氧化钡与稀硫酸反应，可以用传感器技术测定 pH 的变化等。[15]宏观反应通过图表的变化进行可视化呈现，学生可根据图表变化用思辨的方法推理溶液中微观粒子的行为，以形成"宏观辨识与微观探析"和"证据推理与模型认知"的素养。

2.深度学习

深度学习是一种基于理解的学习，是指学习者以高阶思维的发展和实质问题的解决为目标，以整合的知识为内容，积极主动地、批判性地学习新的知识和思想，并将它们融入原有的认知结构中，且能将已有的知识迁移到新的情景中的一种学习。[16]它符合苏联教育家维果斯基提出的"最近发展区理论"，即教学应着眼于学生的最近发展区，充分调动学生的积极性,发挥其潜能,促进学生的认知发展。在教学设计中要设计有效的驱动性问题,引发学生深入思考,帮助学生理解,这样才能让学生进行深度学习。例如讲分子性质时,用"为什么不同的物质具有不同的特性?"对比"分子是保持_____的一种微粒",前者的思维深度比后者陈述性的填空要好。又例如在讲授高一"物质的量浓度"一课时,要设计4个问题:①为什么要引入物质的量浓度?②引入物质的量浓度有何意义?③如何表达物质的量浓度?④如何配制物质的量浓度?以这4个问题驱动学生思考,引导学生深度学习。

3. 思维外露

暴露学生的思维过程,目的就是要知道学生是怎样想的,错在哪,应该怎样纠正,用画微观图的方式能很好地诊断学生的微观认知障碍。

【例1】请你以冰块融化成水后再变成水蒸气为例,从微观粒子变化的角度认识发生物理变化的实质,画出其变化的过程。

物质	冰	→	水	→	水蒸气
微观粒子		→		→	

试题分析:分子是保持物质化学性质的最小微粒,水无论在固态、液态、气态中如何转化,都只是分子间的间距发生改变,其化学性质都不变。以画图的方式考查微观粒子的认知过程,在分子水平上进行微观模型建构,如图6-2-4所示。

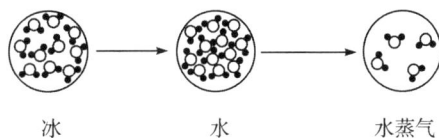

图6-2-4 单位体积下水的变化过程的微观模型

典型答卷:3个学生根据自己对微观粒子的不同理解,画出不同的图案(图6-2-5),通过思维外露,及时发现并纠正微观认知障碍。

图6-2-5 例1部分学生的典型答卷

4.模型教学

模型教学具有很多优点：①将复杂事物和抽象概念直观化,有效降低化学学习的难度;②帮助学生形成"结构决定性质,性质决定应用"的基本观念;③帮助学生深入理解化学反应的本质;④帮助学生理解反应的机理,等等。在进行分子教学时,尽可能多地展示常见物质的分子模型,如水分子、氧分子、氢分子、二氧化碳分子、甲烷分子等模型(图6-2-6)。

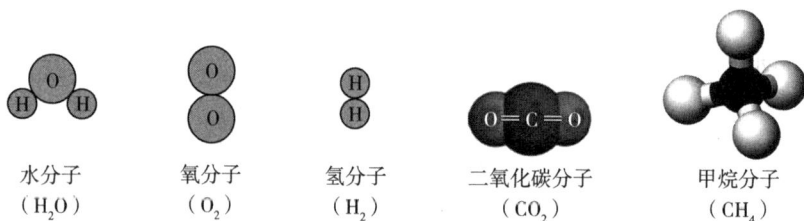

水分子
(H_2O)
氧分子
(O_2)
氢分子
(H_2)
二氧化碳分子
(CO_2)
甲烷分子
(CH_4)

图6-2-6　几种常见物质的分子模型

模型教学能加深学生对微观粒子的理解,有条件的还可以借助计算机技术进行微观可视化教学,实现教学效果最优化,构建分子、原子的认知模型,指导学生对微观粒子的认知。

5.知识关联

新知识与旧知识关联,如"宏—微—符"的关联、物质的构成等,物质的构成的知识网络如图6-2-7所示。

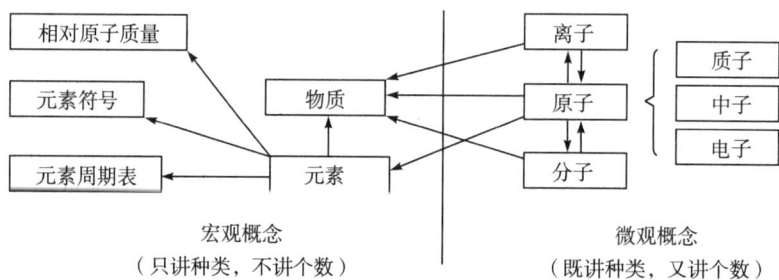

相对原子质量

元素符号

元素周期表

物质

元素

离子

原子

分子

质子

中子

电子

宏观概念
(只讲种类,不讲个数)

微观概念
(既讲种类,又讲个数)

图6-2-7　物质的构成

只有从本原上认知微观粒子,学生才能突破学习的认知障碍,培养化学学科能力,最终达到发展化学核心素养的目的。

(该论文发表在《中学化学教学参考》2019年5月上半月,并于2019年10月被中国人民大学复印报刊资料《中学化学教与学》收录)

成果 3　巧用多媒体助力"微粒观"的教学

广东省清远市佛冈县城东中学　朱玲

化学是在原子、分子水平上研究物质的组成、结构、性质及其应用的一门基础自然科学。可见,在原子、分子等微粒的基础上认识和研究物质是化学学科的基本任务。掌握从微粒的角度认识物质的学习方法,并将微粒观纳入自身的认知体系,已成为中学生学习化学的基本任务和必然要求。[17]中学化学的五个核心素养也包含了宏观辨识与微观探析,可见"微观"教学在化学教学中的重要性。但由于微观的抽象性,学生对物质及其变化的认识容易停留在宏观认识上,如何突破教学难点,帮助学生从微观角度认识化学? 多媒体技术在化学"微观"教学中起到了重要作用,巧用多媒体辅助教学能事半功倍。

一、巧用多媒体认识微观粒子的存在

微观世界的知识抽象且难以理解,如果运用计算机等多媒体技术模拟微观世界的结构、运动,变小为大、变静为动,把微观粒子扩大为宏观的示意图像,用动画的形式给学生以生动的启示,在增强学生对物质微观结构的直观、形象认识的同时,也能增加学生对事物的理性认识,有利于学生对微观世界的了解和促进学生思维向纵深发展。在微观知识的教学中,可利用图片、动画、视频等引领学生进入微观世界进行探究,让学生感知物质是由分子、原子等微观粒子构成的,并感知微粒的特征(如微粒在不断运动、微粒间有间隔等)及从微观的角度理解物质的变化等,从而产生直观印象,变抽象为具体,化难为易。在教学中可让学生通过观看一些视频去感知微粒的真实存在,如视频《分子和原子》《美丽的化学结构》《水的三态变化及其微观实质》《微观解释物质变化》等。

二、巧用多媒体理解物质的微观构成

在教学中,如果简单阐述"有些物质是由原子构成的""有些物质是由分子构成的,分子是由原子构成的",学生会倍感枯燥,且难以理解,教学中可以巧用多媒体进行实例分析。

(1)引导学生先填写下表。

学过前面的内容后,你知道空气中物质构成的奥秘了吗? 请填写表 6-3-1 中的相关内容。[18]

表 6-3-1　空气中常见物质的构成

空气中的物质	构成该物质的分子	构成该分子的原子
氮气（N_2）		
氧气（O_2）		
二氧化碳（CO_2）		
水蒸气（H_2O）		
稀有气体（He、Ne、Ar 等）	它们由原子直接构成	

（2）巧用多媒体,利用动画展示物质的微观构成（图 6-3-1）。

氮分子　　　氧分子　　　二氧化碳分子　　水分子

图 6-3-1　物质的微观构成

将多媒体与实例分析相结合,让抽象知识具体化,能帮助学生了解物质的微观构成,掌握相关知识。

三、巧用多媒体剖析微观变化的实质

从宏观概念去理解有新物质生成的是化学变化,没有新物质生成的是物理变化,学生很容易理解。但化学变化过程中生成新物质时即便有现象,也不能体现分子的分解和原子的重新组合。在教学中可利用多媒体展示模型、重组模型等将静态展示动态化,用形象直观的动态情景展示化学变化中分子和原子之间的关系。

下面以电解水为例来分析分子和原子之间的关系（图 6-3-2）。通过模型的展示让学生直观地理解化学变化的实质:分子本身发生变化,而原子本身没有变化,只是重新组合成新分子,构成新物质。

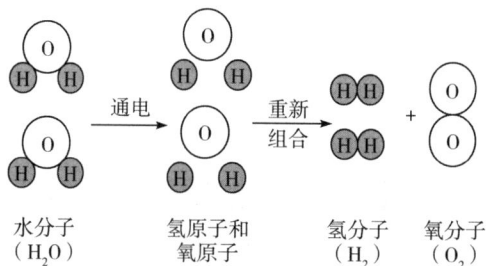

水分子　　　　氢原子和　　　氢分子　　氧分子
（H_2O）　　　氧原子　　　（H_2）　　（O_2）

图 6-3-2　电解水的过程

在初中化学的学习中,虽然在宏观上可通过一些物质用直观的现象验证中和反应的发生,但是学生还是难以从微观角度去认识中和反应的实质,这时可利用 Flash 动画和图示变化的过程让学生直观地了解（图 6-3-3）。

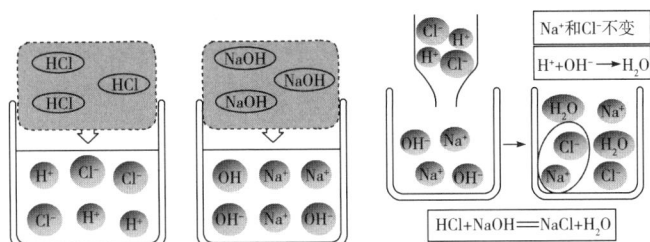

图 6-3-3　图示展示

四、巧用多媒体学会"微观"画图示

在教学中,要善用多媒体教会学生从微观的角度认识、理解物质的微观构成和化学变化。如学会看微观示意图,并辅助绘画软件画出常见物质的微观构成和一些简单的化学反应的微观示意图,从微观的角度认识、理解物质的构成和化学反应,掌握化学反应的实质,帮助学生进一步认识和理解化学。

1.学会看微观示意图

【例1】如图是某化学反应前后各种物质的微观示意图,图中"○""●"表示不同元素的原子。根据示意图推断,该反应属于　　　　　　　　　　　　　　　(　　)

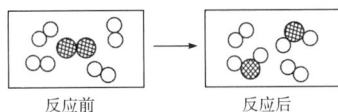

反应前　　　　　反应后

A. 化合反应　　　B. 分解反应　　　C.置换反应　　　D. 复分解反应

此类题型在教学中可利用多媒体展示教师分析、讲解的过程,让解题思路通过多媒体展示直观地呈现出来,使学生更容易掌握。

2.学会画微观示意图

【例2】用"●"表示氧原子,"○"表示氢原子,画出图 6-3-4 中 b 反应的微观示意图:_____。

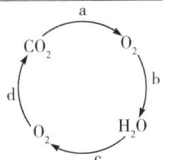

图 6-3-4　化学反应过程

此类题型在教学中可利用多媒体展示平台或绘画软件,让解题思路通过多媒体展示直观地呈现出来。在教学中,教师也可常利用多媒体展示一些常见的简单的化学变化的微观过程或学生的作品,这样可以降低此类题型的难度,并能提高学生的学习兴趣。

抓住微观认知过程,结合教学实际,利用多媒体突破微观认知的教学难点,让学生理解化学本质,轻松学习化学。

(该论文发表在《中学化学教学参考》2020 年 3 月下半月)

成果4　初中化学微观认知障碍诊断及教学对策

广东省清远市佛冈县教育局教学研究室　陈金锋

[摘要] "微粒观"是化学的基本观念,由于微观的抽象性,诊断和发展学生的"微粒观"比较困难。通过分析中考化学"微粒观"考查情况,进行认知诊断,提出会看"微观图"、会画"微观图"、会思考"微观图"三种教学方法,并提出相应的教学策略。

[关键词] 中考化学　认知诊断　微观图　微粒观

化学是在原子、分子水平上研究物质的组成、结构、性质、变化等的一门自然学科,探求宏观物质变化的原因,就要从微观本质进行溯源。由于微观的抽象性,不少学生对1个氢分子与2个氢原子的微观图示"∞"与"○○"不理解,因此,诊断启蒙阶段微观化学认知障碍对发展学生的化学核心素养具有十分重要的意义。

一、基于化学课程标准的微观分析

《义务教育化学课程标准》指出,要帮助学生用微粒的观念去学习化学,通过观察、想象、类比、模型化的方法使学生初步理解化学现象的本质。具体要求为:①认识物质的微粒性,知道分子、原子、离子等都是构成物质的微粒;②能用微粒的观点解释某些常见的现象;③知道原子是由原子核和核外电子构成的;④知道原子可以合成分子,同一元素的原子和离子可以相互转化,初步认识核外电子在化学反应中的作用;⑤用微粒的观点对质量守恒定理做出解释。[19]因此,微观化学要建立如图6-4-1所示的关系图。

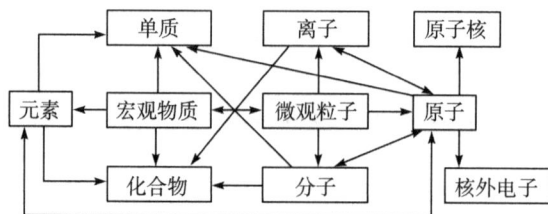

图6-4-1　宏观物质与微观粒子关系图

初中化学主要学习微粒的组成、性质和简单分类等,为高中阶段微粒观的发展夯实了基础。

二、初中化学微观认知障碍诊断

1. 认知心理学的认知模型

认知是人脑对接受外界输入的信息进行加工处理并转换成内在的心理活动,从而获取知识或应用知识的过程,它包括记忆、语言、视空间、执行、计算和理解判断等方面。认知心理学的基本模型如图 6-4-2 所示。

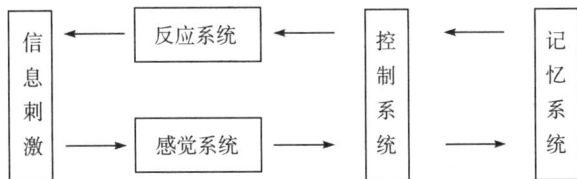

图 6-4-2　认知心理学的基本模型

2. 微观化学认知障碍诊断

近五年的广东中考化学试题都对"微粒观"进行了考查,从答题情况中可以诊断初中化学微观认知发展水平。"微观图"约占 5 分,考查形式为看微观图和画微观图,试题这样设计能很好地诊断学生"微粒观"的认知发展水平。从考查的数据来看,合格率、优秀率都不高,说明学生不容易得分。区分度在 0.57 ~ 0.74 之间,说明试题的区分度较好。2016 年的试题略偏难(难度为 0.2723,标准差为 0.4786),2017 年的试题略简单(难度为 0.6008,标准差为 0.9341)。

【例 1】(2019 年广东省中考化学第 18 题)$_1^1H$、$_1^2H$、$_1^3H$ 分别表示氢元素的三种原子,可简写成 ^1H、^2H、^3H。制造燃料电池常用 ^1H,氢弹要用 ^2H、^3H。请根据图回答下列问题。

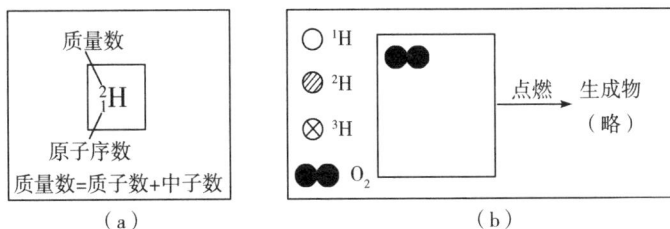

（a）　　　　　　　　　　　（b）

(1) ^1H、^2H、^3H 三种原子中,_____(填"质子""中子"或"电子")数目不等。

(2) $^2H_2$ 与 O_2 反应生成的重水可表示为 ^2H_2O,写出 ^3H 在 O_2 中燃烧的化学方程式:_____,在图中(b)的小方框中,把 $^3H_2$ 与 O_2 恰好完全反应的反应物微观粒子补画齐全。

第18题得分情况如表6-4-1所示。

表6-4-1　第18题得分情况

题号	满分	人数	平均分	标准差	零分率/%	及格率/%	优秀率/%	区分度	难度	得分率/%
18(1)	1	40 213	0.3624	0.4807	63.76	36.24	36.24	0.4877	0.3624	36.24
18(2)	3	40 213	1.1198	1.2659	49.85	36.84	24.99	0.8255	0.3733	37.33

第18题部分学生的典型答卷如图6-4-3所示。

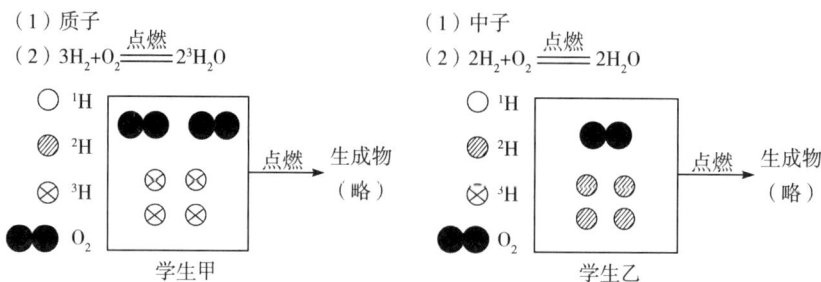

图6-4-3　第18题部分学生的典型答卷

学生甲不理解微观"1个氢分子"与"2个氢原子"的表示方式,不知道微观粒子图示如何画。学生乙因不懂用$^3H_2$表示氢分子,因此化学方程式也就写错了。

归纳起来,微观认知常见的错误原因有:①微观粒子认知模糊;②缺乏质量守恒思想;③微观分类认识肤浅;[20]④化学符号表征不当;⑤缺乏宏微结合的分析视角。

三、初中化学微观认知障碍的教学对策

肉眼看不到、手摸不着的微观粒子对初学化学的学生来说的确比较抽象且难懂,其根本的原因是老师的教学没有遵循学生的认知规律,造成学生微观认知障碍。为有效解决微观认知障碍,实施了以下三种对策,并收到了良好的教学效果:会看"微观图",会画"微观图",会思考"微观图"。

1.让学生会看"微观图"

看不懂"微观图"中的信息就无法理解"微观图"的含义,因此,首先要看懂"微观图"。

环节一:认一认。形象的微观示意图有助于我们认识宏观物质,理解化学反应。

【例2】若用●表示氧原子,用○表示氢原子。

则○ ○表示_____（填化学符号,下同）,○○表示_____,

●○○表示_____。

环节二:辨一辨。将宏观、微观及化学符号联系在一起是化学学科的重要特征。

【例3】A、B、C、D 表示四种物质,其微观示意图如下所示。

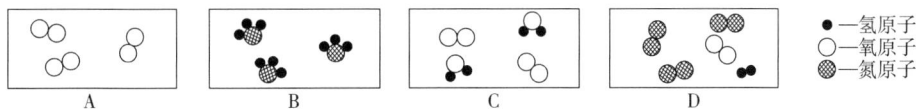

● —氢原子
○ —氧原子
◍ —氮原子

A   B   C   D

图中表示混合物的是_____(填字母序号,下同),表示纯净物的是_____,表示单质的是_____,表示化合物的是_____。

环节三:写一写。通过微观图,让学生写一写化学方程式等。

【例4】下图是某化学反应的微观示意图。

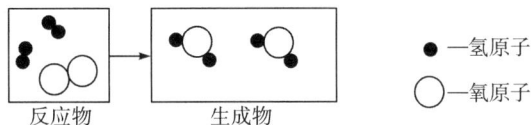

反应物   生成物

● —氢原子
○ —氧原子

写出这个反应的化学方程式:_____,该反应的基本类型属于_____。

由浅入深,层层渗透,由不懂到看懂,由看懂到会写,遵循了学生的思维认识发展规律。

2. 让学生会画"微观图"

画"微观图"要经过学生思维能力的加工。思维能力是学生认知能力的核心,也是化学学科能力的核心。

环节四:画一画。先让学生根据给出的原子模型画分子,如氢分子、氧分子、水分子、二氧化碳分子、氨气分子等。

【例5】根据如下右边给出的原子模型图,在左边方框中分别画出对应的微观图。

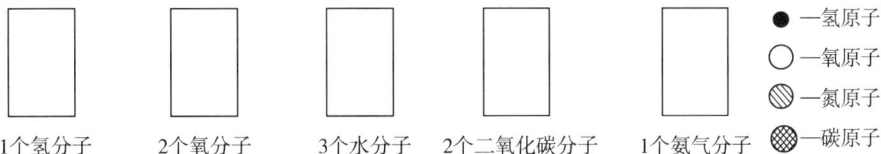

● —氢原子
○ —氧原子
▨ —氮原子
◍ —碳原子

1个氢分子   2个氧分子   3个水分子   2个二氧化碳分子   1个氨气分子

环节五:试一试。让学生根据化学方程式画出反应前后物质的微观图。

【例6】(2017 年广东省中考化学第 16 题)(4 分)微观示意图可以形象地表示微粒发生的变化。

(1)请在图中第二、三个方框中,把 NH_3 在纯氧中燃烧($4NH_3 + 3O_2 \xrightarrow{\text{点燃}} 2N_2 + 6H_2O$)的微观粒子补充完整。

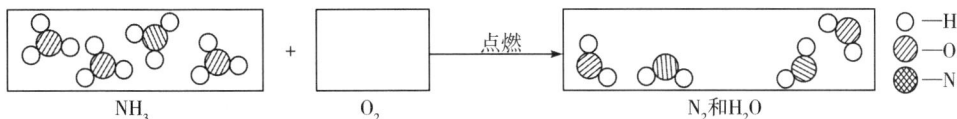

NH_3 O_2 点燃 N_2 和 H_2O

○ —H
▨ —O
◍ —N

（2）第三个方框中的物质属于_____（填"单质""化合物""纯净物"或"混合物"）。

通过这种循序渐进的教学，加深学生对微观粒子的认识，有效促进学生"微粒观"的发展。

3.让学生会思考"微观图"

会思考"微观图"就是从微观角度对宏观现象、图表等信息进行综合分析和思考，许多学者用数字化实验进行尝试。数字化实验能够帮助学生从定量及微观的角度收集不同层次的证据，进而实现证据由点到面的转变，实现从定量角度和微观层面获得数据的功能，[21]帮助学生理解微观变化，降低学习的难度。

为了强化从微观层面理解酸与碱的反应，让学生在表6-4-2中画出稀盐酸和氢氧化钠溶液反应后微观粒子在溶液中存在的微观示意图。

表6-4-2　混合前后的微观示意图

让学生会思考"微观图"，从微观水平上理解反应的本质，更能体现学生的思维过程，对培养学生的"微粒观"具有重要的作用。

四、初中化学微观认知障碍的教学反思

1.培养"微粒观"要遵循学生的认知规律

初中生有一定的认知水平和想象能力，对宏观物质发生的反应比较好奇，但由于刚开始学习化学，且微观化学知识比较抽象、难理解，教学只有着眼于学生的"最近发展区"，才能促进学生的认知发展。

2.培养"微粒观"要重视化学的核心思维

五个化学学科核心素养的公共因子是思维，深刻、流畅、新颖、独立的思维乃是学科核心素养的关键，是核心素养的基因。[22]特别是批判性思维和创新思维，它们是最具生

命力的高阶思维。对试卷中出现的错误,要先让学生自查和反思,培养学生反思的习惯,提升学生的认知能力。

3.培养"微粒观"要"宏、微、符、图"协同发展

宏观物质发生的变化可从微观本质上得到解释,用化学独特的符号来表示它们的含义,下面以"水的组成"一节为例。

①宏观:水通电生成氢气和氧气;

②微观反应图示:  ;

③符号表示: $2H_2O \xrightarrow{\text{通电}} 2H_2\uparrow + O_2\uparrow$。

"宏、微、符、图"之间密不可分,在化学方程式中隐含着变化观、元素观、微粒观、守恒观等多种化学基本观念。因此,培养学生的"微粒观",一定要重视"宏、微、符、图"协同发展。

化学"微粒观"的形成,需要遵循学生的认知规律。关注思维过程,注重教学方法,提高认知能力,建立"宏、微、符、图"的关联,帮助学生构建微观认知模型,才能真正促进学生"微粒观"的发展。

(该论文发表在《中学化学教学参考》2020年3月下半月)

成果5　微课在初中化学"微观"教学中的运用

——以"原子的构成"为例

广东省清远市佛冈县城东中学　朱玲

[摘要]微课是以短小精湛、趣味十足的短视频为载体的全新教学模式,它能充分调动中学生的主观能动性,提高学习效率。将微课应用到化学的微观教学中,能使微观粒子直观化、形象化,有利于学生感知、理解、构建微粒观的概念。本文以人教版九年级化学上册"原子的构成"教学为例,谈谈微课在初中化学"微观"教学中的优势、运用策略和注意事项。

[关键词]初中化学　微课　微观教学　运用策略　注意事项

在初中化学微观教学中,由于微观的抽象性,学生难以理解,而微课弥补了传统教学模式的缺陷与不足。在突破教学难点、帮助学生构建"微粒观"的概念上,微课提供了更直观、形象、生动的教学素材,具有不可或缺的作用。

一、微课在初中化学"微观"教学中的优势[23]

1.短小精湛,激发学生的学习兴趣

微课有短小精湛、主题鲜明、内容精练等特点,配以轻松的音乐、文字、画面,营造了愉快的学习氛围,能快速吸引学生的注意力,激发学生的学习兴趣。

2.直观、形象,让"微观"可视化

在教学中,由于微观世界看不见、摸不着,学生往往难以想象,不能理解。微课中的动画、模型能使微观粒子直观化,微课中形象的动画、模型能帮助学生"看到"奇妙的微观世界,使学生理解微观与宏观的联系。

3.碎片、重复,提高学生的学习效率

由于学生个性化的特点,每个学生的接受程度都不同。微课是围绕某个知识点或教学环节制作的短视频,可将系统的知识碎片化,学生可根据自己的实际情况,对某个知识点进行学习、复习,不懂时还可以反复观看,这种个性化的学习模式有助于学生自主学习,激发了学生的学习兴趣和积极性,提高了学习效率。

二、微课在初中化学"微观"教学中的运用策略[24]

以"原子的构成"教学为例,学生的学习过程如图 6-5-1 所示。

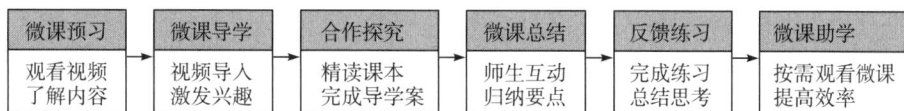

微课预习	微课导学	合作探究	微课总结	反馈练习	微课助学
观看视频 了解内容	视频导入 激发兴趣	精读课本 完成导学案	师生互动 归纳要点	完成练习 总结思考	按需观看微课 提高效率

图 6-5-1 学生的学习过程

1. 微课预习,燃起探究兴趣

为了圆满地完成化学教学任务,课前有效预习的重要性不容忽视。尤其借助微课工具,更有利于明确课前预习的要点,调动学生的学习兴趣,当学生有了充足的准备后再走进化学课堂,必然能达到事半功倍的学习效果。

"原子的构成"一课的主要教学目的是让学生了解原子的构成,掌握构成粒子之间的关系,总结"相对原子质量"的含义。在教学之前,围绕本节课的目标与内容制作微视频,内容为原子的结构——原子弹的基石(激发兴趣)→复习分子、原子的知识(知识储备,探索新知)→列出预习要点(提高预习效率),并将视频上传到班级的微信群、QQ群。学生课前自主预习,逐步对原子的构成有了初步认识,为下一步的学习做好准备。

2. 微课导学,提高教学效率

微课导学是一种切实有效的教学手段,借助短视频瞬间抓住学生的注意力,引导学生进入课堂学习状态,把控良好的课堂教学节奏。短视频的开端从中学生熟悉的生活情境为切入点,展示地球、乒乓球及原子的画面,并设置问题启发学生思考:"渺小的原子,还能再分吗?"接着讲述"人类对原子结构的探索":1803 年道尔顿的实心原子结构;汤姆生 1897 年发现电子,1904 年提出"枣糕模型";1911 年卢瑟福提出核式结构的原子结构;1918 年查德威克发现质子和中子的存在,掀开了人类认识与了解原子的真正序幕。通过科学探索的过程,学生逐步对原子结构有了清晰的认识,同时也产生探究兴趣。层层递进地推动学习活动,给学生留下深刻的印象,也强化了学生对知识的认知与理解。

3. 微课总结,巩固学习成果

为了帮助学生巩固知识、深化学习,教师也可以制作相关短视频,制作 2~3 min 微课归纳本节课的知识点——原子的构成、相对原子质量,在引导学生总结本节知识点后播放,有助于学生进一步梳理、巩固知识,加深学生对教材知识的理解,巩固学习成果。

4. 微课助学,延伸课堂教学

微课是围绕某个知识点或教学环节制作的短视频,可将系统的知识碎片化,而且微课作为已录制好的视频,具有可暂停、可快进、可重复等功能,有助于学生根据自己的实际情况自主学习,这样既可以节约时间,又可以提高学习效率。此外,教师还可制作习题微课,满足各种不同程度的学生的学习需求,有针对性地帮助学生学习,提高学习效率。教师还可鼓励、指导学生制作自己的微课,如本节课可让学生制作微课"原子的构成"及有关原子构成的相关习题讲解微课,通过自制微课,帮助学生对知识有更清晰的理解,深化学习程度,也可培养学生的动手能力。

三、微课在初中化学"微观"教学中的注意事项

1. 把握微课"主"与"次"的关系

微课作为全新的教学模式,全面拓展了课堂教学的内涵与外延,显著提升了课堂教学的有效性。但是我们也要认识到,"微课"只是课堂教学的一个分支,它能优化教学过程,但是不能完全替代传统的教学模式。在"原子的构成"一课中,将微课作为学生自主学习和导入的素材,在激发学生的学习兴趣,渗透有效学习方法的基础上,课堂教学中教师的主导作用不可忽视,准确把握微课"主"与"次"的关系,才能发挥微课的最佳效果。

2. 把握微课"取"与"舍"的关系

化学知识在生活中的运用非常广泛,开展微课教学时的资源素材繁多且杂乱,这就需要教师立足教学内容与教学目的精心筛选,只有学会"取"与"舍",才能把握微课的精髓,突出教学的重难点。例如在"原子的构成"[25]一课收集微课素材时,可能面临选择书面知识还是选择实际案例的问题。为了让学生更真切地体会原子的存在,应以生活的角度为出发点,启发学生了解与认知生活中的原子应用,激发他们的学习兴趣。

综上所述,微课具有直观性强、简单明了、可重复性等特点,初中化学"微观"教学中借助微课对强化学生理解、提高教学有效性起到了积极的推动作用。将抽象的微观过程转化为直观的宏观现象,有利于学生养成良好的思维习惯与探究意识,这是对传统教学模式的拓展与补充。

(该论文发表在《试题与研究》2020年4月)

成果6　基于化学史发展"微观探析"与"证据推理"的教学

——以"水的组成"的教学为例

广东省清远市佛冈县汤塘中学　姚志强

[**摘要**]"水的组成"教学对学生今后学习化学具有重要的示范和借鉴作用。在教学中利用化学史挖掘学科育人价值,在"微观探析"与"证据推理"等方面发展化学学科核心素养。

[**关键词**]化学史　微观探析　证据推理　核心素养

一、问题提出

初中化学是形成化学核心素养的启蒙阶段,"水的组成"是"身边的化学物质"主题的重要内容,它从物质的宏观、微观、符号等多视角展开,涉及水的宏观与微观、定性与定量、证据与推理、守恒观等许多化学学科思想,对今后学习化学具有重要的示范和借鉴作用。如果教师教学的内容定位在水的组成、结构、性质、变化等陈述性知识上,教学的目的就会落在让学生更好地掌握这些知识的层面上,即局限在"知识本位"的价值取向上,[26]这显然不利于学生核心素养的发展。"水的组成"教学更应该关注化学学科核心素养的发展。

二、基于化学史挖掘教材蕴含的学科价值

1. 课程标准要求分析

化学学科核心素养包括"宏观辨识与微观探析""变化观念与平衡思想""证据推理与模型认知""科学探究与创新意识""科学态度与社会责任"五个方面,[1]"水的组成"教学对培养学生的"微观探析""证据推理"等素养的作用尤为突出,其中"微观探析"要求能从元素和原子、分子水平认识物质的组成、结构、性质和变化,形成"结构决定性质"的观念;"证据推理"要求具有证据意识,能基于证据对物质组成、结构及其变化提出可能的假设,通过分析推理加以证实或证伪,建立观点、结论和证据之间的逻辑关系。

因此,要挖掘教材蕴含的学科观念和学科价值(图6-6-1)。教材蕴含的学科价值主要包括化学学科思想、化学学科方法、化学育人价值等方面,最终指向核心素养。

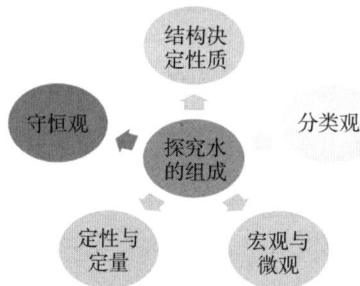

图6-6-1 探究"水的组成"体现的学科观念和学科价值

2. 教材育人价值分析

教学目标是课堂教学的出发点和归宿,也是教师教法的依据、学生学习的指南、实际教学效果检测的标准。[27]"水的组成"教学思路要以宏观实验为基础,学会证据推理和微观探析,建立水的认知模型,以促进学生核心素养的发展(图6-6-2)。

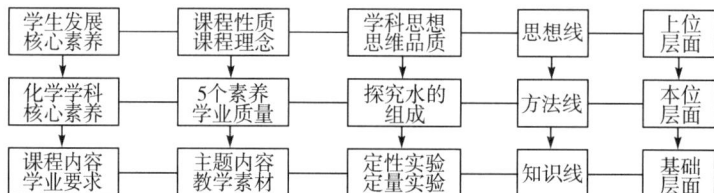

图6-6-2 "水的组成"与素养发展的关系

3. 整合化学史实资源

在古代,人们认为水是一种物质,从"燃素说"到拉瓦锡的高温分解水,经历了一百多年,梳理这段研究水的化学史(图6-6-3),对发展学生的"微观探析""证据推理"等素养非常重要。卡文迪许和普利斯特里在发现氢气和氧气燃烧生成水的实验事实面前,受"燃素说"影响坚持认为水是一种元素,拉瓦锡重做他们的实验并用高温分解水,冲破"燃素说",创立"燃烧氧化说",得出"水由氢元素和氧元素组成"的结论。[28]

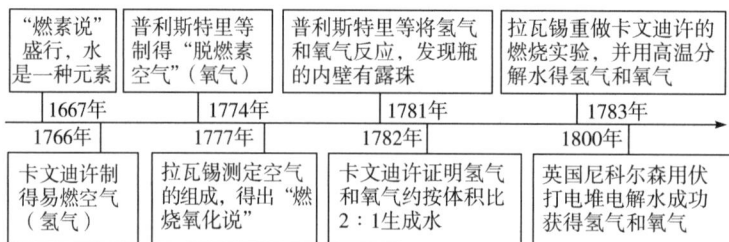

图6-6-3 探究"水的组成"的化学历史

三、基于化学史发展"证据推理"与"微观探析"的教学

"水的组成"的教学是从电解水的产物中获取"证据",通过推理得出"水是由氢元素和氧元素组成的",然后对水进行"微观探析",并用符号表征建立"水的组成"认知模型。因此,本节课围绕水的"宏—微—符"三个维度开展教学。

1. 教学流程

"水的组成"的教学是围绕"水生成"和"水分解"展开的,分别从定性和定量的角度探究水的组成,其教学流程如图 6-6-4 所示,这对于培养学生掌握研究化合物的一般思维方法具有重要的示范和借鉴作用。

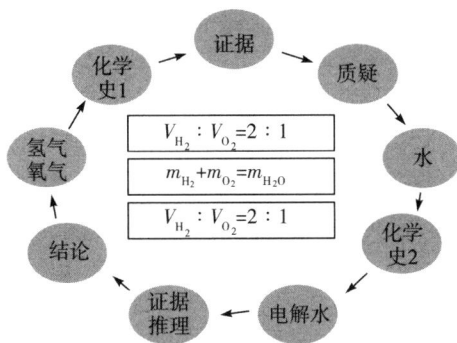

图 6-6-4 "水的组成"教学流程图

$$V_{H_2} : V_{O_2} = 2 : 1$$
$$m_{H_2} + m_{O_2} = m_{H_2O}$$
$$V_{H_2} : V_{O_2} = 2 : 1$$

2. 教学过程

环节一:探究水的组成的思路分析。

教师:我们要证明水的组成,有哪些思路和方法?

学生 1:将氢气在氧气中燃烧,检验产物是不是只有水。

学生 2:把水分解,再检验分解的产物。

教师:对,这就是化合法和分解法,化学家也是这样想的。

化合法:单质 1 + 单质 2 +……→水;分解法:水→单质 1 + 单质 2 +……

教师:请阅读如下资料卡,分析用哪种方法分解水更好?

资料卡
①把水蒸气加热到 2760 ℃以上,水可分解;
②在水中加入催化剂,水在 627 ~ 927 ℃可分解;
③将水通直流电,在常温下可以将水分解;
④用光、催化剂和超声波照射可将水分解;
⑤用氧化亚铜粉末作催化剂,然后用玻璃灯泡中发出 460 ~ 650 nm 的光进行照射可将水分解;
⑥将太阳能转换成电能,然后电解水。

学生 3:用第③种,将水通直流电。

设计意图:探究物质组成的思路常用分解法和化合法,通过分析探究"水的组成"

的思路,让学生学会思考问题,培养学生的分析能力,掌握科学的思维方法。

环节二:氢气和氧气反应的研究。

教师:在近代化学史上,对氢气和氧气的发现和研究引发了近代化学的革命,其中定性与定量研究、守恒观等化学思想和方法开启了化学新纪元!

[阅读史实1]

1766年,英国亨利·卡文迪许用稀硫酸或稀盐酸与锌或铁作用制得"可燃性空气"(即氢气)。1774年,普利斯特里用凸透镜加热红色的氧化汞制得"脱燃素空气"(即氧气),它能供呼吸,使燃着的蜡烛更明亮。1781年,普利斯特里将"可燃性空气"和"脱燃素空气"放在闭口玻璃瓶中,用电火花引爆,发现瓶的内壁有露珠出现。1782年,卡文迪许证明约2体积的"易燃空气"与1体积的"脱燃素空气"恰好生成水。但是,卡文迪许和普利斯特里都坚信"燃素说",认为"脱燃素空气"是失去燃素的水,"可燃性空气"是含有过多燃素的水,将"可燃性空气"燃烧解释为:(水 + 燃素) + (水 - 燃素)——→水。

思考与讨论:

(1)为什么卡文迪许和普利斯特里在"可燃性空气"和"脱燃素空气"反应中有露珠生成,却没能得出"水是由氢和氧组成的"结论?

(2)如果你是科学家,要想得到"水是由氢和氧组成的"这个结论,还要做怎样的实验才更有说服力?

设计意图:通过卡文迪许和普利斯特里在"氢气和氧气反应生成水"的事实面前,为什么没能得出"水的组成"的结论,同时提出"怎样做才更有说服力"的问题,培养学生面对权威敢于大胆质疑和勇于创新的科学精神。

环节三:拉瓦锡分解水的化学史。

[阅读史实2]

1783年,拉瓦锡[29]重做了卡文迪许等"易燃空气"的燃烧实验,并用红热的枪筒分解水蒸气生成氢气和氧气,得出结论:水不是一种元素,水是由氢和氧组成的。1787年,他把过去称作"易燃空气"命名为"Hydrogen"(氢),意思是"产生水的",并提出燃烧时由氧气参与的"燃烧氧化学说",推翻了"燃素说"。

思考问题:为什么拉瓦锡重做了氢气和氧气反应生成液态水的实验,并做了水分解的实验,这对确定水的组成有什么意义?

设计意图:通过拉瓦锡"水的生成"和"水的分解"实验,引导学生从不同的角度来认识物质,培养学生严谨的思维方法和科学态度,最终达到发展学生学科核心素养的目的。

环节四:收集水分解的实验证据。

教师:拉瓦锡当年用水蒸气通过红热的金属管分解了水,事实上水是一种很稳定的化合物,通过加热法很难分解。1800年,英国尼科尔森用伏打电堆电解水成功获得氢气和氧气,[30]这种方法沿用至今:常温下在水中通入直流电能把水分解,电解水的装置如图6-6-5所示,然后检验分解的产物(图6-6-6),请大家观察电解水的有关实验。

图 6-6-5　电解水的装置

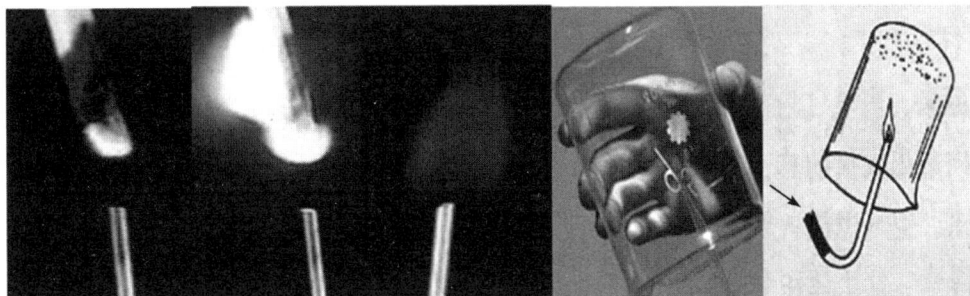

图 6-6-6　检验电解水正负电极的产物

设计意图:化学是以实验室为基础的一门自然学科,水的分解经历许多科学家不断的实验探索和努力才变得简单、容易。让学生体会探索科学的道路的艰辛和不易,同时,也让学生学会收集证据、分析推理、得出正确的结论,提高对物质的认识水平,形成正确的认识思路。

环节五:由证据推理到模型认知。

【例1】根据水通电生成氢气和氧气的体积比为 2∶1,计算水中氢、氧原子的个数比(已知氢气、氧气密度分别为 0.0899 $g \cdot L^{-1}$ 和 1.429 $g \cdot L^{-1}$,相对原子质量 H = 1,O = 16)。

讲解:设水的化学式为 $H_x O_y$,假定电解水生成 2 L 氢气和 1 L 氧气,根据元素质量比可得 $x_H : y_O = m_{H_2} : m_{O_2}$,代入数据得 $x : 16y = (2\ L \times 0.0899\ g \cdot L^{-1}) : (1\ L \times 1.429\ g \cdot L^{-1})$,解得 $x : y \approx 2 : 1$,所以水的化学式为 H_2O。

教师:由电解水的实验知道水是由氢、氧两种元素组成的,再由上面的计算可知,每个水分子中氢原子和氧原子的个数比为 2∶1,怎样理解和解释上面的事实呢? 我们从宏观和微观上进行解释,如图6-6-7、图6-6-8所示。

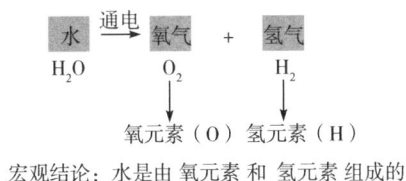

宏观结论: 水是由 氧元素 和 氢元素 组成的

图 6-6-7　水组成的宏观解释

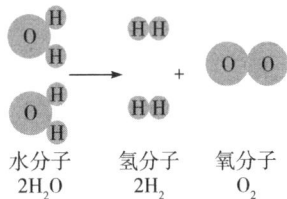

图 6-6-8　水组成的微观解释

学生活动：

（1）拼制你心目中的水分子模型和水分子反应模型，并与同学相互交流。

（2）请你以电解水为例，从微观粒子变化的角度认识化学变化的实质，画出微观变化过程。

（3）请你用一些生活用品或仪器设计一个简单的电解水装置，并与同学交流。

设计意图：通过计算得出每个水分子中氢原子和氧原子的个数比，引导学生认识水的宏观组成和微观构成，结合符号表征水分子，让学生建立物质的"宏—微—符"认知模型，再动手制作水分子模型及电解水装置，让学生学以致用，达到发展学生核心素养的目的。

四、基于化学史发展"证据推理"与"微观探析"的思考

学科核心素养是学科育人价值的集中体现，是学生通过学科学习而逐步形成的正确价值观念、必备品格和关键能力。因此，在教学中要围绕核心素养，精心设计和开展教学，着重做好以下三点。

1. 课堂教学要关注学科价值

学科思想、科学方法和育人价值是化学学科育人的关键，新课标提出的五个化学学科核心素养，为化学教学指明了方向。因此，在教学设计中要充分挖掘教材所承载的学科育人价值。

2. 课堂教学要遵循认知规律

初中化学教材编写从空气到氧气，再到水的组成，符合学生由简单到复杂的认知规律。"水的组成"从宏观、微观、符号等多视角展开，涉及宏观与微观、定性与定量、守恒观、分类观等化学学科思想。在教学中也需要遵循学生的认知规律：从宏观到微观、从定性到定量研究、从证据推理到模型认知、从科学探究到社会责任等。

3. 课堂教学要突破微观瓶颈

从学生画微观反应图发现，许多学生对微观的分子与原子存在认知误区，因此，微观化学是学生认识微观世界的重要瓶颈。常用的突破微观认知瓶颈的有效手段有微观动画、思维外露、模型教学[31]和微观可视化等。

"水的组成"教学要以核心素养为本，充分挖掘教材的育人价值，以促进学生认知发展为目的，最终发展学生的核心素养。

（该论文发表在《中学化学教学参考》2020年7月下半月）

成果7　核心素养视域下"微粒观"学习进阶的研究

广东省清远市佛冈县教育局教学研究室　陈金锋

[摘要]新课标提出五个核心素养,"宏观辨识与微观探析"是其中之一,"微粒观"是中学化学的基本观念,它有着重要的内涵价值和特定的学习进阶方式。因此,如何培养学生的"微粒观"至关重要。

[关键词]宏观　微观　微粒观　内涵价值　核心素养

《普通高中化学课程标准(2017年版)》(以下简称"新课标")的出版,标志着高中化学教育改革进入"核心素养"的实操时代。新课标确立了学科核心素养是学科育人价值的集中体现,是学生通过学科学习而逐步形成的正确价值观念、必备品格和关键能力。高中化学学科核心素养是高中学生发展核心素养的重要组成部分,提出的五个核心素养是"宏观辨识与微观探析""变化观念与平衡思想""证据推理与模型认知""科学探究与创新意识""科学态度与社会责任"。"微粒观"是中学化学重要的基本观念,它的内容非常丰富,地位十分重要,研究"微粒观"的内涵价值和学习进阶具有极其重要的作用。

一、"微粒观"的内涵价值

1."微粒观"的理解

新课标中对"宏观辨识与微观探析"提出具体的解释:①能从不同层次认识物质的多样性,并对物质进行分类;②能从元素和原子、分子水平认识物质的组成、结构、性质和变化,形成"结构决定性质"的观念;③能从宏观和微观相结合的视角分析与解决实际问题。这也就是要求学生建立正确的物质"分类观""元素观""微粒观""结构决定性质"等化学基本观念,其中最本质的就是"微粒观",用微观视角解释宏观变化。

新课标提出高中化学的课程目标之一:能从物质的微观层面理解其组成、结构和性质的联系,形成"结构决定性质,性质决定用途"的观念;能根据物质的微观结构预测物质在特定条件下可能具有的性质和发生的变化,并能解释其原因。[1]

2."微粒观"的内涵

国内外学者对"微粒观"有不同的提法,魏樟庆等认为高中阶段的"微粒观"主要包括两个方面的内容:①物质的微粒性和微粒的相互作用;②"微粒观"的核心内容是"微粒的相互作用"。[32]"微粒观"的具体内涵主要包括:①宏观物质是由微观粒子(原子、分子、离子等)构成的;②微观粒子有一定的性质(不断运动和一定的间隔);③微观粒子有一定的空间结构;④物质的反应是微观粒子之间相互作用的结果;⑤微观粒子的结构决定性质;⑥微观粒子的相互作用有一定的规律(碰撞理论)。宏观与微观之间的联系可用图6-7-1表示。[33]

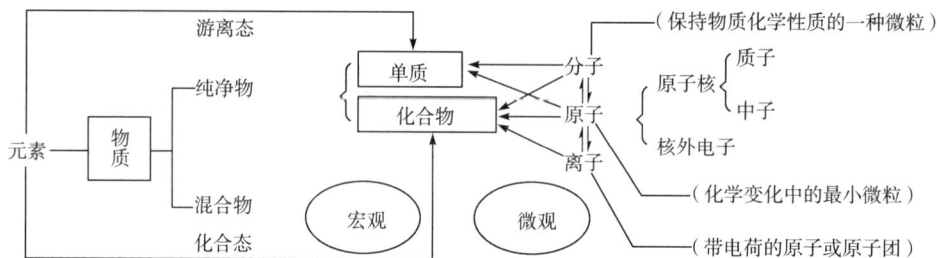

图6-7-1 宏观与微观的联系

3."微粒观"的价值

"微粒观"的学习有助于学生深入理解知识的教育价值,有助于解决当前化学知识教育等相关问题,[34]通过"微粒观"的学习,学生能够掌握正确的化学学科思想和方法。化学是一门以实验为基础的自然科学,是在原子、分子水平上研究物质的组成、结构、性质、转化及应用的一门基础学科,其特征是从微观层次认识物质,以符号形式描述物质,在不同层面上创造物质。新课标指出,普通高中化学课程是落实立德树人根本任务、发展素质教育、弘扬科学精神、提升学生核心素养的重要载体。培养学生的微粒观,就是使学生能在微观层面上理解反应的实质,能透过化学反应的现象看反应的本质,能用化学的视野去分析事物和思考问题,能掌握化学独特的学科思想和科学方法。

二、"微粒观"的学习进阶

1.学习进阶的含义

学习进阶(learning progressions)也称学习进程,是近几年美国科学教育改革中的一个新兴的概念,是对学生在各学段学习同一主题的概念时所遵循的连贯的、典型的学习路径的描述,一般呈现为围绕核心概念展开的一系列由简单到复杂、相互关联的概念序列。[35]教学要遵循学生的认知发展规律,化学"微粒观"不是短时间就可以形成的,是学生通过不断学习,掌握大量的化学知识,并且呈螺旋递进式发展的。学段不同,"微粒观"的发展水平也不一样,具有进阶性。

下面讲述中学化学教学中如何利用学习进阶理论指导学生形成"微粒观"。

2."微粒观"的学习进阶

九年级化学主要学习分子、原子、离子等简单内容,而高中新课标要求在微观视角下对宏观的反应和现象等进行审视,具体是从宏观与微观、表象与本质、定性与定量等多维度、全方位理解,涉及反应的方向、快慢、程度、转化、能量等。例如守恒思想的建立,是在宏观与微观层面上理解化学反应守恒本质的原因。在此基础上,还学习了能量守恒、电荷守恒、物料守恒、质子守恒等内容,形成守恒思想离不开"微粒观"的认知。

根据学生的认知水平,新课标设置必修课程、选择性必修课程和选修课程三种课程供学生学习。同时,新课标还把每个化学核心素养的水平分别划分为 4 个水平,操作性更强,如素养 1 的宏观辨识与微观探析[1]的素养水平要求如表 6-7-1 所示。

表 6-7-1　宏观辨识与微观探析的素养水平要求

素养水平	素养 1 的宏观辨识与微观探析
水平 1	能根据实验现象辨识物质及其反应；能运用化学符号描述常见的简单物质及其变化；能从物质的宏观特征入手对物质及其反应进行分类和表征；能联系物质的组成和结构解释宏观现象
水平 2	能根据实验现象归纳物质及其反应的类型；能运用微粒结构图式描述物质及其变化的过程；能从物质的微观结构说明同类物质的共性和不同类物质性质的差异及其原因,解释同类的不同物质性质变化的规律
水平 3	能从原子、分子水平分析常见物质及其反应的微观特征；能运用化学符号和定量计算等手段说明物质的组成及其变化；能分析物质化学变化和伴随发生的能量转化与物质微观结构之间的关系
水平 4	能依据物质的微观结构描述或预测物质的性质和在一定条件下可能发生的化学变化；能评估某种解释或预测的合理性；能从宏观与微观结合的视角对物质及其变化进行分类和表征

3."微粒观"的进阶路径

要培养学生形成正确的"微粒观",就必须认真学习分子、原子、离子的构成、性质、变化等化学知识,它们依存于这些具体的知识(图 6-7-2)。[36]

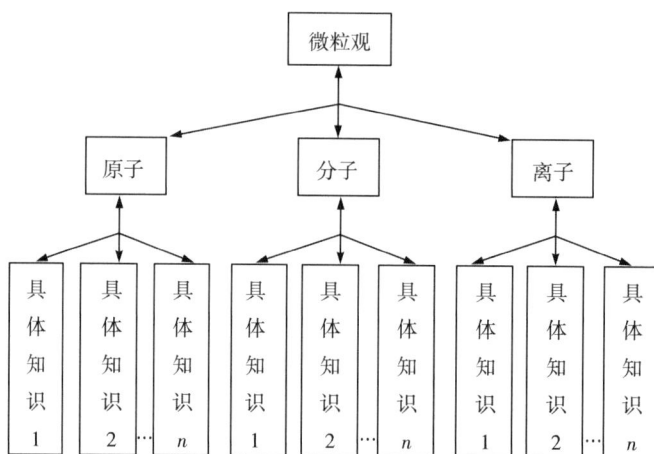

图 6-7-2 "微粒观"与具体知识的关系

因学生认知发展水平不同，学生"微粒观"的发展应遵循适当的进阶路径，中学化学"微粒观"进阶路径如表 6-7-2 所示。

表 6-7-2 中学化学"微粒观"进阶路径

	学段1	学段2	学段3	学段4
原子	知道原子是构成物质的一种微粒；知道原子的简单构成；了解原子与元素的关系	能描述原子的构成和电子的运动方式；知道元素与原子的关系	能从微观角度揭示元素周期律的本质及其规律、核素、同位素	微粒观的综合应用：能依据物质的微观结构，描述或预测物质的性质和在一定条件下可能发生的化学变化；能评估某种解释或预测的合理性；能从宏观与微观结合的视角对物质及其变化进行分类和表征
分子	知道分子是构成物质的一种微粒；知道分子简单的物理性质；知道化合价	能从微观角度理解化学键的本质和符号表征	了解键的参数、简单的分子结构、空间结构等	
离子	知道离子是一种带电荷的微粒，它也能构成物质；了解离子与原子的关系	了解离子键的形成和符号表征；能从微观上理解晶体结构与性质的关系	从微观角度理解电离过程及电解质溶液中的守恒思想	
化学反应	知道反应的实质是分子分成原子，原子再重新组合成新分子；了解常见的反应类型	掌握离子反应、氧化还原反应的本质和符号表征；能从键能角度了解反应热的本质	掌握影响反应速率的因素、限度等；了解化学反应的应用，如电化学的应用	能从宏观与微观结合的视角对物质及其变化进行分类和表征

三、"微粒观"的进阶实践

布鲁纳认为学习过程是一种积极的认知过程,学习的实质在于主动地形成认知结构,认为学习任何一门学科,都有一连串的新知识,每个知识的学习都要经过获得、转化和评价这三个认知学习过程。他非常重视人的主动性和已有经验的作用,重视学习的内在动机与学生的思维,提倡知识的发现学习。他认为发现学习具有以下一些优点:①有利于激发学生的潜力;②有利于加强学生的内在学习动机;③有利于学生学会学习;④有利于知识的保持与提取。根据认知理论,"微粒观"的培养可分为四个阶段:初级阶段、中级阶段、高级阶段、完善阶段。

"微粒观"教学的一般思路:宏观事实→微观解释→符号表征→微观图示。下面以水的学习进阶为例,其思维导图如图 6-7-3 所示。

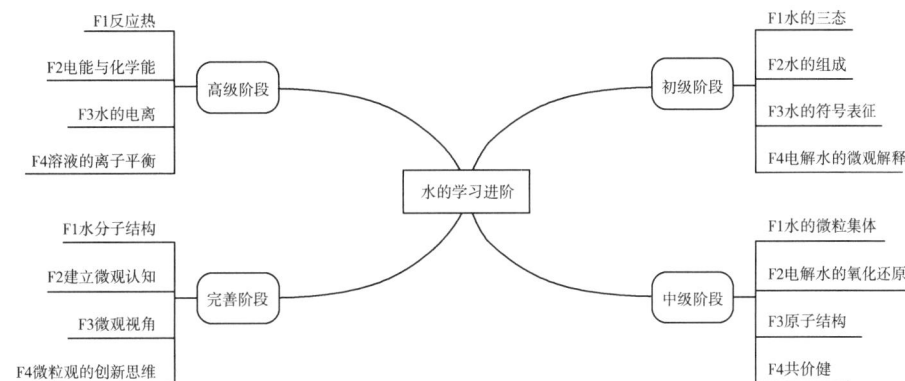

图 6-7-3 水的学习进阶思维导图

1. 初级阶段

水平 1:认识物理变化的实质,建立微观认知。水的三态变化中微观粒子(分子)本身没变,只是粒子(分子)间的距离发生了变化(图 6-7-4)。

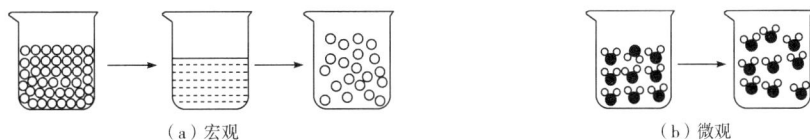

（a）宏观　　　　　　（b）微观

图 6-7-4 水的三态变化

小结:①分子的质量和体积都很小;②分子之间有一定的间隔;③分子是无规则地运动的。

水平 2:认识化学变化的实质,建立微观认知。组成水的粒子(分子 ⬡)在直流电的作用下分成更小的粒子(原子),然后这些粒子再重新组合成新的粒子(氧分子和氢分子),该过程的微观示意图如图 6-7-5所示。

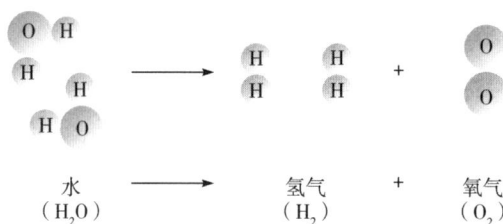

图 6-7-5　电解水的微观示意图

小结：①分子是由原子构成的；②分子是保持物质化学性质的一种微粒；③原子是化学变化中的最小微粒。

水平 3：符号表征。水通电分解的化学方程式为 $2H_2O \xrightarrow{\text{通电}} 2H_2\uparrow + O_2\uparrow$，它包含以下两层含义。

①定性：宏观表明了什么物质参与化学反应、结果生成了什么物质及反应的条件是什么；微观表明了反应中各粒子的相对数量关系。

②定量：表示反应物和生成物各物质之间的质量关系，即表示了各物质间的质量比。

这里的内容比较抽象难懂，涉及"宏观辨识与微观探析"和"证据推理与模型认知"等化学核心素养观念，还有质量守恒定律、守恒原因的解释、化学方程式的读法等，是学生初步建立"微粒观"的关键环节。

水平 4：微观图示。微观图示能反映人对微观认知的思维过程，是化学微观认知的核心。例如，水通电反应的微观示意图如图 6-7-6 所示。

图 6-7-6　水通电反应的微观示意图

画微观图示要求学生能准确表达微观粒子的构成，同时要遵守质量守恒定律，把宏观反应用微观的形式表达出来，因此要求学生具有较高的能力水平。

如以科粤版初三化学中"水的组成"一课为例，通过电解水的实验，认识物质组成的元素和构成物质的微观粒子，同时更好地落实化学学科素养。电解水的教学过程与化学学科素养的关联性如图 6-7-7 所示。

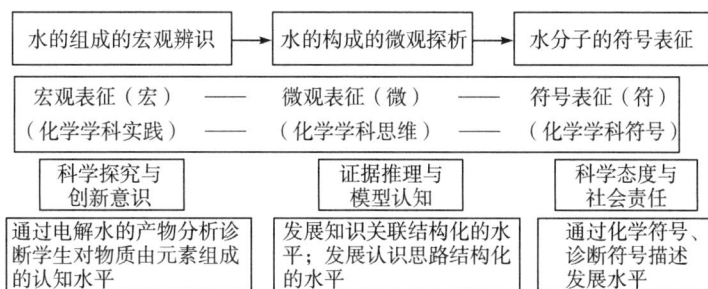

图 6-7-7　电解水的教学过程与化学学科素养的关联性

2. 中级阶段

水平 1：微观粒子集体——物质的量。以水为例，由于微观粒子质量小、数目多，为便于科学研究，人们定义了一定数目的微观粒子集体——物质的量。

水平 2：反应的分类观。氧化还原本质的认识进阶：从宏观物质得失氧到元素化合价升降，再到电子得失，经历了物质水平、元素水平、微观水平的进阶认识过程。

水平 3：原子结构、元素性质与元素周期律等，元素的位、构、性，官能团与有机化合物的性质等。

水平 4：化学键与能量，从定性到定量，能源的开发和利用，从宏观到微观。如共价键、离子键的形成：$H \times + \cdot \overset{..}{\underset{..}{Cl}} : \longrightarrow H \overset{..}{\underset{..}{Cl}} :$ ；$Na \times + \cdot \overset{..}{\underset{..}{Cl}} : \longrightarrow Na^+ [\times \overset{..}{\underset{..}{Cl}} :]^-$。

3. 高级阶段

水平 1：化学键与能量，焓，盖斯定律，原电池、电解池等，从定性到定量。如热化学方程式：$2H_2(g) + O_2(g) \Longrightarrow 2H_2O(l)$　　$\Delta H = -571.6 \ kJ \cdot mol^{-1}$；电极反应式：$Zn - 2e^- \Longrightarrow Zn^{2+}$（氧化反应）；$2H^+ + 2e^- \Longrightarrow H_2 \uparrow$（还原反应）。

水平 2：认识反应速率，判断化学反应的方向、反应限度等。

水平 3：电解质、水溶液的平衡（电离平衡、水解平衡、沉淀溶解平衡等）。如水的弱电解质电离：$H_2O \Longrightarrow OH^- + H^+$；离子水解：$M^+ + H_2O \Longrightarrow MOH + H^+$ 等。

水平 4：微粒间的相互作用（认识共价键、离子键的本质）和化合物的形成过程。

4. 完善阶段

水平 1：能从分子结构的水平上认识水分子，包括成键方式、键长、键角等。

水平 2：从微观水平上理解宏观物质水的物理性质、化学性质等。

水平 3：具有微观视角，建立宏观现象与微观本质的联系，形成化学学科独特的"微粒观"。

水平 4：能利用微观、宏观进行综合分析、判断、预测，有创新性。

四、"微粒观"的进阶策略

学生"微粒观"的形成不是单纯地学习微观化学知识就能建立的,而是需要通过长期的、反复的学习逐步形成的一种观念。

1. 整体性策略

"微粒观"的建构是一个系统而渐进的过程,要把握"微粒观"学习进阶的阶段性和整体性。"物质的微粒性"是"微粒观"的基础,"微粒的相互作用"是"微粒观"的核心和关键。由于微粒的抽象性及"微粒观"概念的概括性,教学中要根据教学内容与学生的认知水平,把握"微粒观"教学内容的层次性和阶段性。[32]

2. 生成性策略

知识需要生成才能转化为自己的能力,"微粒观"的形成更不例外。由于"微粒"的抽象性,无法用肉眼"看见"或感知,因此,要反复利用实验、模型、图片、动画等有效手段,建立宏观事实、现象和微观结构的联系,让学生逐步形成正确的"微粒观"。

3. 模型化策略

模型化包括"微粒的实物模型"和"微观认知模型",两者相辅相成,密不可分。我们更加关注后者,也就是我们所说的"微粒观",它是我们认识物质世界的基本观念。建立微观模型,实现"宏观—微观"的转化,例如建立"C=C"双键的结构与性质、用途等关系。

总之,中学化学"微粒观"的建构要选择适合学生年龄特点和认知水平的方式,才能起到事半功倍的效果。

(该论文获广东省教育学会中学化学学术年会论文成果二等奖)

成果8　初中化学"微粒观"难形成的原因及对策

——以"原子、分子"的教学为例

广东省清远市佛冈县佛冈中学　刘伟星

[**摘要**]"微粒观"是义务教育阶段要求学生构建的基本观念之一。初中是化学的启蒙阶段,引导学生构建"微粒观"是教师基础教学的核心。"微粒观"的构建可以让学生从微观视角思考宏观世界的化学现象,并使学生正确地认识物质的基本性质和变化规律,形成完整清晰的化学知识系统,为学好化学打下坚实的基础。

[**关键词**]初中化学　微粒观　对策

中学化学"微粒观"的建立是以分子、原子概念的建立为标志的。教学中,学生虽然学习了分子和原子等微观知识,但他们从微观角度认识物质及其变化本质的能力并没有建立起来。义务教育化学课程标准要求通过微粒构成的教学帮助学生用粒子的观念去学习化学,通过观察、想象、类比、模型化等方式使学生初步理解化学现象,初步形成"微粒观"。由于学生的理解水平和对微观世界的想象能力存在着很大差距,所以"微粒观"一直都是值得我们在化学教学中深入探讨的。

一、初中学生建立"微粒观"困难的原因分析

1. 片面认知

学生在日常生活及其他学科教材中接触到一些微观认知,例如初二物理教材中对分子的描述是"物质都是由分子构成的;构成物质的分子之间有间隔;分子在不停地做无规则的运动;分子间有引力和排斥力"。这些微观认知是不够全面的,但在化学课堂上要纠正学生这些先入为主的片面认识并不容易。

2. 宏微难辨

学生自身的认知中没有宏观、微观的概论,他们对"微粒观"的认知基本上都是靠老师教,例如描述"水的组成"时,说成"水是由2个氢和1个氧组成的"。他们甚至分

不清原子、分子,也分不清原子与分子的区别与联系。

3. 微观抽象

由于微观粒子不能用肉眼观察,在教学中没有实物展示,需借助抽象思维想象,所以教师讲课难免枯燥,较难激发学生学习的兴趣。

这些都是学生难以形成"微粒观"的主观或客观原因。我在教学过程中,运用了一些有效的教学方法,帮助学生建立正确的微粒观,从而引导学生更好地学习化学。

二、"微粒观"建构的理论支持

1. 建构主义理论

建构主义理论的核心即认为"知识不是被动接受的,而是认知主体积极建构的"。建构主义认为,虽然学生学习的化学知识都是前人已经构建好的,但对学生来说,仍是全新的、未知的,需要每个人再现类似的创造过程来形成,即用学生自己的活动对人类已有的化学知识构建起自己的正确理解,这是学生在教师的引领下亲自参与的组织过程,该过程有着丰富生动的概念和思维活动。

2. 认知学习理论

认知学习理论认为,学习不是在外部环境的支配下被动地形成刺激—反应(S—R)联结,而是主动地在头脑内部构造认知结构;学习不是通过练习与强化形成反应习惯,而是通过顿悟与理解获得期待;有机体当前的学习依赖于其原有的认知结构和当前的刺激情境,学习受主体的预期所引导,而不受习惯所支配。

三、引导学生建立"微粒观"有效方法的探讨

下面以"分子和原子"的课堂教学为例,结合本人的教学实践,来阐述如何有效地帮助学生构建微粒观。

1. 通过宏观现象感悟微观存在

利用化学学科的特点,用宏观的化学实验现象,化抽象为具体,让学生在感知微观粒子真实存在的基础上,通过实验帮助学生理解微观粒子的存在及其特性,进一步认识微观粒子的性质。分子、原子属于抽象的、肉眼看不见的微观粒子,借助化学实验能帮助学生获得一些直观认识,可以降低理解微观世界的难度,而且能活跃教学氛围,加深学生的印象。

例如,教材中主要介绍了分子的三个性质:分子的质量和体积都很小;分子在不断运动;分子间有间隙。由于条件的局限,"分子的质量和体积都很小"通常是以数字对

比的形式呈现给学生。学习"分子在不断运动"的性质时,我把课本的实验进行了改进,把教材中装有酚酞的小烧杯换成了一面滴有酚酞的小白旗。在提高趣味性的同时,通过烧杯内的小白旗变红,更能直观地认识到分子在不断地运动。再如,在学习分子的另一性质"分子间有间隙"时,我在注射器里抽入空气和水,用水抵住注射器的顶端,然后将注射器活塞用力向内推,发现空气可以压缩,说明分子间有间隙,而且也说明了间隙可以缩小。

2. 微观粒子直观模型化

化学课程标准建议教师"努力创设真实而有意义的学习情景",指出"生动、直观而又富有启迪性的学习情景,能够激发学生的学习兴趣,帮助学生更好地理解和运用化学知识"。[37]微观世界看不见摸不着,非常抽象,我利用模型的直观,帮助学生获得对微观世界的间接认识。

指导学生对这些模型进行组装和拆卸,让学生感觉微观世界就在自己的控制之中,无形之中搭建了一座微观与宏观的桥梁。微粒模型不仅可以展示微粒的空间结构,还可以展示化学变化过程及微粒的数量关系,让学生深切体会到化学变化的实质。

例如,在解释"水中不含氢气"这一命题时,很多学生觉得无法理解,因为从化学式上看,H_2O 好像确实含有 H_2。这时我让学生分别做了水分子、氢分子模型。学生在组建这两种分子模型时就会发现,水分子中两个氢原子的结合方式和氢分子中两个氢原子的结合方式不一样。然后向学生解释一下氢分子与氢原子的区别。同学们自然就很清楚 H_2O 中不含有 H_2 了。

制作分子模型不仅使学生建构了分子是由原子构成的微粒观,还给学生起了示范作用。在后续学习中,学生可以发挥自己的创意,寻找合适的物质拼出分子和原子模型,用于解释化学变化、物理变化、化学反应的实质等。这样,学生都能参与进来,在自己的动手活动中进行学习,不但培养了学生自主学习的能力,而且在不知不觉中将学生带入了奇妙的微观世界,亲身体验并领会微粒观的深层含义。

3. 微观世界动画可视化

宏观上化学变化是指有新物质生成,这是学生通过实验可以观察到的;而微观上是分子分裂成原子,原子又结合成新的分子。微观上的变化是无法观察的,需要让学生想象,但并不是让学生凭空猜想,而是需要生动形象、直观的载体。在分子模型的帮助下,学生在头脑中已经形成了分子、原子的"样子",此时再利用多媒体动画模拟反应过程的实质,学生很容易就可以明白。

在学习化学反应的实质时,我将氧化汞分子的分解过程制作成动画(图6-8-1),学生可以清晰地看到氧化汞分子分解的过程。用两个大小、颜色不同的小球分别表示汞原子和氧原子,两个大小、颜色不同的小球挨在一起表示一个氧化汞分子。加热后氧化汞分子分为两种不同的原子:汞原子和氧原子,而后汞原子聚在一起构成汞这种物质,氧原子又重新组合成新的氧分子。

图6-8-1　氧化汞分子分解过程示意图

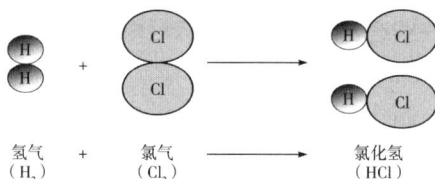

这样,学生既理解了分子是由原子构成的,又理解了化学变化的实质是原子的重新组合,而原子本身并没有发生变化,也理解了原子是化学变化中的最小粒子。通过计算机动画把微观世界宏观化、形象化,帮助学生成功地建构了微粒观的概念。[38]

4."宏—微—符"三重表征一体化

为了更好地把握化学教学的本质,毕华林教授提出了三重表征的思维方式,即宏观表征、符号表征、微观表征。也就是从宏观、微观和符号三种水平上认识和理解化学知识,并建立三者之间的内在联系,从而形成化学学科特有的思维方式。[39]

教材从分子、原子的课题开始,引导学生从宏观、微观、符号三者相结合的视角认识物质。教材中呈现了两幅插图(图6-8-2、图6-8-3),给出物质的微观分解示意图和反应的微观示意图,下方是化学符号表达式,在教学中,我通过分步演示,引导学生在感知宏观实验现象的基础上,想象分子和原子在化学变化中的行为,并以符号形式表达。

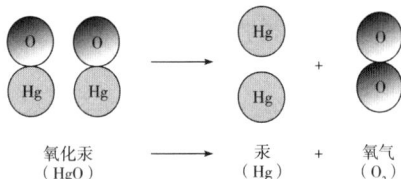

图6-8-2　氧化汞分子分解示意图　　图6-8-3　氢气与氯气反应示意图

我通讨化学反应的示意图,慢慢引导学生以宏观现象为载体,想象微观反应的实质;再用符号表达式表达,也就是从宏观到微观、从微观到符号、从宏观到符号的有机结合。潜移默化地让学生构建起"微粒观",在促进学生深层理解微观概念、发展学生思维能力等方面起到了积极的推动作用。随着学生对大量事物三重表征的学习及学生思维能力和想象能力的发展,通过以上的教学,学生可在没有具体可观察事物的宏观表征时,直接形成对事物的微观表征和符号表征,这样学生对事物的认识和理解也就更加深刻了。

当然,学生任何观念的形成都不是一蹴而就的,"微粒观"的构建亦是如此。在后续的教学中,我会根据初中学生的认知规律和教材体系,引导学生循序渐进地学习,从而引导学生构建真正的、高层次的"微粒观"。

(该论文获广东省教育学会中学化学学术年会论文成果二等奖)

成果9　以学生认知发展为核心的教学实践

——以人教版高中化学"钠的氧化物"的教学为例①

广东省清远市佛冈县佛冈中学　刘伟星

[摘要]元素及其化合物的知识内容比较多,在教学中教师多以传授知识为主,少有以学生认知发展为核心进行教学的。本文以"钠的氧化物"教学内容为载体,按照培养学生化学核心素养的要求,精心组织设计,通过有效的课堂实施活动,培养学生的化学核心素养。

[关键词]认知发展　核心素养　元素化合物　课堂实施活动

一、问题的提出

元素化合物的知识比较零散,知识点之间关系复杂,记忆的内容较多,在实际的教学中还存在以下问题:①很多学生对元素化合物知识难以整体把握,习惯死记硬背,知识结构不够系统,不能灵活运用;②虽然不断重复教学,但教学效果不明显;③学生的化学素养得不到提升。下面就以"钠的氧化物"一节为例阐述如何落实化学学科核心素养。

二、基于化学核心素养的教学分析

(一)教学内容分析

《普通高中化学课程标准(2017年版)》[1]提出五个化学学科核心素养:"宏观辨识和微观探析""变化观念和平衡思想""证据推理与模型认知""科学探究与创新意识""科学态度与社会责任";并明确必修阶段元素化合物的内容要求相对以前有了一定的变化:结合真实情境中的应用实例或通过实验探究,了解钠及其重要化合物的主要性

---

①　广东省教育科研"十三五"课题"微观化学认知过程及教学策略的研究"(2018YQJK342)的研究成果之一。

质,了解这些物质在生产、生活中的应用。

对于"钠的重要化合物"教学内容,教材的编写是通过大量实验事实来归纳知识,以"真实情境"为特征的课型。"氧化钠和过氧化钠"中氧化钠是以"思考与交流"的栏目形式,让学生用分类思想,通过与氧化钙进行类比来认识其与水的反应等性质。过氧化钠是通过实验,从实验事实让学生学习其与水的反应。过氧化钠与二氧化碳的反应则是直接叙述,并从过氧化钠分别与水、二氧化碳反应有氧气产生来认识它与氧化钠性质的不同,并得出其重要用途——供氧剂。这样的编排符合学生的认知规律,有利于学生理解和掌握知识,并提升学生的变化观念、证据推理、科学探究等化学学科素养。

(二)学生认知分析

1. 学生的化学基础分析

本节安排在第三章第二节。学生在第二章已经学习了"分类思想"这一化学学科思想和离子反应、氧化还原反应这两类重要化学反应的有关概念和基本规律,以及第三章第一节钠、铝的性质等知识基础,初步了解了研究金属单质的一般方法。

2. 学生的认知心理分析

教育心理学家阿特金森(R. C. Atkinson)、希夫林(R. M. Shiffrin)等认为信息加工经过模式再认、短时记忆和长时记忆三个阶段(或三个加工过程),提出如图6-9-1所示的学习与记忆模型。[9]

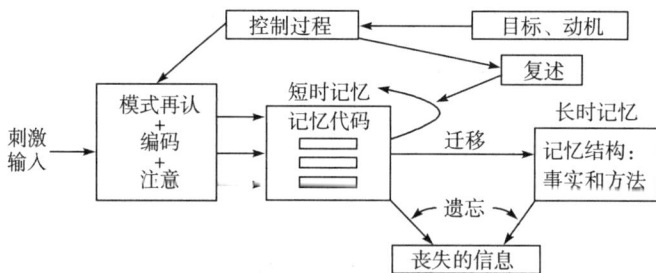

图 6-9-1　学习与记忆模型

学生前面已经学习了一定的实验基础知识、实验基本操作技能及实验学习的基本方法,为本节学习打下了较好的实验基础。

(三)教学目标与评价目标分析

1. 教学目标

(1)通过类推对比氧化钙分别与水、二氧化碳的反应,能够写出氧化钠分别与水、二氧化碳的反应方程式。

(2)通过对过氧化钠分别与水及二氧化碳反应产物的猜想、讨论,以及分组设计实验方案、合作实验验证猜想、归纳总结等，了解科学探究的过程和方法，培养"科学探究与创新意识"的化学核心素养。

（3）通过对过氧化钠在现实生活中应用实例的拓展，认识过氧化钠的重要用途，形成化学与生产、生活实际联系紧密的意识，发展"科学态度与社会责任"的化学核心素养。

2. 教学评价

（1）通过化学方程式的书写，诊断并提高学生对类推对比法的理解水平。

（2）通过对"过氧化钠与水反应"实验设计方案的交流和实验探究，诊断并提高学生的实验探究水平。

（3）通过对"天津港火灾"的讨论，诊断并提高学生对学科价值的认识水平。

三、基于化学核心素养的设计思路

基于化学学科核心素养发展的分析，教学设计应把握以下几个方面。

（1）初步形成证据推理与模型认知的方式和思路。在"钠的氧化物的产物"研究过程中，利用氧化还原的价态观构建钠及其化合物的二维图，创设认知模型，为元素化合物知识构建的方法体验搭建平台。

（2）认知科学探究的一般步骤（提出问题—引出猜想—实验探究—得出结论），意图引导学生通过实验探究的过程，学会实验探究的方法。

（3）突出"宏—微—符"三重表征。通过对实验现象的宏观辨析，引导学生对过氧化钠与水反应的微观过程进行探析，再引导学生思考如何用化学方程式来表征微观过程。

（4）运用新闻报道的真实情境，突出学生的社会责任感和安全意识。

本教学设计基于核心素养的引领，设计核心研究思路如下：整节课以微视频新闻报道"蛟龙号"潜水艇的投入使用为引线导入新课，继而通过趣味实验"滴水生火""吹气生火"引出学生对过氧化钠与水反应的产物猜想，并在此基础上，通过学生设计实验方案进行探究。探究完成之后，学生进行宏微观的分析并得出结论。通过类推对比得出过氧化钠与二氧化碳的反应。为呼应引入，提供 2015 年天津港火灾事件的相关资料，引导学生学会运用化学知识解决实际问题，并增强学生的社会责任感和化学服务于生活的意识。最后，师生共同概括总结，提升核心素养。整体教学设计构思如图 6-9-2 所示。

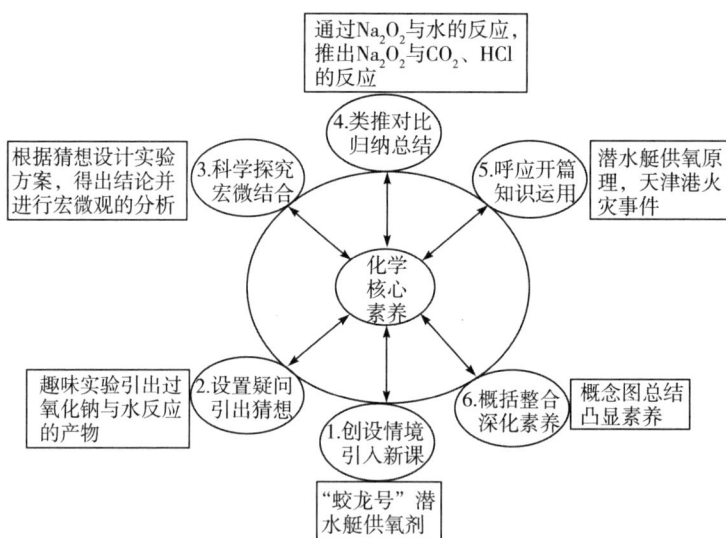

图 6-9-2　基于化学核心素养发展的"钠的氧化物"教学设计构思图

四、基于核心素养的课堂实施

化学学科能力的培养就是让学生积极主动地参与到实验活动中,并努力形成科学的思维和学习能力。针对"钠的氧化物"教学内容和学生的实际情况,设计了各个阶段的教学情境、问题和教学活动。

1. 教学环节一:创设情境、引入新课

[情境1]微视频对"蛟龙号"潜水艇的投入使用的报道。

[问题1]在安全密封的"蛟龙号"中,工作人员是如何解决呼吸问题的?

[思考与交流]在缺氧环境中的供氧问题。

[引入新课]带着这个问题,我们一起学习本节课"钠的氧化物"的内容,看看潜水艇是如何解决供氧问题的。

[设计意图]核心素养教学的一个显著特征是问题源于真实情境。本节课以微视频"蛟龙号"的投入使用的新闻事件作为引线,能够引起学生的学习兴趣,让学生明白本节课在社会生活中的价值。

2. 教学环节二:设置疑问、引出猜想

[情境2]展示两张图片,一张是消防员用水灭火,另一张是用 CO_2 灭火。

[问题2]一般在发生火灾时,我们都是用水或者 CO_2 来灭火,那么水、CO_2 可以用来生火吗?

[演示实验]"滴水生火""吹气灭火"。(学生代表在老师的指导下完成)

[思考]为什么脱脂棉会燃烧？燃烧的条件是什么？是什么在起作用？

[学生讨论回答]说明两个反应都放出了热量，达到了脱脂棉的着火点。

[教师回答]回顾初中学过的物质燃烧的条件，说明这种淡黄色的物质（过氧化钠）能够与水和 CO_2 反应放出大量的热。

[设计意图]质疑造成与学生日常认识的冲突，使学生感到非常新鲜，能很快地进入课堂情境中，提高学生探究钠的化合物性质的兴趣。

3. 教学环节三：科学探究、宏微结合

[情境3]PPT 展示图片，即过氧化钠的"秘密档案"：性格活泼好动，见到二氧化碳，脸色立变，落水非常生气。

[问题3]过氧化钠与水反应的产物是什么？（结合"滴水生火"趣味实验和过氧化钠的"秘密档案"对过氧化钠进行介绍）

[做出猜想]猜想1：NaOH 和 O_2 反应并放出热量；猜想2：NaOH 和 H_2 反应并放出热量。

[设计实验]用酚酞证明碱的存在；用带火星的木条检验气体，触摸试管外壁看是否有热量放出。

指导学生进行分组实验，并得出相应的结论（表6-9-1）。

表6-9-1　过氧化钠与水反应的探究性实验

操作步骤	实验现象	初步结论
把水滴入装有少量 Na_2O_2 固体的试管中，立即把带火星的木条放在试管口	有大量气泡产生，带火星的木条复燃	有氧气产生
手触摸试管外壁	试管外壁发热	反应放出热量
滴加酚酞溶液	溶液变红色	有碱性物质生成

[得出结论]

宏观分析（根据实验现象得出反应的产物）：$2Na_2O_2 + 2H_2O \Longrightarrow 4NaOH + O_2\uparrow$。

微观分析（类比复分解反应）：$CuSO_4 + 2NaOH \Longrightarrow Cu(OH)_2\downarrow + Na_2SO_4$。

得出过氧化钠与水的反应可分为如下两步：

①$Na_2O_2 + 2H_2O \Longrightarrow 2NaOH + H_2O_2$；②$2H_2O_2 \Longrightarrow 2H_2O + O_2\uparrow$。

[设计意图]提出问题，引出探究任务。学生运用已有的知识设计实验方案，认识科学探究的过程和方法，学会实验操作技能与实验观察方法。通过分组讨论及分组合作实验，培养学生的实验操作能力及观察实验现象的能力，使学生体会到合作的愉快和科学研究的喜悦。

4. 教学环节四:类推对比、归纳总结

[情境4]请同学们参照 Na_2O_2 与 H_2O 反应的方程式,写出 Na_2O_2 与 CO_2、HCl 反应的方程式。

[讨论]学生通过讨论思考并写出两个反应方程式(同时引导学生注意氧化钠与水反应和过氧化钠与水反应的方程式的异同)。

[学生1] $2Na_2O_2 + 2CO_2 \xlongequal{\quad} 2Na_2CO_3 + O_2$。

[学生2] $2Na_2O_2 + 4HCl \xlongequal{\quad} 4NaCl + 2H_2O + O_2\uparrow$。

[归纳总结]氧化钠与过氧化钠的对比如表6-9-2所示。

表6-9-2　氧化钠与过氧化钠的对比

物质	氧化钠	过氧化钠
化学式	Na_2O	Na_2O_2
颜色、状态	白色固体	淡黄色固体
生成条件	常温	点燃
氧元素化合价	-2	-1
与水反应	$Na_2O + H_2O \xlongequal{\quad} 2NaOH$	$2Na_2O_2 + 2H_2O \xlongequal{\quad} 4NaOH + O_2\uparrow$
与 CO_2 反应	$Na_2O + CO_2 \xlongequal{\quad} Na_2CO_3$	$2Na_2O_2 + 2CO_2 \xlongequal{\quad} 2Na_2CO_3 + O_2$
与 HCl 反应	$Na_2O + 2HCl \xlongequal{\quad} 2NaCl + H_2O$	$2Na_2O_2 + 4HCl \xlongequal{\quad} 4NaCl + 2H_2O + O_2\uparrow$

[教学意图]此环节主要是引导学生在类推对比的基础上得出 Na_2O_2 与 CO_2、HCl 反应的方程式,并用列表的形式对比 Na_2O 与 Na_2O_2 的相关性质,让学生在比较、综合的基础上全面认识钠的氧化物的性质。

5. 教学环节五:呼应开篇、知识运用

[问题4]在完全密封的"蛟龙号"中,工作人员是如何解决呼吸问题的?

[情境5]PPT展示图片:2015年天津港"8·12"特大火灾爆炸事故遇难者众多。是什么原因造成如此重大的灾难呢?

[素材报道]记者在医院采访了一名消防员。该消防员称自己是第一批到达火灾现场的,当时还没有爆炸。据他介绍,第一批进入的消防员有一百多人。现场并没有人告知他们有不能沾水的危险品,大家就用水来灭火,开始是一个集装箱,大概喷水10多分钟后,先是一个小爆炸,后来是大爆炸。

[问题5]过氧化钠着火应该怎么灭火呢?过氧化钠应怎样保存?

[问题6]过氧化钠有什么用途?

[讨论交流]略。

［教学意图］呼应开篇。通过对几个社会生活问题的解释,学生能够了解一些日常生活的应急处理措施,学会用化学的视角去关注生活、关注社会,体现了教学中要培养学生的核心素养。

6. 教学环节六:概括整合、深化素养

［总结交流］从知识、方法、观念方面引导学生回顾总结本节课所学的主要内容,绘制思维导图,畅谈收获,并从核心素养的角度整合、深化学生的理解和认识。

［学生活动］总结交流,绘制本节课的思维导图。

［教学意图］加深对钠的氧化物性质的理解,巩固本节的知识,提升学生的化学核心素养。

本节课设计以化学学科核心素养的渗透和培养为教学目标,以微视频"蛟龙号"潜水艇的投入使用的新闻报道为问题情境,以"探究钠的氧化物的性质"为主线,构建钠及其化合物的知识网络,以科学探究的方法去推出过氧化钠与水反应的产物,再通过类推对比得出其他性质,运用该知识解决生活实际问题。有效落实了"宏观辨识与微观探析""证据推理和模型认知"等化学学科核心素养的培养。

(该论文发表在《中学化学教学参考》2020 年 2 月下半月)

成果 10 "微观辨析"与"证据推理"在"盐类水解"教学中的思考①

广东省清远市佛冈县佛冈中学 刘伟星

[摘要]以"盐类水解"第一课时为例,探讨如何根据真实情境设计、问题提出与解决、证据推理、微观辨析的设计理念发展学生的化学学科核心素养。

[关键词]证据推理 微观辨析 盐类水解

一、问题的提出

普通高中化学学科核心素养包括"宏观辨识与微观探析""变化观念与平衡思想""证据推理与模型认知""科学探究与创新意识""科学态度与社会责任"五个方面。在高中化学教学中,这五个要素相互联系、相辅相成,又各有侧重。在教学实践中,我们要根据具体的教学内容,结合学生的认知规律,突出表现和发展其中的一种或几种化学学科核心素养。

"盐类水解"是选修课程模块"化学反应原理"中的核心内容之一。"盐类水解"这一部分的知识内容多样并且十分复杂,有一定的思维难度,它前承化学平衡、弱电解质的电离等知识的教学,后为沉淀溶解平衡打下基础。这部分知识内容分为三个知识块:盐类水解的原理、影响盐类水解的因素、盐类水解的应用。通过对学生进行问卷调查发现,学生对于"盐类的水解反应是怎样发生的"存在着不少的困惑,对于"盐溶液中存在的微粒以及微粒间发生的相互作用"存在着不少的问题。

《普通高中化学课程标准(2017 年版)》[1]教学策略建议:"通过对电离平衡、水解平衡、沉淀溶解平衡等存在的证明及平衡移动的分析,形成并发展学生的微粒观、平衡观和守恒观。关注水溶液体系的特点,结合实验现象、数据等证据素材,引导学生形成认识水溶液中离子反应与平衡的基本思路。"结合学生的认知规律,本文尝试以"盐类

---

① 广东省教育科研"十三五"课题"微观化学认知过程及教学策略的研究"(2018YQJK342)的研究成果之一。

水解"第一课时为例,探讨如何根据真实情境的引入、问题的提出与解决、证据推理、微观辨析的设计理念来发展学生化学学科核心素养。

二、教学思路

"素养为本"的化学教学只有通过一系列核心问题和问题链驱动学生自主、合作与探究性地学习,使学生活动有效、有序地开展,才能"使核心素养具体化、整合化,并避免素养泛化"[40]。本节课的教学设计围绕六个核心问题,设计一系列"问题线",促使学生在自主、合作、探究等活动中学习,构建"活动线",学生可以在活动中学会将实验探究、观察分析、证据推理、微观辨析有机结合起来,构建整个活动的"素养线"。

三、教学设计

1.教学设计流程图

"盐类水解"的教学设计流程如图 6-10-1 所示。

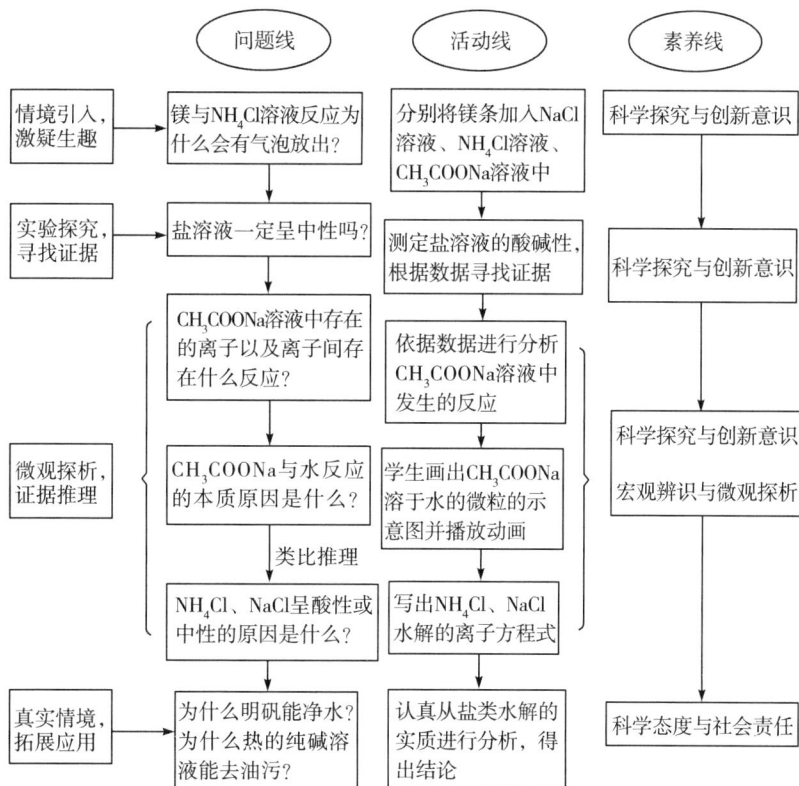

图 6-10-1 "盐类水解"的教学设计流程图

2.教学过程

（1）情境引入，激疑生趣。

教师:什么是盐？把盐加入水中会发生什么现象呢？下面我们一起来看老师做的一个实验视频——向三个烧杯中分别加入水,然后分别加入镁条,再分别向三个烧杯中加入 NaCl 溶液、NH_4Cl 溶液、CH_3COONa 溶液。发现 NH_4Cl 溶液中的镁条产生气泡,引出本节课的主题——"盐类水解"。

学生:观看实验视频,提出疑问,为什么镁条在 NH_4Cl 溶液中会有气泡产生,而在其他两种盐溶液中没有气泡产生？

教师（追问）:镁在什么溶液中会反应产生气泡？ NH_4Cl 溶液的酸碱性如何？

设计意图:真实的情境能够引起学生学习本节课内容的兴趣,所以,用真实的问题情境引入新课,引起了学生认知的冲突和探究的欲望,提高了学生学习的热情。

（2）实验探究,寻找证据。

教师:酸溶液显酸性,碱溶液显碱性,盐溶液一定显中性吗？ 如何设计实验来证明？

学生:设计实验方案,并进行分组探究实验,得出各种盐溶液的酸碱性。各实验小组汇报实验现象并填写表 6-10-1。

表 6-10-1　各种盐溶液的酸碱性

盐溶液	NaCl	Na_2CO_3	NH_4Cl	Na_2SO_4	CH_3COONa
酸碱性	中性	碱性	酸性	中性	碱性

通过 pH 计测定 $1\ mol \cdot L^{-1}$ 的上述溶液,获得如表 6-10-2 所示的数据。

表 6-10-2　各种盐溶液的 pH 值

盐溶液	NaCl	Na_2CO_3	NH_4Cl	Na_2SO_4	CH_3COONa
pH 值	7.00	12.15	4.63	7.00	9.38

教师:我们发现,这 6 种不同的盐溶液呈现不同的酸碱性（证据）,为了探索出现不同酸碱性的原因,首先我们回想一下对盐类进行分类都有哪些分类标准（寻因）。

学生:回忆旧知识,回答。

教师:现在老师提出一种新的分类标准——根据生成盐所对应的酸和碱的强弱,同学们可以重新对盐类进行分类吗？ 讨论一下。

学生:讨论并填写表 6-10-3。

表 6-10-3　盐的类型与溶液的酸碱性的关系

盐的类型	强酸弱碱盐	强碱弱酸盐	强酸强碱盐
溶液的酸碱性	酸性	碱性	中性

设计意图:科学探究的过程是——提出问题、猜想假设、设计实验方案、形成问题解决的思路。通过这些探究过程培养学生的"科学探究与创新意识""证据推理和模型认知"等化学学科核心素养。

(3)微观探析,证据推理。

教师:投影展示 CH_3COONa 溶液中各种微粒的种类和浓度(表6-10-4),分析数据,寻找规律。

表6-10-4　1 mol·L^{-1} CH_3COONa 溶液中各种微粒的种类和浓度

微粒种类	H$^+$	OH$^-$	Na$^+$	CH$_3$COO$^-$	CH$_3$COOH
微粒浓度	4.203×10^{-10}	2.402×10^{-5}	1.000	1.000	2.402×10^{-5}

教师:盐的类型与酸碱性之间存在着一定的规律,通过对比,我们来对不同盐溶液呈现不同酸碱性的原因进行共同讨论。根据数据从 CH_3COONa 溶液中的粒子间的相互作用角度进行比较分析并完成表6-10-5。

表6-10-5　CH_3COONa 溶液中粒子间的相互作用

$c(H^+)$ 和 $c(OH^-)$ 相对大小	
在 CH_3COONa 的水溶液中存在几种电离?　写出电离方程式	
CH_3COONa 溶液中存在几种离子	
哪些离子不能大量共存	
不能大量共存的离子对水的电离平衡有何影响	

学生完成表格,典型答卷案例如表6-10-6所示。

表6-10-6　学生典型答卷案例1

$c(H^+)$ 和 $c(OH^-)$ 相对大小	$c(H^+)<c(OH^-)$
在 CH_3COONa 的水溶液中存在几种电离?　写出电离方程式	$CH_3COONa=CH_3COO^-+Na^+$　$H_2O\rightleftharpoons H^++OH^-$
CH_3COONa 溶液中存在几种离子	CH_3COO^-、Na^+、H^+、OH^-
哪些离子不能大量共存	CH_3COO^-、H^+
不能大量共存的离子对水的电离平衡有何影响	生成弱电解质,减小H$^+$的浓度

教师(追问):能用微观示意图表示出来吗?

请用如图6-10-2所示的各微粒图示,试画出 CH_3COONa 固体溶于水后粒子在溶液存在的微观示意图。

图6-10-2　微粒图示

学生的典型答卷案例如表6-10-7所示。

表6-10-7　学生典型答卷案例2

CH₃COONa 固体溶于水前的粒子		溶解后
水分子中的微粒	CH₃COONa 固体中的微粒	CH₃COONa 溶液中的微粒

教师:观看动画视频(视频截图如图6-10-3所示)加深理解。

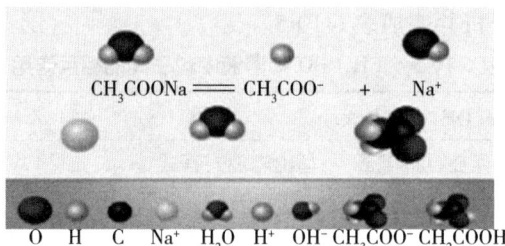

图6-10-3　CH_3COONa 溶于水后发生水解的动画视频截图

教师:写出 CH_3COONa 发生水解的离子方程式。

类比推理:依照 CH_3COONa 溶液的分析思路,对 NH_4Cl、$NaCl$ 溶液的酸碱性进行分析,完成盐类水解的过程探究。

设计意图:通过表格中的问题对 CH_3COONa 溶液进行微观辨析,画出微观示意图。最后给出 CH_3COONa 溶液各种微粒的种类和浓度的数据对比并进行证据推理,证明学生之前的分析是否正确。"宏—微—符"的结合能帮助学生更好地理解盐类水解的实质,同时培养了学生"宏观辨识与微观探析""证据推理与模型认知"的化学学科核心素养。

(4)真实情境,拓展应用。

教师:组织学生阅读材料并进行分析。①四川汶川发生大地震后,有关专家建议应该在第一时间大量空投卫星电话,此外要赶紧调运生石灰、明矾或其他化学净水剂。为什么明矾能够净水呢?②油脂在碱性条件下可以生成可溶性的羧酸盐和醇。为什么热的纯碱溶液能够去油污呢?

学生:明矾和纯碱都能够发生水解反应。

设计意图:通过对几个社会生产、生活问题的解释,学生了解了盐类的水解与我们的生活密切相关,促使学生用化学的视角去关注生活、关注社会,体现了教学中要培养学生的"科学态度与社会责任"的化学学科核心素养。

四、教学再反思

　　本节课根据教材内容和学生的认知发展特点对课程安排进行优化处理,问题与内容环环相扣,学生参与度很高。从酸碱中和反应生成盐的角度来分析盐的类型,进而知道盐溶液的酸碱性。但是仅仅掌握盐类水解的酸碱性这一表面的规律显然是不够的,还应从微观视角对盐类水解的宏观现象进行本质上的解释。课堂教学中从微观角度分析讨论溶液中粒子的种类、数目以及相互作用,让学生结合弱电解质的电离和平衡的相关知识,并根据实验数据进行推理分析,培养学生的"证据推理"素养。再通过盐类的水解在实际生产、生活中的运用,使学生能够利用微粒观的知识解决实际生活中的问题,建立起宏观与微观的联系。

　　(该论文发表在《中学化学教学参考》2020 年 4 月下半月)

成果 11 依托思维导图消除认知障碍，促进学生模型认知的发展

——以"电化学单元复习"为例

广东省清远市佛冈县佛冈中学 周荃

[摘要]从学习电化学知识的认知障碍入手，深挖学生产生障碍的原因，强化电化学中几个基本模型的学习，建构起解决电化学问题的思维模型，发展学生从浅层到深层的思维水平。高中化学要克服只重记忆结论的教学倾向，转向依托思维导图建构知识认知，提升思维能力，通过建模认知发展化学学科核心素养。

[关键词]思维导图 认知障碍 模型认知 电化学

一、问题的提出

在高三阶段关于电化学的复习中，有很多学生对电化学知识的应用无从下手，学生对电化学知识的理解存在较大的困惑。这里以 2019 年全国 I 卷中的一道关于电化学的选择题为例。

【2019 年全国 I 卷】利用生物燃料电池原理研究空温下氨的合成，电池工作时 MV^{2+} 和 MV^+ 在电极与酶之间传递电子，示意图如下所示。下列说法错误的是（   ）

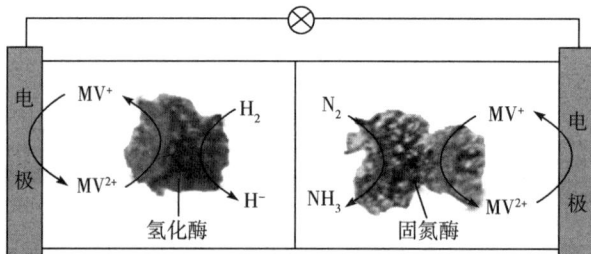

A. 相比现有工业合成氨，该方法条件温和，同时还可提供电能

B. 阴极区，在氢化酶作用下发生反应 $H_2 + 2MV^{2+} =\!=\!= 2H^+ + 2MV^+$

C. 正极区，固氮酶为催化剂，N_2 发生还原反应生成 NH_3

D.电池工作时质子通过交换膜由负极区向正极区移动

2019年全国Ⅰ卷中这道电化学选择题,所涉及的是原电池的相关知识。在完成这道题目的过程中,学生对题目所给的信息没有充分利用,不会从图像切入找到突破口,头脑一片空白,不知道从哪个角度、层面思考解决这道题。这些情况反映出学生没有完全吃透电化学的几个基本模型的意义,分析的时候思维出现了障碍。因为学生没有形成完整的电化学模型认知,所以在解决问题的过程中很自然地产生了困惑。高三阶段的专题复习就是要帮助学生激活、深化和整合知识,提高运用知识解决实际问题的能力。[41]新课程改革的高中化学强调在解决问题中除了具备一定的知识和技能,更需要一定的思维建模认知。

二、依托思维导图,消除认知障碍

心理学家阿特金森(R. C. Atkinson)、希夫林(R. M. Shiffrin)等认为信息加工经过模式再认、短时记忆和长时记忆三个阶段,并提出了学习与记忆模型(图6-11-1)。[9]

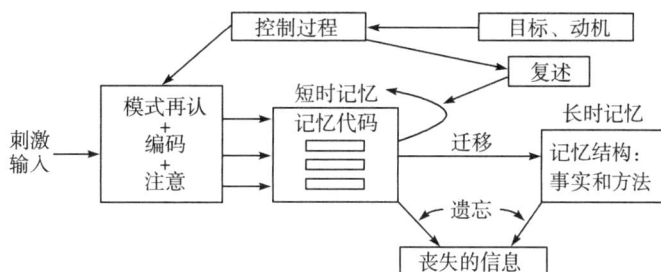

图6-11-1　学习与记忆模型

思维导图是表达发散性思维的有效图形思维工具,它虽简单但却很有效,是一种实用性较强的思维工具。将思维导图应用在高三化学复习中,既可以使学生高效地建立高中化学的知识网络和体系,又可以使学生从整体上把握知识结构,将化学知识内化。学生之间利用思维导图进行合作学习,充分发挥集体的优势,能更高效地完善自己的知识结构,同时也增强了合作意识[42]。电化学单元复习教学中通过运用思维导图、画出相关图形、写出电极反应等建构电化学的重要知识网络,学生能够加深宏观与微观、本质与现象、能量转化等方面的认知。

1.思维外露,摸清障碍

思维导图是大脑发散思维的网状图像形式,是大脑思维的自然体现,可以培养和改变人们的思维方式。它可以通过颜色、线条、图像、符号等图文并茂的方式表达,把相关联的知识组成一个高组织思维的知识网络。在课堂上让学生建构思维导图,不仅能让学生对梳理的知识理解更深,还能通过比较让学生更清楚自己对该知识模块掌握的程度,是一种评价自我复习效果的好方法。

在电化学单元整合课堂教学的设计中,让学生根据自己对电化学知识的掌握和总结初步画出思维导图。学生在课堂上建构的思维导图,反映出学生对零散的电化学知识理解的程度以及掌握的深度,这也是评价学生对电化学相关单元内容整合的复习效果的较好手段。

2. 引导交流,反馈修正

学生在课堂上初步建构的思维导图,反映出他们对电化学知识还不够熟悉,对原电池与电解池模型的辨别还不够清晰,解决问题时存在一定的思维障碍。课堂上让学生交流构建概念图的思路,并通过同学间的对比、讨论、补充、修正,不仅能让他们自己对梳理的内容有更深的理解,通过比较找到自己学习的不足,还能使其他同学的学习受到启发。[43]对此,教师应做出有针对性、有目的性的点评。在电化学建构认知的思维导图过程中,引导学生做到:①画出完整的闭合回路,写出电极名称、电极反应及类型,正确标出电解质离子移动方向、电子移动方向;②电解池与原电池的分辨、能量转化;③放电顺序;④原电池、电解池工作原理的应用模型。教师通过点评,让学生明确自身存在的不足,及时修正并完善,同时让学生产生浓厚的探索求知欲望。学生根据教师的点评对零散的电化学知识进行总结、归纳。

3. 重建模型,促进认知

北京师范大学王磊教授非常重视模型建构,提出了电化学认知模型(图 6-11-2)。[10]

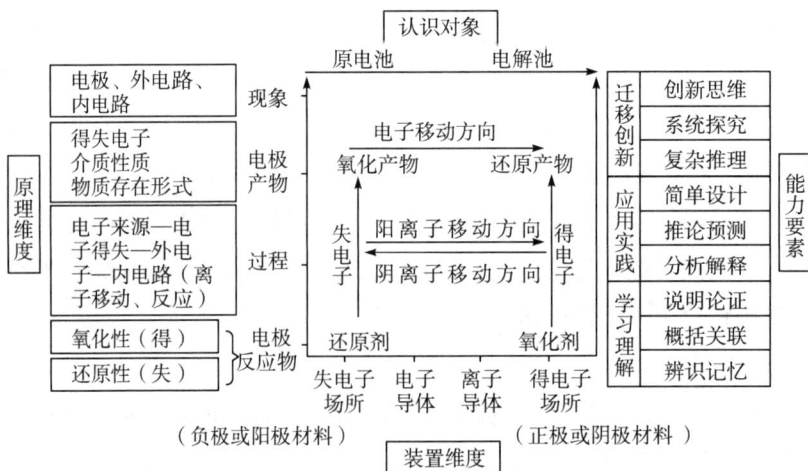

图 6-11-2　电化学认知模型

教师通过从点到面的引导点评,让学生重画完整的电化学思维导图,加深电化学知识模型的认知,某学生重画的电化学思维导图如图 6-11-3 所示。

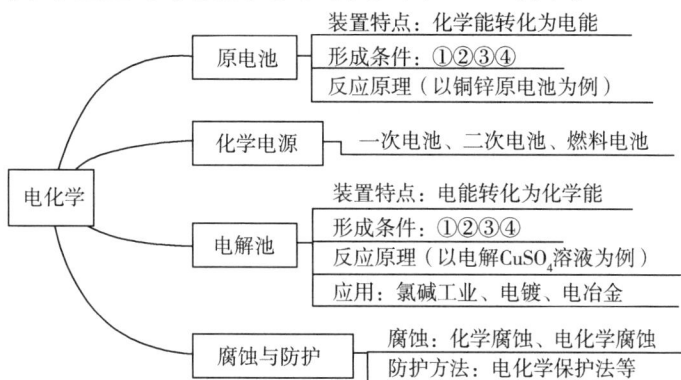

图 6-11-3 某学生重画的电化学思维导图

鼓励学生建构思维导图,这样的课堂环节设计可以让学生掌握、理解、建构和发展知识模型认知,让学生感受到学习的获得感,大大提高了学生学习的兴趣,使学生学习时能够产生愉悦的心情,促进了课堂教学的达标。

4. 自我提升,消除障碍

高三专题的复习,已不再是以帮助学生理解、掌握知识为重,而是要注重培养学生解决问题的能力,特别是能够运用所学知识解决情景问题或实际生产、生活问题的能力。在电化学单元设计中,我重画了思维导图,并给出了一道典型例题。

【例题】2019 年诺贝尔化学奖授予了锂离子电池开发的三位科学家。一种锂离子电池的结构如图所示,电池反应为 $Li_xC_6 + Li_{1-x}CoO_2 \underset{充电}{\overset{放电}{\rightleftharpoons}} C_6 + LiCoO_2$ （$x < 1$）。下列说法正确的是 （ ）

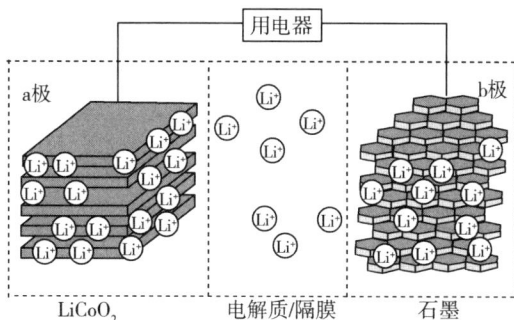

A. 充电时,a 极接外电源的负极

B. 放电时,Li^+ 在电解质中由 a 极向 b 极迁移

C. 充电时,若转移 0.02 mol 电子,石墨电极将减重 0.14 g

D. 该废旧电池进行"放电处理"有利于锂在 $LiCoO_2$ 极回收

利用这道典型例题,让学生运用电化学模型进行推理,根据由左到右放电方向以及

原电池模型和化合价变化的微观探析,就能判断出:石墨是负极的产物,则放电时 b 极是负极,失去电子,充电时要得到电子,做阴极,连接电源的负极;LiCoO_2 是正极产物,则 a 极是原电池的正极,得到电子,充电时要失去电子,做阳极,连接电源的正极。

为了强化模型建构认知,消除认知障碍,通过形成性练习强化,尝试让学生运用模型解决问题,加深对构建模型意义的理解,实现模型的再固化,提升电化学知识运用的水平。

三、落实模型构建,促进认知发展

高三化学复习的目标应该是把化学学科知识系统化、网络化,电化学在高中化学中是一个相对独立的模块,在电化学单元整合的过程中,利用思维导图让学生自行建构知识模型,让学生从根本上分辨出原电池和电解池,快速消除电化学知识的认知障碍。

1. 利用思维导图建构认知模型

在高三化学复习阶段,为了改变枯燥的复习模式并提高复习实效,在近半年的专题复习过程中采用例题前置、思维导图的教学模式进行教学。"教师做多少,学生就做多少",在复习过程中以学生为主体自行手绘思维导图,引导学生主动收集资料并建构自己认知和感悟的概念、规律、方法等知识网络图。学生通过精选习题进行及时的训练,能够及时深化对知识的理解,提高解决问题的应用能力。

2. 利用模型建构促进认知发展

在电化学的知识网络中,掌握原电池的电极名称、电子流向、电极反应,这是核心素养的宏观辨识和微观探析;能够区别原电池和电解池装置,这是证据推理与模型认知;掌握原电池、电解池工作原理的应用,这是属于核心素养的科学态度与社会责任。

借助思维导图这一教学手段,让学生自主构建好电化学的知识网络并解决问题,在这个过程中,学生获得了对思维的模型认识的提升,改变了思维结构,促进了思维发展。

四、电化学单元复习设计的教学思考

在电化学单元复习过程中,学生通过自主构建、对比讨论、点评、完善修正、重画加深认知和应用解题发展认知,消除认知障碍。从认识、理解、掌握到建模,促进了学生从低到高地进行思维发展。

思维导图是以学生为主体的。让学生自行建构知识网络图,不但可以加强学生对知识点的认知,更重要的是时刻贯彻"以生为本"的教学理念。模型建构是学生发展认知、落实素养为本的一个有效路径,依托思维导图让学生建构知识模型并形成习惯,在运用知识解决相关问题过程的同时得到知识的扩展,提升学生的发展思维。

(该论文发表在《中学化学教学参考》2020 年 5 月下半月)

成果 12 以有效问题为驱动，促进学生认知发展

——以"物质的量浓度"的教学为例

广东省清远市佛冈县教育局教学研究室 陈金锋

[**摘要**]本文概述了"有效问题"的含义，"有效问题"有哪些理论依据，"有效问题"有哪些策略，课堂教学中如何用"有效问题"促进学生的"认知发展"。

[**关键词**]有效问题 驱动 认知 发展

一、问题的提出

课堂提问是教学中常见的教学行为，但教学中设计的问题不同，效果就明显不同。在 2017 年 10 月的一次市级高中同课异构教研活动中，两位上课教师采用不同的教学设计和不同的提问方式，得到了差距较大的教学效果。因此，在教学中多设计"有效问题"驱动学生自主学习，可以达到培养学生分析能力和思维能力的效果，从而促进学生的"认知发展"。下面以"有效问题"驱动为例，来谈一谈如何促进学生的认知发展。

二、有效问题的概述

1. 有效问题的含义

《现代汉语词典》中，"有效"解释为能实现预期目的，即从结果的维度考量目标是否实现，实现即有效，否则为无效。美国得克萨斯大学教育学院教授、《有效教学方法》的作者加里·鲍里奇（Gary D. Borich）认为，有效问题是那些学生能够积极组织回答并因此而积极参与学习过程的问题。[44]简单地说，有效问题就是指能唤起学生高级思维活动的问题，它能引导学生积极思考，互相探讨，从而能让学生积极参与学习并开发学生潜能。

2. 有效问题的依据

维果茨基的最近发展区理论图解如图 6-12-1 所示。

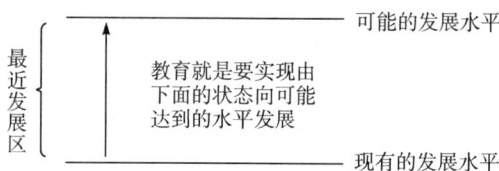

图6-12-1 维果茨基的最近发展区理论图解

（1）最近发展区理论。它是由苏联教育家维果茨基提出的。他认为学生的发展有两种水平：一种是学生的现有水平，指独立活动时所能达到的水平；另一种是学生可能的发展水平，也就是通过教学所获得的潜力。两者之间的差异就是最近发展区。教学应着眼于学生的最近发展区，充分调动学生的积极性，发挥其潜能，促进学生的认知发展。

（2）建构主义理论。以皮亚杰(J. Piaget)为代表的建构主义认为：儿童与环境的相互作用涉及两个基本过程，即"同化"与"顺应"。同化是认知结构数量的扩充，而顺应则是认知结构性质的改变。建构主义强调学习者的主动性，认为学习是学习者基于原有的知识经验生成意义、建构理解的过程。

3. 有效问题的策略

（1）情境创设策略。问题驱动教学的核心是"问题构建"。德国教育家第斯多惠说："教学的艺术不在于传授的本领，而在于激励、唤醒、鼓舞。"教师要根据课程标准、教学目标、教学内容、认知水平，创设学生所熟悉的情境，激发学生的思维、想象、情感、潜能等。

（2）模型教学策略。模型教学策略以学习者的认知发展水平为基础，以知识体系的内部构架为依据，以学习者的表观认知为原型，强调知识体系的双向建构过程。其核心思想在于表现原型到理论模型的形成过程，即建模。[45]

（3）合作学习策略。2011年课程标准指出，课程应通过以化学实验为主的多种探究活动，使学生体验科学研究的过程，激发学习化学的兴趣，强化科学探究的意识，促进学习方式的转变，培养学生的创新精神和实践能力。合作学习的最终目的是使每个学生都能更主动地得到更广泛的发展（包括知识、方法、能力及情感、态度等）。这也正是新课程理念下"一切为了学生，为了一切学生，为了学生的一切"的具体体现。所以，教师应在教学中设计"有效问题"促进学生合作学习，从而促进学生的认知发展。

三、有效问题驱动认知发展

美国教育家内德·弗兰德斯(Ned. Flanders)认为提问对提高课堂教学的有效性具有重要作用，提出"问得好即教得好(to question well is to teach well)"。[46]

1. 有效问题的目的

有效问题的指向十分明确,直指教学目标。教师在提问前必须了解和明确提问的目的,才能做到有的放矢,保证提问的效果。参阅国内外学者对提问目的的探讨,将提问的目的总结为 6 种,如图 6-12-2 所示。

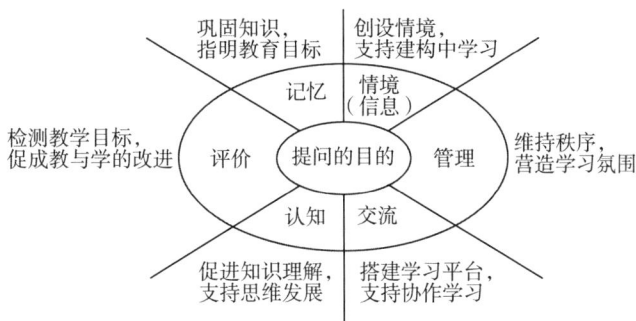

图 6-12-2　提问的目的分类

2. 有效问题的示例

引入:表示溶液的浓度有哪些?

"浓硫酸的密度为 $1.84\ \mathrm{g\cdot mL^{-1}}$"能表示浓度吗? 请分析溶液的浓度中溶质与溶液的关系是怎样的。

钟老师:引导学生分析(图 6-12-3)。

图 6-12-3　浓度的表示方法

问题 1:做实验取溶液时是称质量方便还是量体积方便?

问题 2:当使用质量体积比浓度时,反应物的体积确定后,能否快速知道反应物的用量关系?

分析:钟老师从学生已有的知识背景(质量分数、质量体积比浓度)出发,说明现有的浓度表示方法的局限性,引起认知冲突,充分说明导入本节课的主题——"物质的量浓度"的必要性,交代了知识的来龙去脉,体现了学生认知的发展过程。而在概念的生成过程中,钟老师采取的是"请你建立一种浓度表示方法,要求取出一定体积的溶液后能简洁地知道溶液中所含的溶质的物质的量"这种任务驱动式的教学方法,使学生在完成任务的过程中完成了对概念的构建和理解。

3. 有效问题的设计

在高一化学教学中为什么要引入"物质的量浓度"? 引入"物质的量浓度"有何意义? 如何表达"物质的量浓度"? 如何配制"物质的量浓度"? 解决好这四个问题就基本上完成了本节课的教学目标。

问题3:氯化镁溶液与氢氧化钠溶液反应的实质就是镁离子与氢氧根离子反应生成氢氧化镁。请分析下列离子反应,当溶液体积一定时用什么计算比较方便。

	Mg^{2+}	+	$2OH^-$	$\Longrightarrow$	$Mg(OH)_2$
化学计量数:	1		2		1
物质的量(mol):	1		2		1
质量(g):	24		34		58

分析:由于化学反应中"化学计量数"与反应物的"物质的量"成正比,当溶液体积一定时,溶液浓度用物质的量浓度($mol \cdot L^{-1}$)来表示比用质量分数更方便、更实用。钟老师的引入既能复习旧知识,又能让学生认识溶液浓度的本质就是溶质与溶液的关系,问题1和问题2回答了学习"物质的量浓度"的必要性,问题3进一步解释了学习"物质的量浓度"的意义,像这样的问题就是"有效问题",能够引发学生的深层思考。

问题4:实验室中如何配制100 mL 1.00 $mol \cdot L^{-1}$ NaCl溶液? 结合定义需要确定哪些环节?

问题5:实验室需要0.100 $mol \cdot L^{-1}$的NaCl溶液,如何利用上述实验配得的100 mL 1.00 $mol \cdot L^{-1}$ NaCl溶液实现该要求? 请结合以下你选择的容量瓶列出你的配制方案(要解决哪些问题)。

分析:钟老师创设新的情景问题4(如何配制溶液),以任务驱动的形式,使学生学以致用,通过解决问题,既达到巩固知识的目的,同时又培养了学生解决问题的能力。问题5不单单是稀释计算这么简单,还设计了实验方案。钟老师在引导学生分析这两个问题时,要求学生根据物质的量浓度公式,在稀释时抓住稀释前后溶质不变,并抓住问题的关键,建立等式计算如下:

$$c_B = \frac{n_B}{V_{液}}$$

$$c_{浓溶液} V_{浓溶液} = c_{稀溶液} V_{稀溶液}$$

在课堂小结时,钟老师引导学生再一次比较几种浓度,抽象出"浓度"概念中"比值、相对性"等融入数学和哲学意味的化学核心观念,上位概念、下位概念和同位概念脉络更加清晰。钟老师整节课在问题驱动的同时,还特别注意知识的逻辑联系,让学生自己构建概念,重视学生思维能力培养。

四、有效问题的预设和变化

根据模型认知规律,学生对物质的浓度有一定的认识,教师设计一个个"有效问题"的问题串(图6-12-4),就能驱动学生进行知识重构和迁移,从而促进学生的认知发展。

——引入　问题1　问题2　问题3　问题4　→　认知发展

图 6-12-4　"有效问题"的问题串

课堂是动态的,随时会发生一些新情境,教师要根据新变化及时创设新的"有效问题"来驱动学生的认知发展。

(该论文于 2017 年 12 月发表在《广东教学》第 2813 期)

成果 13 从"知识本位"走向"素养为本"的有机合成教学①

广东省清远市佛冈县教育局教学研究室 陈金锋

[摘要]本文以有机合成教学为例,从有机合成的教学目标分析入手,围绕促进核心素养发展进行教学,并提出发展学生核心素养的几点思考。

[关键词]有机合成 学科素养 知识本位 素养为本

化学教学不仅仅要教会学生化学知识,更重要的是促进学生核心素养的发展,以使学生适应未来社会的发展。目前,不少教师在教学中比较重视自主、合作、探究等多样化的教学方式,以获取化学知识内容为目的,教材有什么就讲什么,没有以"素养为本"进行教学,学生的学科核心素养得不到发展。

一、学科素养的目标分析

1."知识本位"视角的目标分析

有机合成是学生学习有机化学的重要组成部分,有机合成在宏观上应深化对有机物性质的认识,在微观上应掌握官能团的性质及转化(化学键的断键与成键),学会正向推理、逆向思维、综合分析等思维方式。高中阶段学习的各类有机物的性质,都是孤立的、零碎的知识内容,有机合成是以官能团(或化学键)转化和碳架增减为本质标志,教师应充分调动学生的发散性思维,把各类有机物的性质关联起来,并以知识为载体,发展学生的核心素养。

2."素养为本"视角的目标分析

有机合成不但要求学生熟练掌握有机物的结构特点、典型性质,还要利用官能团的引入和消去,落实化学学科核心素养。有机合成教学目标要以化学学科核心素养为中

---

① 广东省教育科研"十三五"课题"微观化学认知过程及教学策略的研究"(2018YQJK342)的研究成果之一。

心,从上位、本位和基础三个层面考虑(图6-13-1)。[47]

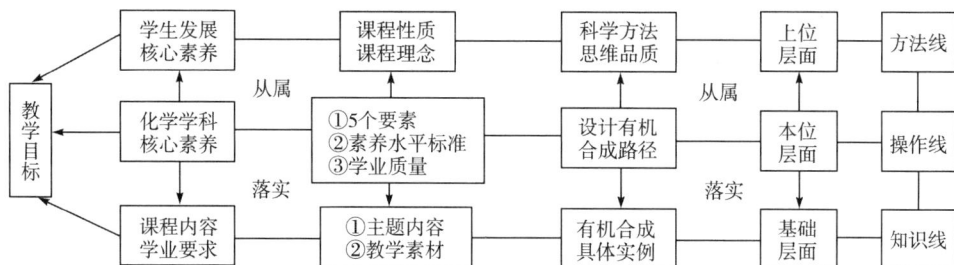

图6-13-1　有机合成教学目标与素养发展的关系

　　在有机合成教学中要渗透元素观、微粒观、变化观、价值观等基本观念,例如化学变化是有条件的,有机合成创造出的新物质(如药品等)在改善人民的生活中起着重要作用等。有机合成以官能团的转化为知识载体,涉及宏观物质的性质和变化、微观粒子中键的断裂与形成,为证明官能团是否发生变化、是否存在共性,还需要进一步进行实验探究、收集证据、分析推理、实验检验、总结规律、建立模型等,体现了多种化学学科核心素养。以"宏观辨识与微观探析""证据推理与模型认知"为例,有机合成教学中的素养水平、教学内容和认识路径如表6-13-1所示。

表6-13-1　有机合成教学中的素养水平、教学内容和认识路径

核心素养	素养水平[1]	教学内容	认识路径
宏观辨识与微观探析	①能从构成物质的微粒、化学键、官能团等方面说明常见物质的主要性质;②能说明物质的组成、官能团和微粒间作用力的差异对物质性质的影响;③能根据物质的类别、组成、微粒的结构、微粒间作用力等说明或预测物质的变化	烃及烃的衍生物性质:①总结烷烃、烯烃、炔烃、卤代烃、醇、醛、羧酸、酯的化学性质,并建立联系;②说出一些重要烃及烃的衍生物表现其化学性质时的断键方式和有关的化学反应类型;③写出常见烃及烃的衍生物转化的化学方程式	①官能团维度:宏观——符号表征;②化学键维度:微观——符号表征
证据推理与模型认知	①收集和表述事件证据,基于实验事实得出结论;②收集并用数据、图表等多种方式描述实验证据,基于现象和数据进行分析,推理得出合理结论	①复习烷烃、烯烃、炔烃、卤代烃、醇、醛、羧酸、酯的化学性质并建立关联;②学习逆向合成分析法	知识运用:体会官能团的转化和有机合成的过程

二、素养为本的教学设计

　　有机合成的教学设计要从官能团的微观本质(化学键的断键与成键)分析入手,要

把"宏—微—符"三重表征结合起来。例如在乙酸与乙醇的反应中可以分析:乙酸的羧基怎么断键;乙醇的羟基怎么断键;怎样设计实验进行证明。有机合成的教学设计要以化学键的微观认知为突破口,以学科能力发展为中心。有机合成的教学流程如图6-13-2所示。

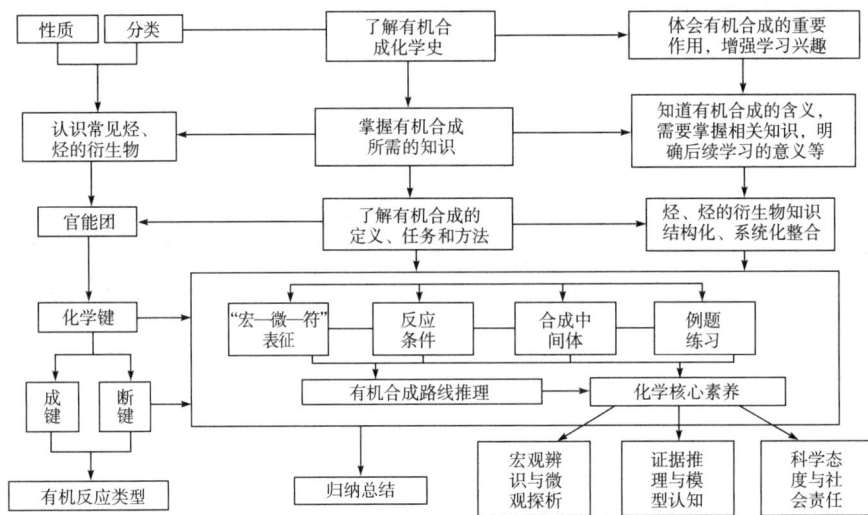

图6-13-2　有机合成教学设计流程

三、有机合成的教学过程

1. 教学环节一:视频导入创设情境

具体视频导入的设计思路如图6-13-3所示。

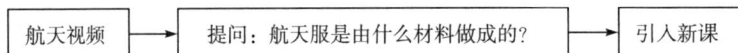

图6-13-3　视频导入的设计思路

2. 教学环节二:有机合成的意义

(1)有机合成的发展简史。

(2)有机合成的意义:满足人们日益增长的物质文化需要。

我们生活中还有哪些是有机合成的材料?（合成纤维、塑料等。）

3. 教学环节三:有机合成的基础知识

(1)复习烷烃、烯烃、炔烃、卤代烃、醇、醛、羧酸、酯的化学性质并建立关联。一些主要有机物的转化关系如图6-13-4所示。

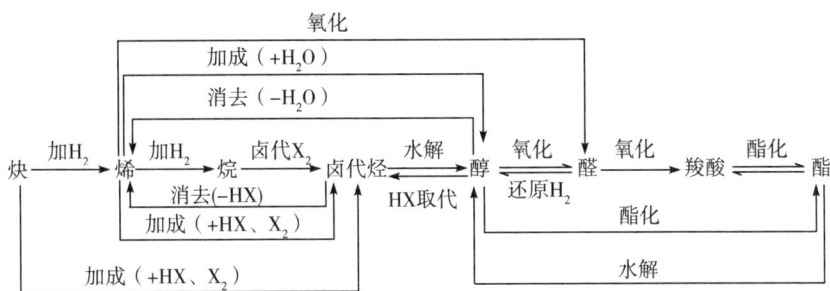

图 6-13-4　主要有机物的转化关系图

（2）写出下列转化的反应方程式：乙烯→1,2 - 二溴乙烷→乙二醇→乙二醛→乙二酸→聚乙二酸乙二酯。

4. 教学环节四：有机合成路线的设计

（1）有机合成的常用方法：正向合成法、逆向合成法、综合合成法。

①正向合成法，如图 6-13-5 所示。

图 6-13-5　正向合成法示意图

②逆向合成法，如图 6-13-6 所示。

图 6-13-6　逆向合成示意图

③综合合成法，如图 6-13-7 所示。

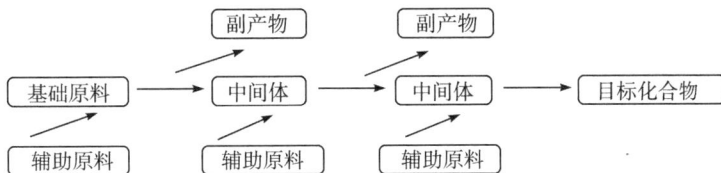

图 6-13-7　综合合成法示意图

（2）有机合成路线的设计。乙烯是一种重要的化工原料，请你结合图 6-13-8 设计由乙烯合成乙酸乙酯和乙二酸二乙酯的合成路线。

图 6-13-8　乙酸乙酯和乙二酸二乙酯的逆向合成路线

5. 教学环节五：拓展应用

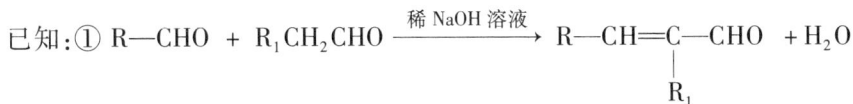

已知：① $R-CHO + R_1CH_2CHO \xrightarrow{\text{稀 NaOH 溶液}} R-CH=\underset{R_1}{C}-CHO + H_2O$

② $R-\underset{\underset{Br}{|}}{CH}-\underset{\underset{Br}{|}}{CH}-COOH \xrightarrow{Zn} ZnBr_2 + R-CH=CH-COOH$

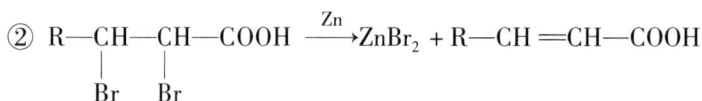

请根据题中信息,以苯乙醛为原料,设计制备 CH$_2$CH=C-COOH 的合成路线。

小结:有机合成线路的设计,常用逆向合成法,从目标产物逆向一步步分析,直至最常见的原料。在有机合成中要特别注意反应的条件、官能团的转化和保护等。

四、素养为本的教学思考

有机合成的主要教学目标有:①对烃及其衍生物的转化关系进行梳理和总结,使知识结构化;②了解有机合成的重要意义;③在梳理有机合成所需的各类别物质的转化关系时,可较好地落实"宏观辨识与微观探析"的核心素养,在分析合成路线时,可有效地培养"证据推理与模型认知"的核心素养。

1.有机合成的教学要重视知识结构化

在有机合成的教学中,不是简单地把烷烃、烯烃、炔烃、芳香烃、卤代烃、醇、酚、醛、羧酸、酯等典型有机物的组成、结构、性质、用途等内容复述一次,而是要把它们整合使之结构化、网络化,并运用这些知识进行分析、推理并创造性地合成新物质。要整合烃及烃的衍生物各类物质的结构、性质等知识内容,为分析推理有机合成准备必要的资源,为发展学生核心素养提供保障。

2.有机合成的教学要重视"宏—微—符"相结合

为了更好地落实"宏观辨识与微观探析"的核心素养,通过物质(官能团)的转换和书写化学方程式,把"宏—微—符"组合起来。在分析合成路线时,从原料到目标产品,要经历多个中间体,有多条合成路线,要综合分析和推理,在生产实践中还要通过进行实验探究、收集数据、分析推理等检验设计的合理性。

3.有机合成的教学要重视建构认知模型

高二学生已经学习了比较多的有机物的知识,如烷烃、烯烃、炔烃、芳香烃、卤代烃、醇、酚、醛、羧酸、酯,这些知识比较零散,需要将这些知识通过认知模型进行整合。有机合成的教学中要重视培养学科能力,在烃和烃的衍生物知识整合中要注重培养学生的归纳能力和发散性思维,如让学生自主建构烃及烃的衍生物的关联(图6-13-9)。

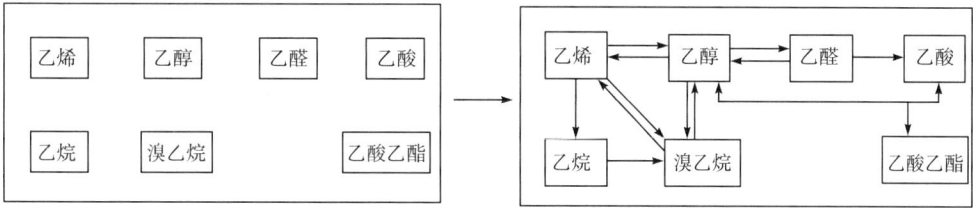

图 6-13-9　建构烃及烃的衍生物关联图

　　化学教学必须在重视"知识本位"的基础上,更加关注"素养为本",才能真正发展学生的核心素养。

　　(该论文发表在《中学化学教学参考》2021 年 5 月下半月)

成果 14　基于"微粒观"认知模型的教学实践

——以人教版选修 4 "水的电离和溶液的酸碱性"为例①

广东省清远市佛冈县教育局教学研究室　陈金锋　　广东省清远市佛冈县第一中学　李桂凤

[摘要]本文以人教版选修 4 第三章第二节"水的电离和溶液的酸碱性"为例,从"微粒观"认知模型角度分析教学内容、教学设计和教学实践,提出如何发展学生的化学学科核心素养。

[关键词]微粒观　认知模型　教学设计

《普通高中化学课程标准(2017 年版)》(下称新课标)中指出,学生要通过化学学科学习逐步形成正确的价值观念、必备品格和关键能力,并提出从五个"化学核心素养"进行落实[1],其中"证据推理与模型认知"尤为重要。

一、基于认知模型的理解

"模型"一词起源于拉丁文的"modulus",其初始含义是样本、标准和尺度,中文原意即规范。模型是科学认识的一种独特形式,也可以把它看作一种重要的科学操作与科学思维方法。[48]

认知科学实验证明,结构化的知识便于学生记忆、概括和理解,有助于解决问题。化学模型这一认知工具恰好把化学问题或知识高度浓缩,使知识或问题以结构或形象表达的形式存在于人脑中。奥苏贝尔的学习理论认为,采用建模思想,将化学问题中次要的、非本质的信息舍去,可使本质的知识变得清晰,更容易纳入学习者已有的知识框架中,使学生在解决化学问题时,迁移更容易。[49]

认知模型的构建过程如下。

(1)回顾原型。要选择最能体现概念、原理内涵的"原型"。"原型"应该是学生所

---

① 广东省教育科研"十三五"课题"微观化学认知过程及教学策略的研究"(2018YQJK342)的研究成果之一。

熟悉的,若是学生不熟悉的原型则很难让学生从某一教学需要的认知角度去认识。

(2)构建模型。以某种程度类似再现另一个系统(原型)的系统,并且在认识过程中以它代替原物,以至对模型的研究能够得到关于原物的信息,依据其表现出来的某些本质特征,进行归纳,抽取其实质特征,建立该原理相应的模型,并在认知系统中进行归类,其抽象程度越高,该模型的适应性就越广。

(3)解决化学问题的过程。化学问题的设计总是依托一定的化学原理,很多学生在解答化学问题时思路不清、无从下手,究其原因还是不懂化学本源知识,不理解化学原理。在教学中,教师可以有意引导学生,在认识原型知识的时候,分析其涉及的核心知识,指导学生构建相应的原理模型,再将模型应用到其他具体问题中。经过这样的反复训练,让学生体验到构建原理模型能达到举一反三、触类旁通的作用。

根据以上思考,形成基于认知模型(图6-14-1)的教学设计整体构思。

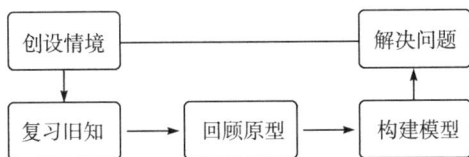

图6-14-1　认知模型

二、基于认知模型的内容分析

本节课从复习弱电解质包括哪些,引出水是否属于弱电解质,对比高一认知:我们在离子反应学习中,介绍了纯水不可以导电,启发学生通过实验探究、微观分析,初步建立水的电离平衡模型。通过复习回顾化学平衡、弱电解质电离平衡,构建对水的电离平衡认知模型,并能分析影响水的电离平衡因素,利用 K_W 进行简单的计算,并为下面学习盐类的水解、难溶电解质的溶解平衡打好基础。

1. 课程标准分析

内容要求:认识水的电离,了解水的离子积常数,认识溶液的酸碱性及 pH,掌握检测溶液 pH 的方法。

学业要求:①能用化学用语正确表示水的电离平衡;②能从电离、化学平衡的角度分析溶液的性质,如酸碱性;③能综合运用离子反应、化学平衡原理分析和解决有关电解质溶液的实际问题。

2. 教材内容分析

本节课的学习内容为第三章"水溶液中的离子平衡"的第二节"水的电离和溶液酸碱性"。在第一节学习中,我们认识了弱电解质的电离。本节内容在第一节内容的基础上进行推进,介绍了水的电离、水的离子积和影响水电离的因素,并和初中学习过的pH 的相关知识进行衔接和过渡,使学生从本质上理解溶液的酸碱性和 pH 值。

本节课的内容实际上是应用了第二章"化学平衡原理",探讨了水溶液中离子间的相互作用,内容丰富,理论与实际、知识与技能兼有之;水的电离是对第一节"弱电解质的电离"的延续,它的电离过程的分析体现了化学理论的指导意义,也为第三节"盐类的水解、难溶电解质的溶解平衡"打好了理论基础。

教学目标:

(1)了解水的电离平衡及影响因素。

(2)了解水的离子积并能进行简单计算。

评价目标:

(1)通过水的电离平衡建立及分析影响水的电离平衡移动因素,诊断并发展学生运用化学反应原理解决简单问题的能力。

(2)通过水的离子积常数的推导及应用,诊断并发展学生理解离子积常数和电离平衡常数的能力。

教学重点:水的电离平衡及影响因素。

教学难点:有关 K_W 的计算。

三、基于认知模型的教学设计

1. 教学设计

根据认知模型理论,结合新课标、教材和学生实际,我们设计了基于认知模型建构下的"水的电离"教学思路如图 6-14-2 所示。

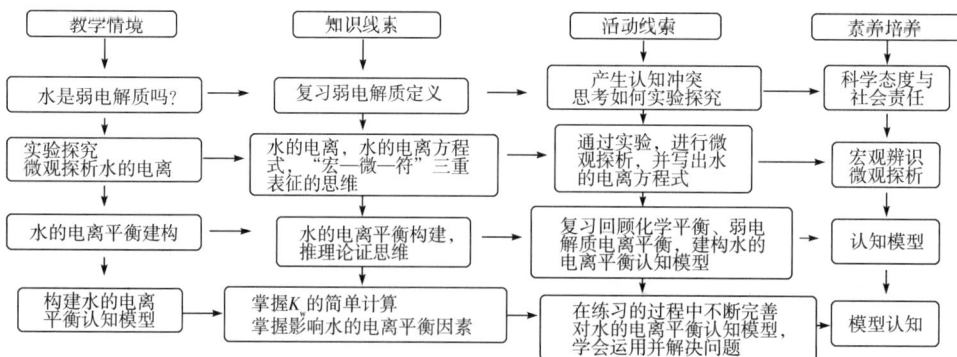

图 6-14-2　基于认知模型建构下的"水的电离"教学思路

2. 教学流程

为更清晰地表达这节课的教学思路,设计了如图 6-14-3 所示的教学流程。

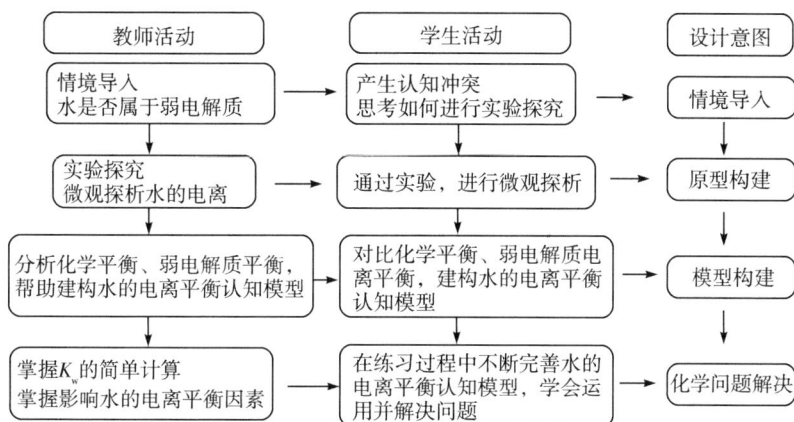

图 6-14-3　"水的电离"教学流程

四、基于认知模型的教学实施

基于认知模型的教学实施如表 6-14-1 所示。

表 6-14-1　基于认知模型的教学实施

教师活动	学生活动	设计意图
（一）创设情境，导入新课（2 min）		
【复习】有哪些物质属于弱电解质？ 【问题】水真的是弱电解质吗？	【思考】我们知道纯水是不导电的，那水是弱电解质吗？	通过与已知知识的冲突，引导学生提出疑问，并引导学生通过实验进行探究
（二）实验探究与微观探析（5 min）		
如何证明水是弱电解质？ 【视频】纯水、食盐水导电实验	观看视频，思考并解释原因	引导学生从宏观、微观视角进行分析，引发学生探究水的电离
【思考】 ①实验现象说明了什么？ ②纯水为什么能导电？	①灯泡很暗。 ②水分子能够电离，但电离程度很弱	引导学生用宏观和微观视角分析与解决问题
【Flash 动画】演示水的电离过程 	通过观看水的电离过程的动画，写出水的电离方程式	诊断并发展学生用化学符号描述电解质电离过程的水平

(续表)

教师活动	学生活动	设计意图
（三）水的电离平衡建构（27 min）		
【板书】1. 水的电离 $H_2O + H_2O \rightleftharpoons H_3O^+ + OH^-$，简写：$H_2O \rightleftharpoons H^+ + OH^-$		
【提问】根据电离方程式，书写水的电离平衡常数表达式	书写电离平衡常数：$K_{电离} = \dfrac{c(H^+) \cdot c(OH^-)}{c(H_2O)}$	诊断学生对前面化学平衡常数、电离平衡常数的掌握情况
【思考】$c(H_2O)$ 可以不写吗？引导学生阅读课本 P45	分析得出室温下，$c(H_2O) = 1 \times 10^{-7}$ mol 可以视为常数	在室温下，水电离前后水的物质的量几乎不变
推导水的离子积常数：$K_W = c(H^+) \cdot c(OH^-)$	学生推导水的离子积常数	学会分析、学会应用
【板书】2. 水的离子积常数 $K_W = c(H^+) \cdot c(OH^-)$		
【思考】认识水的电离平衡常数和离子积常数：$K_{电离}$ 和 K_W	结合前面电离平衡常数得出 K_W 只受温度的影响	通过分析对比，引导学生了解认识 K_W
K_W 是否真的随着温度的升高而增大呢？我们一起阅读课本 P46 的数据表格	学生阅读课本归纳：随着温度的升高，水的离子积常数增大	引导学生看书，学会利用资料，加深对温度影响电离常数的感性认识
小结：①随着温度的升高，水的离子积常数增大；②室温下，K_W 的值为 1.0×10^{-14}		
【问题探究】某温度下纯水中 $c(H^+) = 2 \times 10^{-7}$ mol · L^{-1}，则此时 $c(OH^-) = $ _____，$K_W = $ _____。在此温度下水的电离程度比室温（25 ℃）时要 _____	学生分组讨论，归纳如何利用勒夏特列原理分析影响水的电离平衡的因素	诊断并发展学生对水的电离、K_W 的认识。同时引导学生思考影响水的电离平衡的因素
【过渡】影响水的电离平衡的因素有哪些？		
【板书】3. 探究影响水的电离平衡的因素		

(续表)

教师活动	学生活动	设计意图
【教师分析】通入 HCl 气体，溶液中 $c(H^+)$ 增大，$H_2O \rightleftharpoons H^+ + OH^-$ 平衡向逆反应方向移动，$c(OH^-)$ 减小，水的电离程度减小，而 K_W 只受温度影响，值不变	学生听讲并分析，形成利用勒夏特列原理进行分析影响水的电离平衡因素的解题思路	K_W 随温度升高而增大。 诊断并发展学生利用勒夏特列原理进行分析影响水的电离平衡的因素，并形成解题思路
【过渡】我们还可以利用 K_W 从定量角度进行分析		
通入 HCl 气体 $\to c_{溶液}(H^+)$ 增大，$\to K_W$ 不变 $\to K_W = c(H^+) \cdot c_{溶液}(OH^-) \to c(OH^-) = c_水(OH^-)$ 减少 $\to$ 平衡向逆方向移动	学生听讲并分析，形成从微粒观角度定性、定量分析影响水的电离平衡因素的解题思路	使学生形成微粒观,定性、定量分析影响水的电离平衡因素的认知模型
【模型】外界条件对于平衡影响的分析 $H_2 \rightleftharpoons H^+ + OH^-$ 因　　果　　　　表现 通HCl　$c(H^+)$增大 　　　$K_W=c(H^+) \cdot c(OH)$　平衡逆移 　　　$c(OH^-)$减小　$c(H^+)>c(OH^-)$	学生利用已学知识，分析加入 NaOH 的影响	诊断并发展学生知识迁移中的分析能力和运用"模型认知"解决问题的能力
【师生归纳】影响水的电离平衡的因素：升温，促进水的电离；加酸碱，抑制水的电离		
【思考】计算25 ℃时0.1 mol·L^{-1} 盐酸、NaOH 溶液中各种离子的浓度	学生练习，并加深对 K_W 的认识	通过对具体数据的计算，理解酸碱对水的电离平衡影响，诊断并强化学生对 K_W 的计算能力
【归纳】①K_W 与温度有关，随着温度的升高而逐渐增大。 ②$K_W = 1.0 \times 10^{-14}$不仅适用于纯水(或其他中性溶液)，也适用于酸、碱、盐的稀水溶液		
(四)总结归纳，练习反馈(6 min)		
引导学生回顾本节课所学内容。本节课我们学习了：①水的电离；②水的离子积常数；③影响水的电离平衡因素	学生小结，并形成离子平衡的认知模型	归纳本节课所学内容，并对溶液中的离子平衡形成认识，从三方面着手：离子平衡的构建、离子积常数、影响水的平衡的因素

（续表）

教师活动	学生活动	设计意图
【作业】复习水的电离，思考溶液的酸碱性本质	学生练习	诊断并发展学生对水的电离、水的离子积常数的认识

五、基于认知模型的教学思考

1.重视"宏—微—符"结合,培养学生综合分析和解决问题的能力

在课堂中,推导介绍了水的离子积常数后,我设置了一个问题:在 25 ℃的纯水中, $c(H^+)$ 是多少? 当时教室里一片寂静,学生完全没有头绪,不知道该怎么做? 我就引导他们:"纯水,25 ℃。"学生启而不发。几次提示后,学生依然没有思路,最后我引导学生要利用水的电离方程式后,学生才恍然大悟——纯水中电离出的 $c(H^+) = c(OH^-)$,从而进行计算。在学生观念中对水的认识还是停留在 H_2O 这一化学式上,将微观离子行为和方程式表征意义分割开来,导致生硬记忆方程式,一旦具体分析问题,就不知道该如何应用方程式了。所以,在我们的教学中,我们除了教授本节课的内容时分析建构某一个物质的微观形成,我们还要注重学生微粒观的形成,譬如对水的认识。如果我们在学习了水的电离后,对水的微观认识做一个小结,将水的认识过程用图 6-14-4 的方式表示出来,相信在后面学习盐类水解和沉淀溶解平衡时会更便于认识掌握。

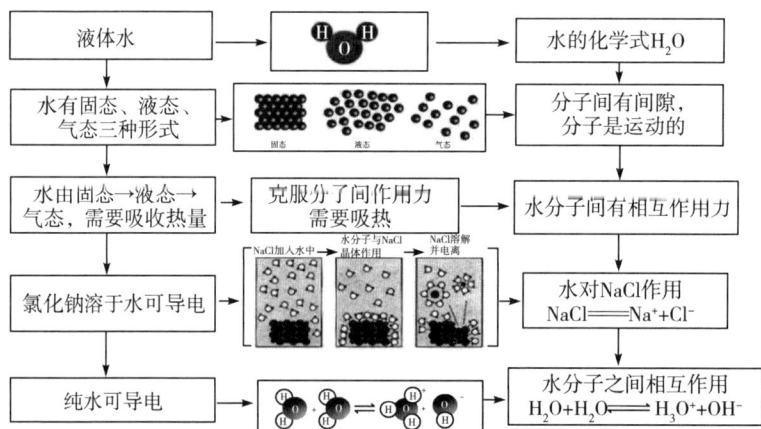

图 6-14-4　水的认识过程

2.实现"教—学—评"一体化,诊断并发展学生的核心素养水平

新课标的一个重要变化就是重视"教—学—评"一体化。化学学习评价包括化学日常学习评价和化学学业成就评价。化学日常学习评价是化学教学不可或缺的有机组成部分,是化学学习评价的一种重要表现形式,是实施"教—学—评"一体化教学的重

要链条。教师应充分认识化学日常学习评价对于促进学生化学学科核心素养发展的重要性，积极探索开展化学日常学习评价的有效途径、方式和策略。提问与点评、练习与作业、复习与考试等是有效开展化学日常学习评价的重要途径和方法。课堂上设计问题的时候，要有深度、广度，既能引发学生思考，也能反映学生的学习情况，以便教师及时做出调整。考查学生的形式多样化，可以通过单独提问、分组讨论、小组评价等。另外，可合理使用导学案。课堂上学生在导学案中进行书写，之后通过同学间相互分享，或者教师拍摄、投影进行全班分享等形式，落实在课堂中的评价。

我们在化学教学中要以立德树人为宗旨，把发展学生的化学学科核心素养落实在课堂教学中。

（该论文发表在《清远教育》2019 年第 5 期）

成果 15　基于核心素养发展的教学设计与实践

——以人教版"油脂"的教学为例

广东省清远市佛冈县教育局教学研究室　陈金锋　　广东省清远市佛冈县佛冈中学　胡昌方

[摘要]在油脂的教学中,为了落实核心素养,更好地发展学生的素养,本文从油脂的教材分析、教学设计、教学实践等方面进行论述,并提出自己的教学思考。

[关键词]核心素养　学科能力　教学设计　教学实践　教学思考

高中化学学科核心素养是高中学生发展核心素养的重要组成部分,是学生综合素质的具体体现,反映了社会主义核心价值观下化学学科育人的基本要求,全面展现了化学课程学习对学生未来发展的重要价值。[1]胡昌方老师在 2018 年 5 月以人教版选修 5 第四章第一节"油脂"教学内容参加清远市第 26 届高中基本功比赛,以总分第二名的成绩获市一等奖。下面以人教版"油脂"的教学为例,浅谈基于核心素养发展的教学设计与实践。

一、基于核心素养的教材分析

1. 研读课程标准,把握素养要求

《普通高中课程标准(2017 年版)》指出,学科核心素养是学科育人价值的集中体现,是学生通过学科学习而逐步形成的正确态度、价值观念、必备品格和关键能力。化学课程的学习内容和学习活动对于学科核心素养的形成和发展具有不可替代的重要作用,王磊教授对新课标与三维目标的解读如图 6-15-1 和图 6-15-2 所示。[40]

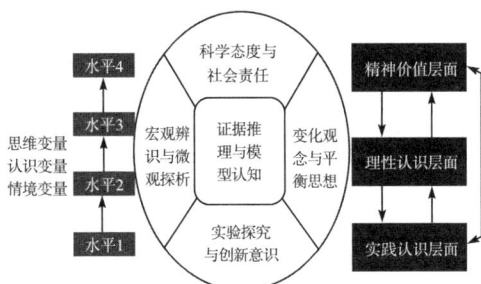

实验探究与创新意识是化学核心素养的实践基础
证据推理与模型认知是化学核心素养的思维核心
宏微结合与变化平衡是化学核心素养的学科特征
科学态度与社会责任是化学核心素养的价值立场

图 6-15-1　化学学科核心素养结构图

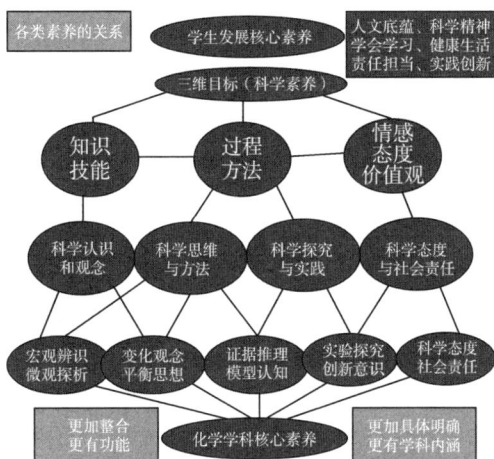

图 6-15-2　化学学科核心素养与三维目标的关系

2. 研究教材内容，落实核心素养

　　油脂是人类重要的营养物质，所以本节的知识与实际的生产、生活有密切的联系。学生通过本节的学习，能够进一步体会、理解化学与生活的关系；提高科学素质，丰富生活常识，有利于他们正确地认识和处理有关饮食营养、卫生健康等日常生活问题；能在乙酸乙酯的基础上进一步掌握有关酯的性质。从学科之间的相互渗透来看，本节是联系生物学、生理学、营养学和医学的重要纽带，其学习的内容与人的生命、社会活动息息相关，学生通过本节的学习，能够认识到这就是"身边的化学""生命的科学"。对照课程标准，得出核心素养、素养标准与教材内容的关系如表 6-15-1 所示。

表6-15-1　核心素养、素养标准与教材内容的关系

核心素养	素养标准	教材内容
宏观辨识与微观探析	能依据物质的微观结构，描述或预测物质的性质和在一定条件下可能发生的化学变化，能评估某种解释或预测的合理性；能从宏观与微观结合的视角对物质及其变化进行分类和表征	从官能团酯基的角度推测油脂的性质，从高级脂肪酸钠的分子角度解释去污的原理
证据推理与模型认知	能从物质及其变化的事实中提取证据，对有关的化学问题提出假设，能依据证明或证伪假设；能识别化学中常见的物质模型和化学反应理论模型，能将化学事实和理论模型之间进行关联和合理匹配	从熟悉的乙酸乙酯的性质推导油脂的性质，能解释工业制肥皂的原理
科学态度与社会责任	具有理论联系实际，有将化学成果应用于生产、生活的意识，能依据实际条件并运用所学的化学知识和方法解决生产、生活中简单的化学问题；在实践中逐步形成节约成本、循环利用、保护环境等观念	工业制取肥皂的流程，油脂的回收，油脂的酸败和保存油脂的作用

二、基于学生发展的教学设计

教学设计应体现"以教师为主导，以学生为主体"的教学理念，关注学生的素养发展。

1. 重视教与学模式变革

学生发展的变革，显然不仅仅是对教学内容的选择和变更，它更是以学习方式和教学模式的变革为保障的。在当下的教学中，知识灌输和技能训练仍然是教学的基本方式，过度关注书本知识，忽略核心素养培养的现象非常普遍。所以，要把以"知识为本"的教学转变为以"核心素养为本"的教学，必须大力推进学习方式和教学模式的改变。从以讲授为中心转变为以学习为中心的课堂来讲，中间的桥梁是"问题化学习"。"问题化学习"让我们看到，所有的教学必须以学生学习为主线去设计，必须让学生的学习过程能够真实发生并且展开。

学科活动是教与学模式改革的重要途径。在教学中，要大力倡导和精心设计学科活动。学生的学科能力和学科素养在相应的学科活动中形成和发展。学科活动的目的是让学习者的亲身经历与学科知识建立联系。学科活动要体现经验性，让学生通过经验的获得来重构知识；学科活动要体现主体性，尊重学生的主动精神，让学生成为活动的主体，而不是"被活动"；学科活动要体现校本性，应结合不同区域和环境的特点选择资源和组织活动；学科活动要精心设计活动，充分体现活动的教育性，在核心素养的目

标下,结合学科内容和特点设计活动。

2. 遵循学生的注意力集中规律

课堂上,学生注意力的集中是有一定时限的,往往开始时较集中,慢慢随着刺激物的减弱、活动的单调或内容的枯燥等,注意力就会分散,注意力曲线如图 6-15-3 所示。因此我们在进行教学设计时,应避免事倍功半。根据注意力集中规律,可恰当采用实验探究、实验视频、生活情境(图 6-15-4)等方式来吸引学生的注意力。在油脂教学中可以恰当地引入肥皂的制取反应视频或生活情境,吸引学生的注意力,激发学生的兴趣。

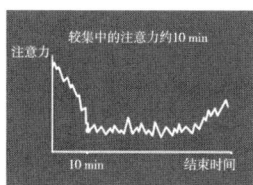

图 6-15-3　**注意力曲线**　　图 6-15-4　**化学与生活**

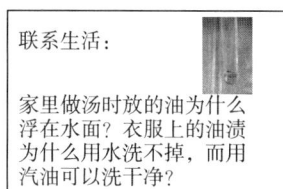

3. 促进素养发展的教学流程

为了落实学生认识素养发展,我们设计了促进学生素养发展的油脂教学流程与教学思路如图 6-15-5 所示。

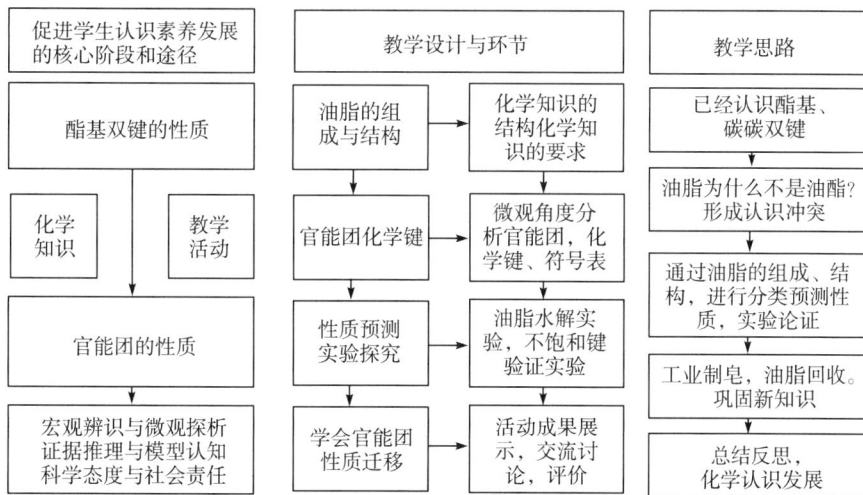

图 6-15-5　**促进学生素养发展的油脂教学流程与教学思路**

三、基于学科能力的教学实践

化学学科能力是化学核心素养的核心,是学生发展核心素养的重要组成部分,是学科课程教学实现立德树人教育目标的基本要求和必要途径,具体包括学习能力、实践能力和创新能力。[10]因此,课堂教学要落实学科能力的培养。"油脂"这一节内容与生活密切相关,如何在课堂上培养学生的化学学科能力,如何通过学习发展学生的学科素养等,是在进行教学设计时应注意的问题。

1. 环节一:巧设情境,问题驱动

亚里士多德说过:"思维由惊奇和问题开始。"如何引入学生感兴趣的话题,充分调动学生的积极性至关重要。以"用餐过程中,不小心让衣服沾了油渍"的小故事引入,展示弄脏的衣物,提问同学们应该如何去除衣物上的油污。展示洗衣液的广告,并且提出驱动性问题:如何用化学知识解释去污原理(图6-15-6)?

> 这样有利于吸引学生的注意力,调动学生的积极性,激发学生的求知欲和学习兴趣。同时引入本节课的主题

问题:用化学知识解释去污原理

图 6-15-6　提出驱动性问题

2. 环节二:核心观念,落到实处

通过教学中设置的任务完成对化学核心知识(即结构、性质、用途)的学习,从而发展核心素养,该过程如图6-15-7所示。

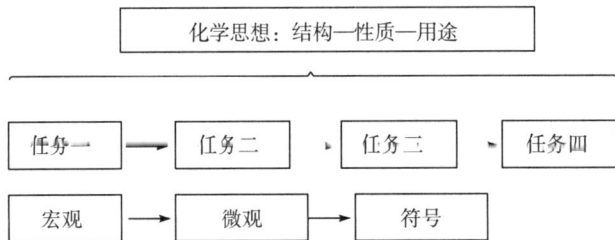

图 6-15-7　发展核心素养的过程

学习核心知识实现核心素养的发展,是核心观念落地的重要途径。把核心知识分解成若干个学习任务,每个学习任务分成若干问题,通过问题驱动引领学生认知进阶,发展核心素养,培养核心观念。具体内容如表6-15-2所示。

表6-15-2　以任务为驱动的素养发展

任务驱动	实验探究	知识线路	素养发展
任务一：家里做的汤，油为什么浮在水面？衣服上的油渍为什么用水洗不掉，而用汽油可以洗掉？	向装有2 mL花生油的2支试管中分别加入2 mL的水和汽油并振荡，对比实验现象	油脂的物理性质	宏观辨识与微观探析
任务二：我们日常食用的猪油、花生油等和用来做燃料的汽油、柴油是否为同类物质？	观察花生油和汽油	油脂的组成和结构，油脂的分类	
任务三：根据油脂的结构预测性质，回顾乙酸乙酯的性质，通过实验验证油脂的化学性质	①在3支试管中各加入2 mL花生油，分别加入10滴氢氧化钠溶液、10滴稀硫酸、10滴水，热水浴3 min，振荡对比；②分别加入2 mL花生油于2支试管中，一支加入5滴溴水并振荡，一支加入5滴高锰酸钾溶液并振荡	油脂的化学性质	宏观辨识与微观探析，证据推理与模型认知
任务四：如何将油转化为脂肪？如何将"地沟油"变废为宝？油脂的保存	自制肥皂	油脂的用途	科学态度与社会责任

3.环节三：联系实际，实验论证

将学生置身于生产、生活的真实情境中，使之成为主动参与者，实现知识的内化，对学生学科素养的培养有重要的意义。工业上，油脂在碱性条件下的水解称为皂化反应。以"为什么乙酸乙酯的碱性水解不是皂化反应？""为什么工业制取肥皂要在碱性环境而不是酸性环境下？""肥皂为什么可以去污？"等真实问题使学生从已有经验出发，引领学生讨论分析、设计实验、总结交流等，在探究中体会化学知识对生产、生活的贡献，体现化学学科的发展价值。

四、基于核心素养的教学思考

1.教学中要重视学科能力的培养

杨玉琴博士把化学学科能力的核心要素确定为：符号表征能力、实验能力、模型思维能力和定量化能力。教学中应重视学科能力的培养，学科能力的核心要素与教学内容的对应情况如表 6-15-3 所示。

表 6-15-3　学科能力的核心要素与教学内容的对应情况

学科能力的核心要素	教学内容
符号表征能力	油脂的结构、官能团、官能团性质表征
实验能力	油脂性质验证实验
模型思维能力	乙酸乙酯性质模型迁移到油脂性质

2. 教学中要重视发展核心素养

核心素养的形成和提高是一个渐进的过程，并非一蹴而就。我们只有认真解读普通高中课程标准，领悟科学素养的真正内涵，准确把握核心素养的培养原则，积极探究核心素养培养的有效策略，才能通过课堂教学使学生明白化学学科的本质，学会学习，热爱化学，并逐步树立社会责任感。

本节课多次联系生活实际，如实物探究、肥皂的制取、油脂的回收等，理论联系实际，培养学生将化学成果应用于生产、生活的意识，使他们能依据实际条件运用所学的化学知识和方法解决生产、生活中简单的化学问题。

3. 教学中要重视建构认知模型

教学时，课堂上的实验较多，时间紧。为了更好地完成课堂教学，本节课采用了以下两个途径。

（1）建构认知模型：化学的学习中，物质种类繁多，可以采用物质分类的学习方法，尤其是有机物，可以从官能团的角度进行分类，建立官能团性质模型，可以帮助同学们树立独立分析的意识，学会对比，如乙酸乙酯的性质与油脂的性质的对比，培养学生根据物质变化的内在规律做出模型假设的能力，帮助学生建立解决化学问题的基本框架，还能提高课堂效率。

（2）拍摄实验视频：本节课实验内容多，时间紧，可以提前布置实验任务，让同学们拍摄实验视频，相互交流，进行课堂展示、评价。除节约时间外，本节课中有同学发现溴水和花生油的实验现象不明显，是因为色差不大，经过思考讨论，拍摄了碘的淀粉溶液与花生油的反应，效果明显。

化学核心素养的培养，不应是一句空话，而是要在课堂教学实践中不断落实，反复强化。

（该论文于 2018 年 9 月获《中学化学教学参考》编辑部论文评审一等奖）

成果16　核心素养视角下"微粒观与平衡观"的培养

——以人教版选修4"盐类水解"的教学为例①

广东省清远市佛冈县汤塘中学　姚志强

[**摘要**]本文论述了在"盐类水解"教学中常见的误区,并结合课堂教学实际,探讨如何绕开误区,如何进行"微粒观与平衡观"的培养。

[**关键词**]核心素养　微粒观　平衡观　问题驱动　盐类水解

高中化学课程标准提出五个核心素养:宏观辨识与微观探析、变化观念与平衡思想、证据推理与模型认知、科学探究与创新意识、科学态度与社会责任。它们各有侧重,相辅相成。"微粒观与平衡观"最能体现化学学科的特点,是核心素养中的核心。那么,在盐类水解的教学中如何才能抓住这个核心呢? 下面以人教版选修4"盐类水解"的教学为例来谈谈具体的做法。

一、分析教材,把握核心要求

1. 核心素养

北京师范大学的王磊教授提出化学核心素养与三维目标的关系,如图6-16-1所示。

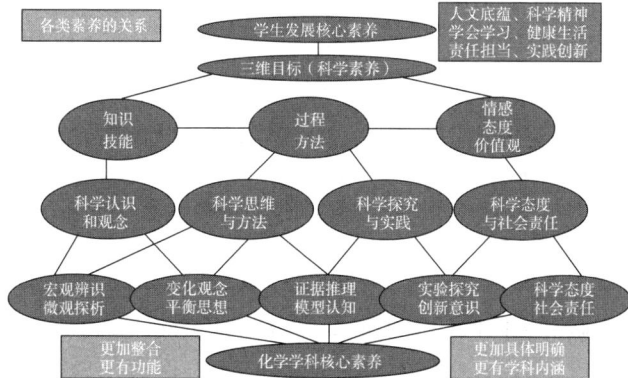

图6-16-1　化学核心素养与三维目标的关系

---

① 广东省教育科研"十三五"课题"微观化学认知过程及教学策略的研究"(2018YQJK342)的研究成果之一。

2.教材分析

当某些盐进入水中,盐电离产生的弱酸根离子(或弱碱阳离子)能够与H^+(或OH^-)结合生成弱电解质,破坏水的平衡,使溶液呈碱性(或酸性),这种盐与水的反应叫盐的水解。"盐类水解"一课包括盐类水解的概念、实质、水解规律、水解方程式书写及水解的应用等,属于化学平衡体系中液相平衡的一种,它是高中化学中培养学生核心素养的重要内容。人教版教材的编排设计思路很清晰:从实验中找规律—究原因中求本质—谈变化中寻应用。教材这样编写也存在一定的缺陷:从实验现象中分析找出盐溶液呈酸碱性的规律占用了比较长的时间,而对盐类水解的本质分析讨论的时间相对较短,不利于学生从微观层面抓住问题的本质。[50]该阶段的学生已经具备基本的"微粒观",即初步掌握了物质的微观构成(分子、原子、离子等)、化学反应的微观含义及符号表征等;学生在高中也学习了"化学平衡移动原理""弱电解质的电离平衡"等,形成了初步的"平衡观"。在此基础上再学习"盐类水解",其重要目的之一就是要强化学生已形成的"微粒观"和"平衡观"。从微观的视角下认识化学平衡,用化学平衡的思想指导认识物质的微观世界。

二、绕开误区,紧扣核心素养

1.常见误区

学生已经知道碳酸钠溶液呈碱性,但不知道原因;也知道Al^{3+}与AlO_2^-和水反应生成$Al(OH)_3$沉淀,但不知道为什么会发生这样的反应,甚至错误地认为是符合复分解反应的条件才发生反应的。学生还学习了化学平衡移动原理和弱电解质的电离平衡,对平衡移动有了初步的了解,但学生对盐类水解的本质还不了解。因此,盐溶液的酸碱性和离子大小问题成了学习的难点,也产生了较多的认知误区。

误区一:电离与盐类水解混淆。学生知道醋酸等弱电解质在水溶液中存在电离平衡,盐类水解在溶液中也存在水解平衡,但不知道引起溶液酸碱性的本质为什么不一样。电离和水解常常相互困扰。

误区二:认为盐类水解程度大。学生在学习盐类水解后,过分夸大了盐类水解的程度,在碰到与盐类水解有关的问题时无从下手,特别是酸式盐如亚硫酸氢钠溶液中离子浓度大小的比较等。

误区三:水解符号表征不规范。例如碳酸钠的水解,在书写水解方程式时,常常把"$\rightleftharpoons$"写成"$=$",把生成物写成CO_2标上"↑",水解两步写成一步完成等。

2.教学目标

（1）通过"宏观（实验现象、真实经验）—微观（微粒组成、微粒间相互作用）—符号（水解方程式）—图表（水解平衡图象）"四重表征建立盐类水解概念及水解平衡概念。

（2）结合数据感受盐类水解的程度，从定性和定量两个层次认识盐类水解。

（3）能够运用盐类水解原理判断盐溶液的酸碱性，掌握盐溶液酸碱性与盐的组成之间的关系。

（4）建立水溶液微观组成分析的思维模型，能分析简单盐溶液中存在的微粒种类及其浓度的相对大小。

3.设计思路

（1）教学主线如图 6-16-2 所示。

盐溶液酸碱性（现象）→溶液酸碱性原因（寻因）→盐溶液微观粒子（析因）→盐溶液酸碱性（现象）→弱离子的水解及应用（本质）

图 6-16-2　教学主线

（2）教学过程如图 6-16-3 所示。

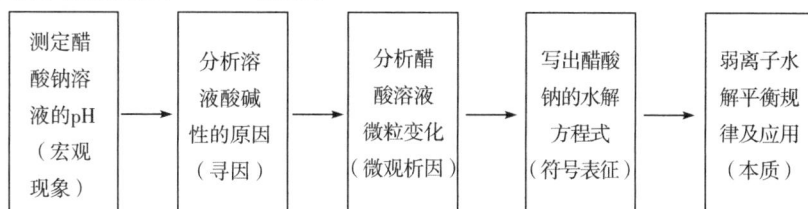

测定醋酸钠溶液的 pH（宏观现象）→分析溶液酸碱性的原因（寻因）→分析醋酸溶液微粒变化（微观析因）→写出醋酸钠的水解方程式（符号表征）→弱离子水解平衡规律及应用（本质）

图 6-16-3　教学过程

（3）模型认知。

①以 $0.1\ mol \cdot L^{-1}$ CH_3COONa 溶液为例，分析溶液中分子、离子存在的形式，溶液中离子可能会发生的反应，对水电离造成的影响，造成溶液中酸碱性的结果。

②测出 $0.1\ mol \cdot L^{-1}$ 的 NH_4Cl 溶液的 pH 约为 5，即 H^+ 的浓度为 $0.000\ 01\ mol \cdot L^{-1}$，求水解的 NH_4^+ 约占总量的百分比。

③建立如图 6-16-4 的模型认知，水解从定性到定量，对"盐类水解是微弱的"加深认识。

宏观现象 → 微观组成 → 符号表征 → 解释现象

图 6-16-4　模型认知

三、问题驱动，促进微观认知

1.问题驱动

美国得克萨斯大学教育学院教授、《有效教学方法》的作者加里·鲍里奇

（Gary D. Borich）认为，有效问题是那些学生能够积极组织回答并因此而积极参与学习过程的问题。[44]简单地说，就是指能唤起学生高级思维活动的问题，它能引导学生积极思考，互相探讨，从而能让学生积极参与学习和发展学生潜能。它符合苏联教育家维果茨基提出的"最近发展区理论"和皮亚杰(J. Piaget)提出的"建构主义理论"。

2. 教学片段 1：创设情境

活动 1：利用 pH 试纸，分别测定常温下 $0.1\ mol \cdot L^{-1}\ CH_3COOH$ 和 CH_3COONa 溶液的 pH，以及 $0.1\ mol \cdot L^{-1}\ NH_4Cl$ 溶液的 pH。（这 3 种溶液的 pH 分别为 3、8、5）。

问题 1：为什么 $0.1\ mol \cdot L^{-1}\ CH_3COOH$ 溶液显酸性？

学生：CH_3COOH 是酸，在溶液中能电离出 H^+。

教师：引导学生使用 CH_3COOH 的电离方程式，$CH_3COOH \rightleftharpoons CH_3COO^- + H^+$，分析 $c(H^+)$ 的变化（图6-16-5）。

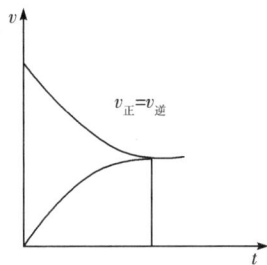
图 6-16-5　　$c(H^+)$的变化

3. 教学片段 2：微观析因

问题 2：为什么 $0.1\ mol \cdot L^{-1}\ CH_3COONa$ 盐溶液显碱性，$0.1\ mol \cdot L^{-1}\ NH_4Cl$ 盐溶液显酸性？请以 $0.1\ mol \cdot L^{-1}\ CH_3COONa$ 盐溶液为例，分析溶液中的微观粒子及其变化。

教师：引导学生分析，CH_3COONa 溶于水后溶液中的微观粒子有 CH_3COO^-、Na^+、H^+、OH^-、H_2O，由于 CH_3COO^- 与 H^+ 结合生成弱电解质 CH_3COOH，破坏了水的电离平衡，使 $c(H^+) < c(OH^-)$，溶液呈碱性。

活动 2：实验测得 $0.1\ mol \cdot L^{-1}$ 的 NH_4Cl 溶液 pH 约为 5，请参照表6-16-1的思维程序进行分析。

表 6-16-1　　思维程序分析

分析程序	分析结果
第一步：单独分析溶剂、溶质的类型，电离及平衡情况	
第二步：综合分析微粒的相互作用，对原平衡的影响	
第三步：定量分析建立新平衡后微粒的种类、浓度	

请参照图6-16-6的思维程序进行分析，在图6-16-7中画出平衡时 NH_4Cl 溶液中各种离子的浓度。

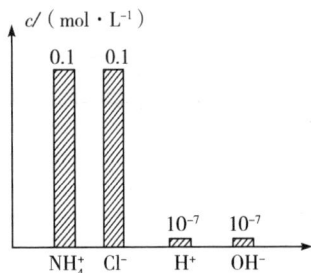
图6-16-6　开始时 NH_4Cl 溶液中各种离子的浓度

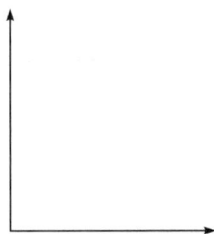
图6-16-7　平衡时 NH_4Cl_2 溶液中各种离子的浓度

4.教学片段3:思维拓展

活动3:

(1)运用上述分析思路预测表6-16-2中几种盐溶液的酸碱性。

表6-16-2　几种盐溶液的酸碱性

盐溶液	$(NH_4)_2SO_4$	Na_2CO_3	Na_2SO_4	$FeCl_3$	$NaClO$	NaF	$CuSO_4$	Na_2S
酸碱性								

(2)按预测溶液的酸碱性对这些盐进行分类,概括同一类盐的组成特点。

(3)分组实验,验证预测。

(4)归纳概括盐类水解的规律。

5.教学片段4:能力提升

(1)分别书写 NaF、CH_3COONa、NaClO 水解平衡常数(K_h)的表达式。

(2)分析体会表6-16-3中的数据,你有何发现? 请做出解释。

表6-16-3　几种盐溶液的水解、电离平衡常数

水解平衡常数			电离平衡常数		
NaF	CH_3COONa	NaClO	HF	CH_3COOH	HClO
1.5×10^{-11}	5.7×10^{-10}	3.1×10^{-7}	6.6×10^{-4}	1.74×10^{-5}	3.2×10^{-8}

6.归纳

①越弱越水解;②一般情况下 K_h 与 K_a 的大小关系;③相应的盐的 K_h 与弱酸 K_a 的乘积的关系;④检验弱酸酸性强弱的特殊方法;等等。

四、反思教学

1.盐类水解是微弱的反应

盐类水解是一个动态平衡,水解是微弱的。盐类水解适当引入溶液中的"三守恒"(物料守恒、电荷守恒、质子守恒),有利于宏观地理解和把握盐类水解,有利于从定性到定量分析,有利于核心素养中"微粒观"和"平衡观"的形成。

2.盐类水解能促进水电离吗?

乌鲁木齐的隆双河老师查阅了国内外大学有关化学的书认为,常温下水电离的 $c(H^+) = c(OH^-) = 1 \times 10^{-7}$ mol·L^{-1},电离出的 H^+、OH^- 数量非常少,相当于 1×10^9 个水分子才有 1 个 H^+ 和 1 个 OH^-,水大部分是以水分子存在的;从碰撞理论分析,盐溶解产生的离子应与水分子结合形成水合离子,然后水合离子再电离产生 H^+ 或 OH^-,使盐溶液呈酸性或碱性。[51]由于学生的认知水平有限,教材把盐类水解的原因进行简单化处理,目的是降低学生学习化学的难度,有利于学生对化学的学习,也符合学生的认知发展规律。

(该论文获 2018 年广东省教育学会化学学术年会论文成果二等奖)

成果17 微观思维障碍的教学策略研究

——以"离子反应"的教学为例

广东省清远市佛冈县佛冈中学 黄文婷

[摘要]微观揭示了事物一般的、本质的、深层次的特征与联系,用微观思维解释宏观现象,可以使原本复杂的宏观知识变得条理清晰有序。本文从"离子反应"纵向调查学生对"微观"化学的认知情况,研究学生对"微观"化学的认知规律,总结出相应的教学策略,帮助学生解决在"微观"化学学习中遇到的困难,构建化学"微观"认知模型。

[关键词]微观 思维障碍 离子反应 教学策略

一、学生微观学习存在思维障碍的原因

《普通高中化学课程标准(2017年版)》提出的化学学科核心素养中的"宏观辨识与微观探析"是让学生能从元素、原子和分子水平认识物质的组成、结构、性质和变化,形成"结构决定性质"的观念,能从宏观和微观相结合的视角分析与解决实际问题。但是,高中学生对微观知识的学习欠缺一定的方法,存在一定的认知障碍。在初中阶段,很多学生学习化学的方法是以记忆为主,并且能收到一定的效果。到了高中阶段后,很多同学仍然采用初中的这种学习方法,发现高中化学知识难以理解。追溯本质,他们只是对高中化学知识进行了浅层记忆和认识。很多高一学生在化学的微观思维构建过程中不能够找到适合自己并且行之有效的学习方法。在化学学习中,他们是被动的接受者,并不能把一些知识点内化成自身的东西,更多的是通过记忆加强对知识点的了解,对知识的认识是肤浅的、表面的,学生不善于用微观思维来解决问题;对于分子、原子、离子之间的相互变化与相互作用,物质反应的中微观粒子的变化,并不能完全掌握;对整个微观体系的学习并不能贯穿起来;在遇到问题时,不能借助微观思维来解答。

二、研究过程

"宏观辨识与微观探析"是最基础的化学学科核心素养,也是学习化学最根本的素

养。为学生搭起微观与宏观的桥梁,是我们化学教学的根本。本次研究以本校 2018 年与 2019 年的高一年级学生为研究对象,将他们对同一道题的答题情况进行纵向抽样调查分析。抽样方式:2018 年从全年级中抽取样品 100 份,2019 年从本人任教的平衡班中抽取样品 100 份。通过 2018 年学生的答题情况,分析学生对微观认知薄弱的地方,进而再调查 2019 年改变了教学策略后学生的答题情况,了解学生接受知识、理解与掌握知识的情况。

【调查的题目】试画出稀盐酸和氢氧化钠溶液反应后粒子在溶液中存在的微观示意图。

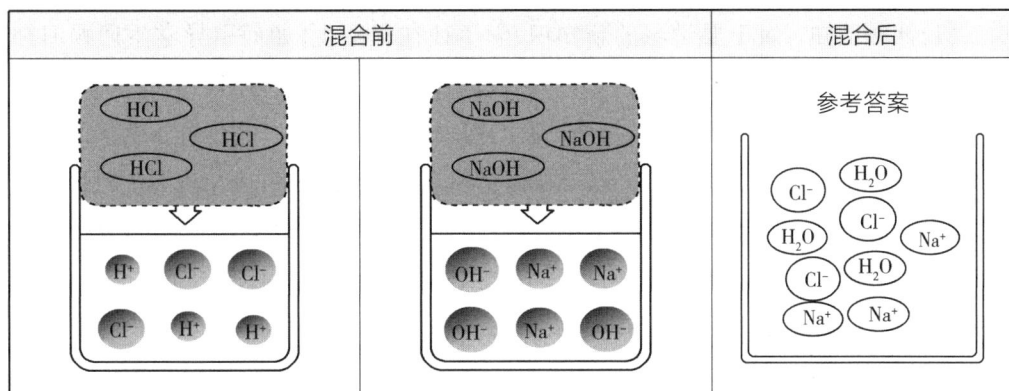

1. 学生微观认知障碍的分析

离子反应是高中研究溶液中微粒行为的基础,通过让学生画离子之间反应后微粒的存在形式,考查学生对电离的认识以及对离子在溶液中相互反应的了解,反映出学生对于离子反应的实质、离子反应的条件以及离子共存问题的掌握程度。除此之外,本题还隐藏着守恒定律的考查,考查学生对离子守恒的认识。

2018 年学生的答题结果:这些学生中有将近半数(45%)的学生答题空中空白,只有 2 个学生的答案完全正确。剩余学生的答案基本上都是错误的,如图 6-17-1 所示。从学生答题情况可以分析得知,学生对这道题的微观认知存在的问题有:①近半数学生答题空中空白,表明该部分学生不理解氢氧化钠与盐酸反应的客观事实,也不会用化学方程式表示这个反应,缺少宏观与微观联系的思维桥梁,对于溶液中的离子反应,没有形成空间思维,甚至不知如何反应;②从学生书写离子符号缺少电荷可知,部分学生对于离子构成物质并不明确;③学生对于溶液中物质的电离并不清晰。

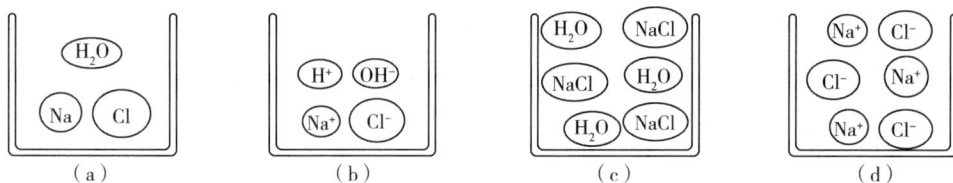

图 6-17-1　2018 年学生的错误答案案例

2. 寻找有效解决学生微观思维障碍的教学策略

针对学生对微观认识暴露出的问题,在"离子反应"新课的教学上,本人尝试了以下的一些教学策略。

(1)回顾旧知。对于要学习的新知识,学生往往很陌生,如何引导学生回顾旧知识,梳理新知识,使知识系统、完整,是教师在教学过程中应注意的问题。回顾旧知,就是寻找相关知识联系的过程,让学生从已有的初中知识出发,进一步提升学生掌握新知识的能力,把对知识的理解做一个升华的继续学习。教学过程中,应注重离子的正确书写、微观认识,也可从方程式入手。如本题,可先写出本反应的化学方程式,再分析生成物在溶液中的存在形式,加深学生对溶液中微粒行为的认识。根据本班学生的特点,还应更多关注气体、沉淀、水等。

(2)模型教学。微观世界中,粒子看不见也摸不着,如何向学生表达微粒"模样"呢? 通过建立微观模型,利用模型进行教学,让学生对微粒可视化,辅助学生构建微观思维,形成对离子反应过程的清晰认识,让学生建立起守恒观。离子反应教学过程中让学生学会分析离子反应前、反应过程中与反应后的微观粒子情况,通过学生自主画图或通过计算机模拟 Flash 动画展示,让学生构建分子、原子、离子等微粒的认知模型,指导学生解决微观思维障碍。

(3)深度学习。化学学科的深度学习指的是在教师引领下,学生围绕具有挑战性的学习主题,开展以化学实验为主的多种探究活动,从宏微结合、变化守恒的视角,运用证据推理与模型认知的思维方式,解决综合复杂的问题,获得结构化的化学核心知识。[52]本节通过画微观图,深入分析物质在溶液中"溶解→电离→阴阳离子吸引→离子反应→脱离体系"这一系统过程。教学中,本人通过分析离子反应的整个过程,整理与小结之后,让学生对微粒在溶液中的行为做出详细的分析与反思,从而掌握离子反应的本质。

在"离子反应"新课中,通过上述的教学策略完成教学后,本人从任教的平衡班中进行了调查,从抽取的 100 份样品来看,本次学生的答题结果反映出学生的掌握情况有明显的进步,没有空白卷,有 24 位同学的答案完全正确。从图 6-17-2 的情况看,实施新的教学策略后,学生对本反应有了本质上的认识,对守恒观有了更深的理解,也基本上能了解离子反应的过程。由于学生对微观世界认识不深刻,学生对于用正确的化学符号表示微粒也是较为困难的,如学生从初中的离子书写到高中的离子化合物书写。在本次调查中也发现,从学生对离子符号的书写来看,此次参与调查的学生比之前的学生在规范用语方面进步很大,规范使用化学用语是重要的化学学科素养,是化学学科必备的基础知识。

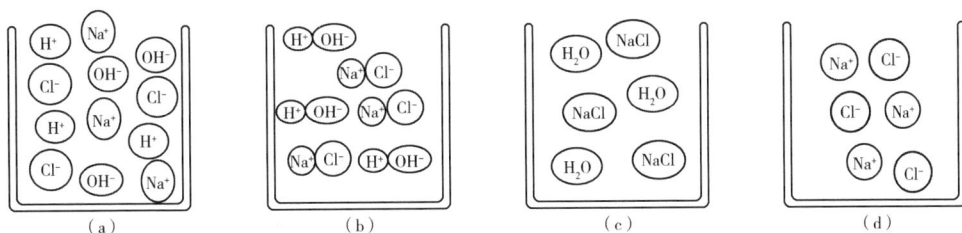

图 6-17-2 2019 年学生的错误答案案例

三、结语

影响学生微观思维障碍的原因有很多,在高中课程教学中,需要引导学生在初中已有知识的基础上进行深入思考,并将已有知识应用并迁移到新的知识点中,慢慢过渡,层层深入,让学生易于理解新知识。虽然微观世界不可视,但是我们可以帮助学生从宏观出发,通过不同的维度引发学生深入分析与思考,并借助现代化技术,将微观粒子可视化。教学过程中,利用模型教学,可以培养学生的实践动手能力,让学生在学习过程中体验、感悟微观与宏观的关系。借助模型帮助学生建立宏观与微观的桥梁,突破教学难点,强化教学重点,帮助学生建立了正确的微粒观。学生科学素养的提高是不可能仅仅依靠一种形式化的教学来实现的,必须坚持在教学的点点滴滴中,必须坚持在每节课的教学设计中。

(该论文获 2020 年广东省教育学会中学化学学术年会论文成果二等奖)

成果18 基于"具身认知"提升学生解决问题的能力

——以"物质的量"的教学为例

广东省清远市佛冈县佛冈中学 冯丹平

[摘要]"物质的量"贯穿整个高中化学阶段的计算,属于高中化学的核心知识。但"物质的量"太抽象,学生难以接受和理解。本文在教学过程中充分利用学生已有的物质微观构成、相对原子质量等概念作为生长点,让学生通过"具身认知理论"指导下设计的活动,结合问题解决的思想,自主建构生成"物质的量、阿伏伽德罗常数、摩尔质量"等概念,并构建概念图协助理解各概念间的关系,从而突破"物质的量"这一教学难点。

[关键词]物质的量 具身认知 问题解决 构建概念图

一、设计依据

1. 具身认知理论

叶浩生教授认为具身认知的中心含义是指身体在认知过程中发挥着关键作用,通过身体的体验及活动方式而形成的认知是具身的。其含义可以从三方面理解:第一,认知过程的进行方式和步骤实际上是被身体的物理属性所决定的人的感知能力,例如知觉的广度、可感知的极限等都是由身体的物理属性决定的。第二,认知的内容也是身体提供的。吉布斯(Gibbs)指出:"人们对身体的主观感受和身体在活动中的体验为语言和思想部分地提供了基础内容。"第三,认知是具身的,而身体是嵌入环境的。认知、身体和环境组成了一个动态的统一体。[53]

2. 问题解决

问题解决是伴随终身的学习能力。就教学而言,这是一种贯穿教学始终的教学实践与教学方法。所谓问题解决,是师生基于真实生活问题情境,通过科学探究和协作沟通,共享问题解决方案,共同理解任务,交流观念和思想,实现由当前目标状态达到预期目标状态这一转变的探究活动。问题解决是要引导学生像学科专家或者科学家那样去思考和解决问题。

3.构建概念图

构建概念图是一种能促进学生思维发展和创造性学习的教学方法,目的是使学生学会学习。学生通过体会、揣摩化学概念间的异同,丰富知识结构,甚至产生一些创新的思维。认知心理学家安德森认为,精致是一种很好的记忆和掌握知识的模式。可以从两个方面来理解:第一,精致能够帮助个体推论出自己实际上已不再记得的信息;第二,精致给记忆提供提取路径。而概念图可以看作一种"精致结构"。[54]

二、教学实施

1.任务一:重温"量"的概念,做好初高中知识衔接的准备

(1)活动1。

①让学生拿一小块木炭(也可以每小组一小块,质量最好称取 12 g)把玩,用手捏碎,感受。

②提出问题:同学们,根据你的认识,请从各种"量"的角度描述你们手中的木炭,并整理出这些"量"之间的联系。

(2)设计意图。

①具身认知。让学生玩木炭,目的是创设一个情境让学生亲身感受物质这个整体是由个体而组成的,对"量"的关系有一个亲身的体验;选择木炭的另一个原因是"物质的量"这个物理量定义的 1 mol 的粒子的数目与 0.012 kg ^{12}C 中所含的碳原子数目相同。

②问题解决。提出的问题,目的是让学生从已有的知识做出表达——如果从整体的思维出发可以描述的量有:木炭的总质量($m_总$),木炭的总原子数目($N_总$);如果从个体的思维出发可以描述的量有:一个碳原子的质量 $m_个$。

③构建概念图(图 6-18-1、图 6-18-2)。

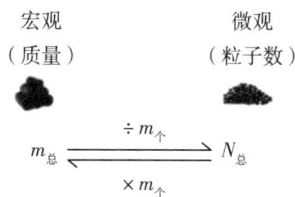

图 6-18-1　概念图 1

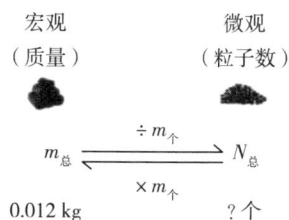

图 6-18-2　概念图 2

2. 任务二:构建"物质的量"的概念

(1) 活动2。

①指着同学们手上的木炭,提出问题:同学们知道自己手上的木炭有多少个碳原子吗?(已知:如图 6-18-2 中的木炭质量为 12 g 即 0.012 kg,1 个碳原子的质量大约为 1.993×10^{-26} kg。)

②感受数据,进行思考:已知木炭燃烧的化学方程式,阅读表 6-18-1,你想到了什么?(已知:1 个碳原子的质量大约为 1.993×10^{-26} kg,1 个氧分子的质量大约为 5.316×10^{-26} kg,1 个二氧化碳分子的质量大约为 7.309×10^{-26} kg,根据计算得出表 6-18-1 中的数据。)

表 6-18-1 科学实验数据

化学方程式		$C + O_2 \xrightarrow{\text{点燃}} CO_2$		
		^{12}C	O_2	CO_2
宏观意义	物质的质量(m)	12 g	32 g	44 g
微观意义	原子或者分子的数目(N)	大约 6.02×10^{23} 个碳原子	大约 6.02×10^{23} 个氧分子	大约 6.02×10^{23} 个二氧化碳分子

③提出问题:能否把"6.02×10^{23} 个"这个数目表达为"1 mol"?

(2) 设计意图。

①问题解决。从数据中学生不难看出各物质之间的粒子个数比等于1:1:1,这个比值刚好跟方程式中的化学计量数之比是一致的。如此情况下,提出问题讨论:为了方便使用,简化数目,能否把"6.02×10^{23} 个"这个数目表达为"1 mol"(图 6-18-4),然后引出"mol(摩尔)"这个单位,6.02×10^{23} 个粒子就表示为"1 mol(读作 1 摩尔)粒子",并引入"物质的量(符号为 n)"这个概念。

②补充概念图(图 6-18-3、图 6-18-4)。

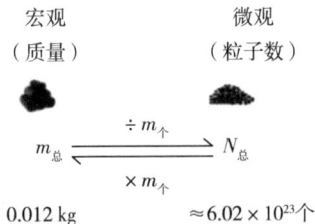

图 6-18-3 概念图 3

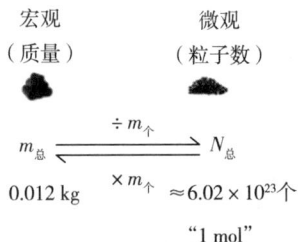

图 6-18-4 概念图 4

3. 任务三:引出"阿伏伽德罗常数"的概念

(1) 活动3。

陈述:1 mol 粒子集合体所含的粒子数为 6.02×10^{23}。人们为了纪念意大利化学家阿伏伽德罗做出的贡献,把这个常数称为"阿伏伽德罗常数(符号为 N_A)"。

（2）设计意图。

本概念是为了纪念某位做出贡献的科学家命名的,因此简单说明就好。

4.任务四:引出"摩尔质量"的概念

（1）活动4。

①指导学生观察表6-18-2。

表6-18-2　物质的量与物质的质量

物质	物质的量(n)/mol	物质的质量(m)/g
C	1	12
O_2	1	32
CO_2	1	44

②提出问题:通过上表的数据,同学们觉得 1 mol 物质的质量这个"数值"眼熟吗?

（2）设计意图。

问题解决。学生通过观察,不难得出 1 mol 物质的质量以克为单位,其数值与该粒子的相对原子质量或相对分子质量是相等的。接着引出"摩尔质量"的概念,并展示表6-18-3。

表6-18-3　几种物质各个量的数据

粒子	物质的量(n)/mol	物质的质量(m)/g	相对原子质量或相对分子质量	摩尔质量(M)/(g·mol^{-1})
C	1	12	12	12
O_2	1	32	32	32
CO_2	1	44	44	44

5.任务五:理清物质的质量(m)、微粒数(N)、物质的量(n)、阿伏伽德罗常数(N_A)、摩尔质量(M)间的关系

（1）活动5。

①弄懂 m、N、n、N_A、M 的含义及相互之间的关系,并填写表6-18-4。

表6-18-4　m、N、n、N_A、M 相互之间的关系

粒子	物质的质量(m)/g	粒子总数(N)	物质的量(n)/mol	阿伏伽德罗常数(N_A)	摩尔质量(M)/(g·mol^{-1})
H_2O	27				
Na^+		1.204×10^{23}			

②试用概念图的形式表达 m、N、n、N_A、M 之间的相互转化关系。

（2）设计意图。

①具身认知。学生通过实践计算,明白哪些量(N_A、M)是可以当作已知条件来使

用的,哪些量(n)是可以作为中间媒介把其他量(m、N)联系起来的,从而弄懂各个量的含义及联系,在头脑中建立各个量之间的关系网。

②构建概念图(图 6-18-5、图 6-18-6)。

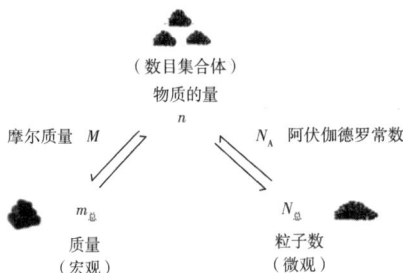

图 6-18-5　概念图 5　　　　图 6-18-6　概念图 6

三、教学启示

1.通过"具身认知"设计活动,搭建"宏—微"观念的途径

对于宏观现象的观察,学生是容易把握的,但对于微观粒子的想象和对于微观粒子相关概念的理解,学生是感到困难的,因为在他们的头脑中对微观粒子没有一个具体形态的认知,所以感觉很难想象。因此,在"物质的量"教学中,为了让学生建立起"宏—微"之间的联系,让学生通过观察木炭,感受木炭宏观的形态(整体),再让学生捏碎木炭,感受木炭微观的形态(个体),为学生搭建感受"宏—微"之间联系的桥梁。

2.通过"具身认知"设计活动,培养学生深度思考的能力

通过"具身认知"理论设计活动,让学生亲身参与活动,亲身体会物质本身的特点和变化,在参与活动的过程中去体会,在头脑中自发地建立和形成粒子的形态。如本节课中的"物质的量"这个概念,在以往的教学中发现,学生在课堂上可以对有关物质的量的相关计算像平时学数学公式一样代入数字进行运算,过一段时间后多数学生基本上就想不起怎么算,又或者思考得很慢。但学生通过手触摸木炭,自身的神经会告诉他自己木炭是可分的,形成由整到散和由表及里这样的思维,培养学生深度思考的能力。

3.通过"具身认知"设计活动,培养学生可持续发展的能力

教学应该是一种身心参与的生命活动,学生带着自己的身心在学习,通过教学这一途径使得学生的生命富有价值和意义。通过"具身认知"理论设计活动,就是让学生身心参与到学习中,掌握学习的方法,体会学习的乐趣,明白学习的价值,使自己成为一个可持续发展的人。

(该论文发表于《中学化学教学参考》2021 年 8 月下半月)

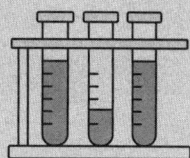

第七章 素养为本的微观化学教学设计

案例 1　水的组成

广东省清远市佛冈县教育局教学研究室　陈金锋

课题	水的组成	课型	新授课
教材版本	科粤版	设计者	陈金锋

一、教学设计理念

（一）理论依据

SOLO 分类评价理论是香港大学教育心理学教授比格斯（J. B. Biggs）以皮亚杰认知发展阶段论为基础首创的一种学生学业评价方法，用于描述学生的学习发展，是一种以等级描述为特征的质性评价方法。 "SOLO"是英文"Structure of the Observed Learning Outcome"的缩写，意为可观察的学习结果的结构。 根据 SOLO 分类评价理论，比格斯把学生对某个问题的学习结果由低到高划分为五个层次[55]：前结构、单点结构、多点结构、关联结构和抽象拓展结构。 这是一个由简单到复杂的层次类型，简单来说就是"点—线—面—立体—系统"的发展过程，思维结构越复杂，思维能力的层次也就越高。

分类评价层次	具体表现	结构模型
前结构	学生基本上无法理解问题和解决问题，或被材料中的无关内容误导，回答问题逻辑混乱或同义反复	
单点结构	学生在回答问题时，只能涉及单一的要点，找到一个解决问题的线索，就立即跳到结论上去	
多点结构	学生在回答问题时能联系多个孤立要点，但这些要点是相互孤立的，彼此之间并无关联，未形成相关问题的知识网络	
关联结构	学生在回答问题时能够联想问题的多个要点，并能将这多个要点联系起来，整合成一个连贯一致的整体，说明学生真正理解了这个问题	
抽象拓展结构	学生在回答问题时能进行抽象概括，从理论的高度分析问题，而且能够深化问题，使问题本身的意义得到拓展	

（二）设计思路

根据课程标准，确立以下设计思路：

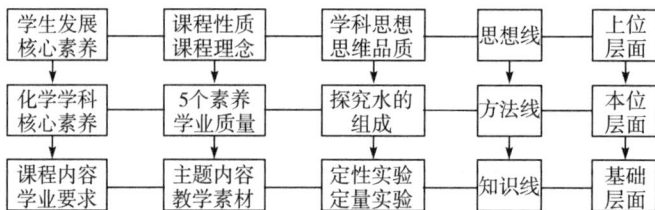

学生发展核心素养	课程性质课程理念	学科思想思维品质	思想线	上位层面
化学学科核心素养	5个素养学业质量	探究水的组成	方法线	本位层面
课程内容学业要求	主题内容教学素材	定性实验定量实验	知识线	基础层面

二、教学内容分析

（一）课标分析

从课标要求看，"水的组成"与主题 1 至主题 5 都有着联系，[26] 与化学核心观念的形成有着密切关联。[56]

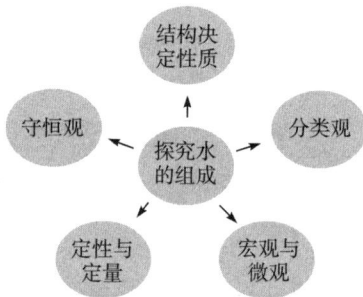

（二）内容分析

1.认识角度：从没角度到单一角度，再到多角度

初中化学教材首先学习学生比较熟悉的空气（没角度），然后学习氧气（单一角度）的性质及制法，当学生具备一定的基础和探究能力后再探究水的组成（多角度）。

2.认识模型：从具体物质的认识到对具体物质的研究

教材内容安排的顺序为：先是简单的空气，到氧气的性质，再到铜在空气中加热变黑的探究实验，然后才到探究水的组成。由简单到复杂，符合学生的认知规律。

3.认识路径

科粤版九年级化学第四章"生命之源——水"，共包含四个课题："我们的水资源""水的组成""质量守恒定律""化学方程式"。本节内容可以分为两部分：第一部分是水的物理性质；第二部分是根据电解水的实验，得出水的宏观组成及微观构成。本节课要正确引导学生从化学角度认识水的组成，从宏观到微观，从具体到抽象，既要缩小学生对化学学科的距离感，又不能超出学生的认知水平

（续表）

三、学情分析
通过对小学科学和初中生物、物理等的学习，学生对空气、氧气、二氧化碳、水等物质的一些物理性质有了零碎的、片面的认识。从九年级开始开启一门全新的学科——化学，学生求知欲旺盛，对化学这门新接触的课程有强烈的好奇心，但又有一些因为认识不足而带来的恐惧。而水是学生在生活中最熟悉的物质，学生会有较大兴趣去探讨和研究
四、教评目标
（一）教学目标 （1）了解水的物理性质。 （2）从宏观、微观、符号等多角度认识水的组成，初步形成微粒观、守恒观、变化观等化学基本观念。 （3）初步学会科学探究的方法。 （二）评价目标 （1）通过阅读课本，认识水的物理性质。 （2）通过电解水实验推断出水是由氢元素和氧元素组成，学会用分解法探究物质组成的方法，培养学生严谨的科学态度和严密的思维方法。 （3）通过师生关于水的组成的宏观与微观的讨论活动，让学生从微观角度认识水分子的构成，培养学生从微观视角认识物质世界
五、重点难点
（1）重点：电解水的实验及根据实验现象分析确定水分子的构成。 （2）难点：用分子、原子的知识解释电解水的过程，即从宏观理解转向微观分析的推理过程
六、教学方法
（一）教法指导 情境导学策略、任务驱动策略、模型建构策略。 （二）学法指导 小组合作学习法、活动导学法、实验探究法

（续表）

七、教学流程

（一）教学流程[57]

（二）课堂教学

教学线索	教师活动	学生活动	设计意图
环节1：温故知新，创设情境导学	（1）尝试把下列物质进行分类：碳、氧化镁、水、氧气、空气、铁，并说出分类的依据。 （2）原子分子论的主要观点是什么？ （3）从水的化学式 H_2O 可以知道水是由氢元素和氧元素组成的，那么，科学家是怎样确定的呢？	（1）混合物：空气；单质：碳、氧气、铁；氧化物：水、氧化镁。 （2）物质是由原子、分子或离子构成的；在化学变化中分子会分成原子，原子再重新组合成新的分子	（1）复习物质的分类知识和原子分子论，为本节探究水的组成打下良好的基础。 （2）从水的化学式 H_2O 创设真实的问题情境，激发学生勇于探究的欲望
环节2：探究水的组成的思路分析	（1）我们要证明水的组成，有哪些思路和方法？ （2）用化合法或分解法，化学家也是这样想的。 化合法：单质1＋单质2＋……→水； 分解法：水→单质1＋单质2＋…… （3）请阅读资料卡，分析用哪种方法分解水更好	学生1：通过氢气在氧气中燃烧，检验生成的产物是不是水，证明水是不是由氢元素和氧元素组成。 学生2：想办法把水分解生成各种单质，再检验分解的产物。 学生3：接学生2所说的方法，将水通直流电	探究物质组成的思路常用分解法和化合法，通过分析探究"水的组成"，让学生学会思考问题，培养学生的分析能力和思考能力

（续表）

	阅读史实1：		
环节3：氢气和氧气反应的研究	1781年，普利斯特里将氢气和空气放在闭口玻璃瓶中，用电火花引爆，发现瓶的内壁有露珠出现。1784年，卡文迪许又用纯氧气代替空气进行试验，不仅证明了氢和氧化合成水，而且确认了大约2体积的氢与1体积的氧恰好化合成水。卡文迪许和普利斯特里都受"燃素说"的影响，对于氢气的燃烧解释为：（水＋燃素）＋（水－燃素)→水	思考与讨论： （1）为什么卡文迪许和普利斯特里在氢气和氧气反应有露珠生成时，没能得出"水是由氢元素和氧元素组成的"这一结论？ （2）如果你是科学家，要想得到"水是由氢元素和氧元素组成的"这个结论，还需要做怎样的实验才更有说服力？	通过卡文迪许和普利斯特里的氢气和氧气反应生成水的事实，引导学生思考为什么他们没能得出"水的组成"的结论，同时提出"怎样做才更有说服力"的问题。培养学生的证据意识和大胆质疑、勇于创新的科学精神
环节4：拉瓦锡分解水的化学史	阅读史实2： 1782年，拉瓦锡重做了氢气和氧气反应生成水的实验，并用红热的枪筒分解了水蒸气，生成氢气和氧气（体积比约为2:1），得出结论：水是由氢元素和氧元素组成的。1787年，他把过去被称作"易燃空气"的物质命名为"Hydrogen（氢）"，意思是"产生水的"，并提出燃烧是由氧气参与的"燃烧学说"，推翻了几千年的"燃素说"	思考与讨论： 为什么拉瓦锡重做了氢气和氧气反应生成液态水的实验，还要做水分解的实验才能得出水的组成的结论？ 氢气和氧气的化合反应生成的"小液滴"不一定就是"水"，而"水"分解成氢气和氧气更能证明"水是由氢元素和氧元素组成的"，两者结合起来正好是"水的组成"的充要条件	通过拉瓦锡"水的生成"和"水的分解"实验，引导学生从不同的认识角度来认识物质，培养学生严谨的思维方法和科学态度，最终达到发展学生学科核心素养的目的

（续表）

环节 5：收集水分解的实验证据	拉瓦锡当年用红热的金属管分解了水蒸气，事实上水是一种很稳定的化合物，加热法很难分解。现在，我们用电解法在常温下就可以分解水，在水中通入直流电就能把水分解，然后再检验分解的产物（如下图），请大家观察电解水的有关实验 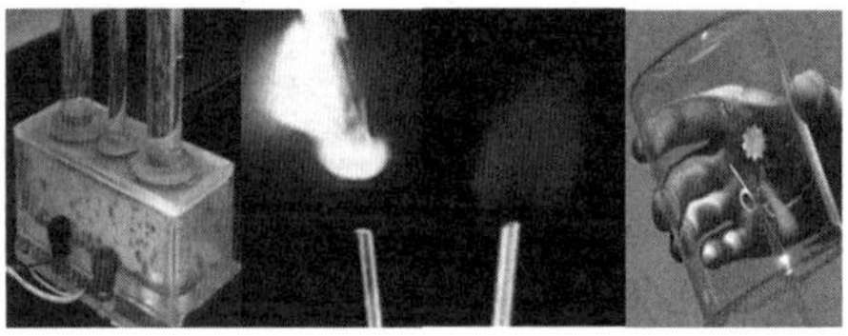	化学是一门以实验为基础的自然学科。通过让学生了解水的分解过程是经历了许多科学家不断的实验探索和努力才变得简单，让学生体会科学探索道路上的艰辛和不易。同时，也让学生学会收集证据、分析推理、得出正确的结论，提高对物质的认识水平，形成研究物质正确的思路和方法
环节 6：由证据推理到模型认知	例题：根据水通电生成氢气和氧气的体积比为 2∶1，计算水中氢、氧原子的个数比（已知氢气、氧气密度分别为 0.0899 g·L^{-1} 和 1.429 g·L^{-1}，相对原子质量 H = 1, O = 16）。 教师：由电解水的实验知道水是由氢、氧两种元素组成的，再由上面的计算可知，每个水分子中氢原子和氧原子的个数比为 2∶1，怎样理解和解释上面的事实呢？我们从宏观和微观上进行解释。 （1）宏观： 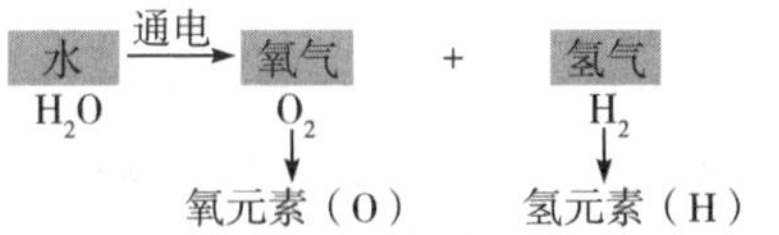 宏观结论：水是由 氧元素 和 氢元素 组成的。 （2）微观： 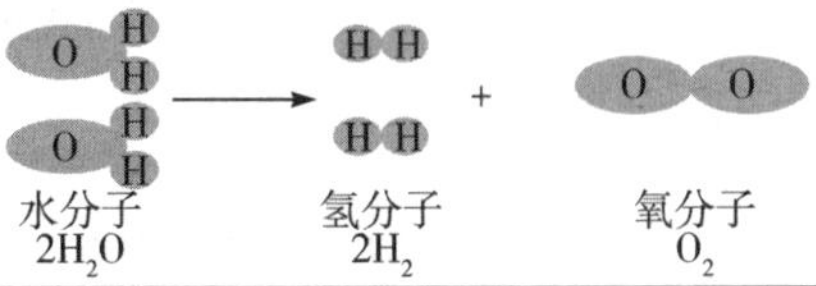 	通过从质量和微观两视角加深对水的组成的认识： （1）通过电解水产生的气体体积和密度，用质量计算水中氢、氧元素的质量比，强化对水的组成的感性认识。 （2）用微观示意图解释水通电分解成氧气和氢气的微观过程

（续表）

总结归纳	组织学生谈谈自己的收获和感受	学生整理本节知识的内容小结，并相互交流	通过让学生自我评价和反思，培养学生总结概括的能力，提高学生的自信心和满足感

（三）测评学习

（1）拼制你心目中的水分子模型和电解水反应模型，并与同学相互交流。

（2）请你以电解水为例，从微观粒子变化的角度认识化学变化的实质，画出微观变化过程。

反应过程	反应前	→	反应过程中	→	反应后
微观粒子		→		→	

（四）拓展学习（见附件）

八、教学评价

课后访谈：通过对学生进行访谈，了解到学生对本节课中的知识内容、思维方法、化学观念等掌握得比较好，也能认识到研究物质要从宏观、微观、符号等多角度来进行

九、板书设计（教学板书）

（一）水的物理性质

（二）水的组成

（1）宏观。

水是由氢元素和氧元素组成的。

（2）微观。

①水是由水分子构成的。

②一个水分子是由两个氢原子和一个氧原子构成的。

（3）水分子模型。

（三）电解水实验验证的两个结论

（1）在化学变化中，分子破裂成原子，原子再重新结合成新的分子。

（2）原子是化学变化中的最小微粒

附件：

"水的组成"导学案

【知识回顾】

1. 检验氧气的方法是：_____。

2. 填表：

序号	符号	微观图示	含义
1	2H		
2	H_2		

3. 画出你心中的水：

【合作探究】

活动一：实验探究水的宏观组成。

现象与记录：

项目	正极	负极
现象	电极有_____产生，体积_____，气体能使带火星的木条_____	电极有_____产生，体积_____，气体能燃烧，发出_____火焰
分析	能使带火星的木条复燃的气体是_____，正负两极产生的气体的体积比是_____	
结论	水在通电条件下，发生了_____反应，水电解生成_____和_____，说明水是由_____和_____两种元素组成的	
反应文字表达式		

活动二：推理水的微观构成。

由下表可知，水的电解实验表明：水是由_____元素和_____元素组成的；一个水分子是由两个_____和一个_____构成的，所以水的化学式为_____。

微观分析	◉ 表示氧原子　　○ 表示氢原子　（微观图示）
	水分子在通电条件下，分解成_____和_____，每_____个氧原子重新组合成_____个_____，每_____个氢原子重新组合成_____个_____分子

活动三:模型装置。

(1)自制一个你心目中的水分子模型,并与同学相互交流。

(2)请你设计一套简单的电解水装置。

活动四:尝试用关键词画一张水的思维导图,并与同学交流。

【课堂检测】

1.在进行电解水实验时,有以下描述:①向水中加入少量硫酸,能使水电解产生气体的速率变大;②正负两极收集到的气体的体积比约为 1:2;③负极产生的气体能燃烧;④正极产生的气体能使带火星的木条复燃。以上描述中正确的是 （　　）

A.①②③④ B.③ C.①② D.①②③

2.下列关于水的叙述中,正确的是 （　　）

A.没有颜色、没有味道的液体一定是水

B.水是一种单质

C.水是由氢元素和氧元素组成的化合物

D.水由氢气和氧气组成

3.右图是某学生用塑料瓶及镀铬别针等材料自制的电解水的装置。根据图示回答如下问题:

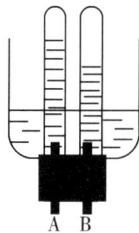

(1)其所用电源为_____电,由图可知 A 端为_____极。

(2)与 A 端相连接的试管中得到的气体是_____,检验方法为:_____。

【能力提升】

1.请你以冰块融化成水后再变成水蒸气为例,从微观粒子变化的角度认识发生物理变化的实质,画出其变化的过程。

物质	冰	→	水	→	水蒸气
微观粒子		→		→	

2.请你以电解水为例,从微观粒子变化的角度认识发生化学变化的实质,画出其反应的过程。

反应过程	反应前		反应过程中		反应后
微观粒子		→		→	

案例 2　物质的分类(专题复习)

广东省清远市佛冈县城东中学　朱玲

课题	九年级化学(2021 版) 物质的分类(专题复习)	课型	复习课
教材版本	科粤版	设计者	朱玲
一、教学设计思想			

分类是中学化学的核心观念之一。 化学分类观是在学习和研究复杂多样的化学物质及其变化时,将具有某一种或几种共性特征的一类事物与具有其他特征的事物区分开来的一种思维方法。科学、正确的分类观的建立,不仅可以使学生自觉地给物质分类,预测物质的性质,还能使学生运用分类的思维研究各物质之间的关系,自主建构知识体系。[57]

化学是一门在分子、原子、离子水平上研究物质的组成、结构、性质及其变化规律的学科。 物质的性质体现在宏观变化上,物质的组成、结构等微观知识则是理解宏观性质、把握变化本质的基础。 微观化学体现了化学学科的特质,是化学学科与其他学科的根本区别,而化学符号作为化学学科特有的语言,科学、简明地表达了宏观物质的性质及其变化规律,成为联系宏观事实和微观世界的桥梁。 化学学科的这些特点决定了人们要从宏观、微观和符号三种表征水平上认识和理解化学知识,形成化学学科独特的思维方式。 化学三重表征理论指导化学课程设计、教师教学、学生学习等教育实践活动。 因此,在学生的头脑中建立对化学知识的宏观、微观和符号表征,并建立三者间的有机联系,即建立三重表征(如下图),是进行化学学习的关键所在。 同样,将"宏—微—符"三重表征有机结合起来学习物质的分类,有助于学生突破学习难点,理解知识。[58]

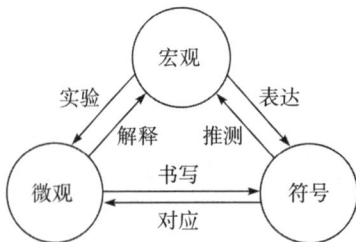

（续表）

二、教学内容分析

要对数以千万的化学物质进行研究，认识它们的规律，必须先对它们进行科学分类。物质的分类是学习基本概念，学习元素、化合物知识的基础，它贯穿初中化学的始终。物质的分类的思维导图如下图所示。以"宏—微—符"三重表征为复习主线，将"宏—微—符"有机结合起来认识物质的分类，使学生更进一步地理解并掌握科学分类的方法，从而更有效地应用于化学学习中，同时有利于发展自身科学素养。

三、学情分析

学生对物质的分类有一定的了解，对纯净物、混合物、单质、化合物、氧化物、酸、碱、盐的定义也有了认识，经过学习，学生也有了用微观思维去分析化学本质的习惯。但学生对物质的分类还是比较模糊，总是分类不清。本节课的主要任务是引导学生学会用比较、分类、归纳、概括等方法对获取的信息进行加工，并在原有分类基础上进一步寻找共性，培养学生的发散思维能力，并在此基础上引导学生逐步概括出物质分类的简表

四、教评目标

（1）通过复习，使学生了解宏观物质的简单分类；能够从微观角度认识分类的依据

（2）通过练习，发展学生抽象、概括能力和灵活运用知识解决实际问题的能力

（3）通过解决问题，培养学生科学的学习方法，培养学生对立统一的辩证唯物主义观点

教学目标　　评价目标

（1）通过绘制物质分类的思维导图诊断学生的分类观

（2）通过微观图区分物质的类别，运用"宏—微—符"三重表征对物质进行分类，诊断学生的微观认知水平和微观思维能力

（3）通过对历年中考题的练习，诊断学生解决实际问题的能力

（续表）

五、教学方法

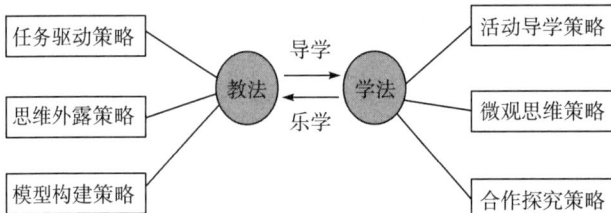

授课前，通过预学案（见附件1）复习物质的分类的定义，为物质的分类绘制思维导图，并安排学生在课前复习，巩固记忆。

课堂上以"宏—微—符"三重表征为复习主线，将"宏—微—符"有机结合起来认识物质的分类，通过看图、画图让学生的思维外露，诊断学生的认知水平。通过学习科学分类、模型构建，学生更进一步理解并掌握科学分类的方法,掌握相关知识

六、教学流程

1. 教学框架

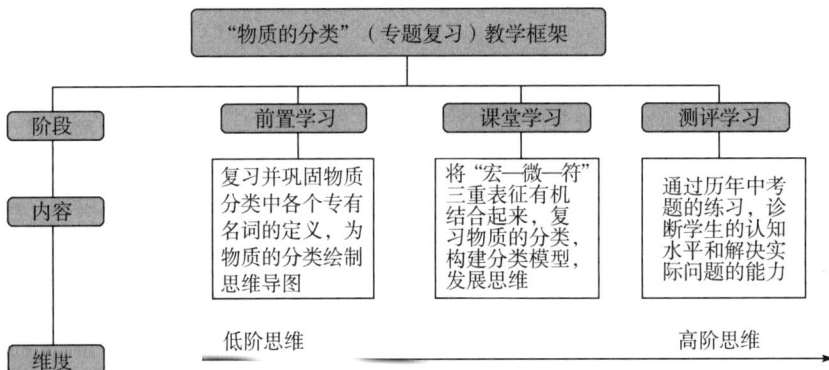

2. 前置学习

基于学情分析，通过预学案(见附件1)复习并巩固物质分类中各个专有名词的定义，为物质的分类绘制思维导图，课堂学习时将更多的时间聚焦于学生高阶思维的发展。

3. 课堂教学

教学线索	教师活动	学生活动	评价预设	设计意图
活动1：交流预学案	展示学生的预学案，回顾已学知识	回顾已学过的知识	诊断学生的认知情况	展示学生的预学案，回顾已学知识，通过练习让学生思维外露，诊断学生的认知情况

（续表）

			根据图示从微观角度认识物质的类别,学习如何用微观图示表示物质的类别	诊断学生的微观认知水平	用微观图示表示物质的分类,引导学生将"宏—微—符"有机结合起来认识物质的分类,突破教学难点
活动2:物质类别的微观表示	用微观图示表示物质的分类				
活动3:考点过关	展示历年有关物质分类的中考题	解答历年有关物质分类的中考题	诊断学生解决实际问题的能力	通过汇编有代表性的中考题,诊断学生解决实际问题的能力和掌握水平
总结归纳	问题:(1)通过做近几年的中考题,你发现有什么规律吗?(2)有哪些注意事项?	思考、讨论、总结	诊断学生总结归纳的能力	通过找规律,让学生思考、总结,既能反映学生的能力,也可以了解学生的学习情况

4. 测评学习

通过完成导学案(见附件2)中的巩固练习,学生能够更高效地调动已有的认知结构,解决综合性问题,促使自身内化课程内容

七、教学评价

1. 课后访谈

通过课后访谈的方式,了解学生的学习情况,重点关注学生在学习过程中的感受。

2. 课后评估

通过观察学生在课堂上的学习情况,诊断学生的复习情况,及时根据学生的复习情况对后续的教学进行调整

八、板书设计

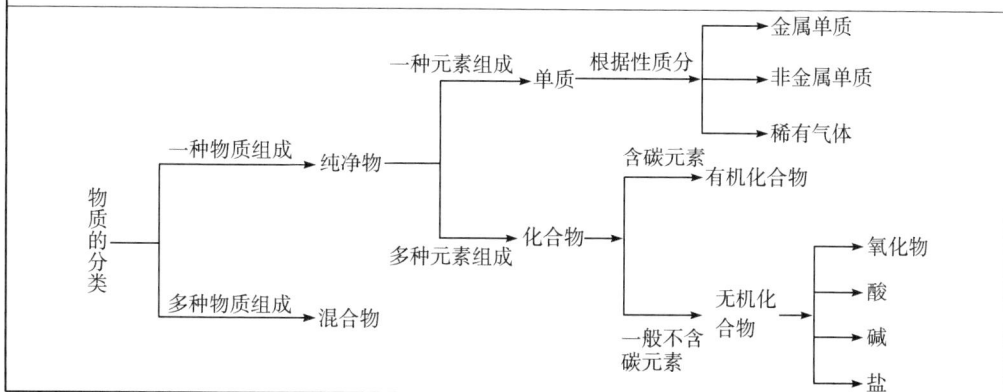

附件1:

"物质的分类"(专题复习)预学案

姓名:_____ 座号:_____ 班级:_____ 分数:_____

1. 混合物和纯净物(2017年、2013年考)

	纯净物	混合物
宏观角度	由_____物质组成	由_____物质组成
微观角度	由_____分子构成	由_____分子构成

2. 单质和化合物(2016年、2014年考)

(1)单质:由_____元素组成的纯净物。例如:氦气(He)、氧气(O_2)等。

(2)化合物:由_____元素组成的纯净物。例如:氧化钙、氢氧化钙、碳酸钠等。

3. 氧化物、酸、碱、盐(2016年、2014年考)

(1)氧化物:由_____元素组成,其中一种元素是_____元素的化合物。例如:水(H_2O)等。

温馨提示:氧化物一定含有氧元素,但含有氧元素的化合物不一定是氧化物。例如:$KClO_3$。

(2)酸:电离时产生的阳离子全部是_____离子的化合物。易错:CH_3COOH为酸。

(3)碱:电离时产生的阴离子全部是_____离子的化合物。易错:$NH_3 \cdot H_2O$为碱。

(4)盐:电离时产生_____离子和_____离子的化合物。易错:铵盐(如NH_4Cl)也是盐。

4. 有机化合物和无机化合物(2017年、2016年、2015年、2014年考)

含有_____的化合物叫作有机化合物。最简单的有机化合物是甲烷(化学式:CH_4)。

一般不含碳元素的化合物叫作无机化合物。

温馨提示:有机化合物一定含有碳元素,但CO、CO_2、H_2CO_3、碳酸盐等属于无机化合物。

5. 有机高分子化合物(《中考解读》P81)

(1)有机高分子化合物:相对分子质量可以达到几万、几十万,甚至上百万。

①常见的有机高分子化合物：蛋白质、淀粉、纤维、橡胶、合成橡胶、合成纤维、塑料等；

②油脂不属于高分子化合物。

（2）常见的有机合成材料：塑料、合成橡胶、合成纤维。

①塑料的分类（根据_____性）：_____塑料和_____塑料；

②合成纤维和天然纤维的比较。

a. 常见的天然纤维有_____等；

b. 合成纤维的特点：强度_____，弹性_____，透气性_____，耐磨和耐化学腐蚀。

6.你能通过下面的概念，建立一张有关物质的分类的知识网络吗？

物质的分类相关概念：纯净物、混合物、单质、化合物、有机化合物、氧化物、无机化合物、酸、碱、盐、稀有气体、金属单质、非金属单质。

附件2：

"物质的分类"（专题复习）导学案

姓名：_____　　座号：_____　　班级：_____　　分数：_____

【考点过关】

1.(2018年青岛、临沂改编)下列几种常见的物质中,属于纯净物的是　　(　　)

A. 碘酒　　　　B.石油　　　　C. 水　　　　D. 生铁

2.(2018年济宁)下列物质的分类,不正确的一组是　　　　　　　(　　)

A. H_2O、MgO、H_2CO_3 都属于氧化物

B. H_2CO_3、H_2SO_3、H_2SO_4 都属于酸

C. $NaOH$、$Ca(OH)_2$、$Fe(OH)_2$ 都属于碱

D. $NaCl$、Na_2CO_3、$NaHCO_3$ 都属于盐

3.(2018年韶关模拟)下列选项中的物质所属类别错误的是　　　　(　　)

选项	物质	类别
A	空气、溶液、干冰	混合物
B	氮气、水银、金刚石	单质
C	糖类、油脂、蛋白质	营养物质
D	甲烷、乙醇、醋酸	有机化合物

4.(2017 年南充)下列各图中"○"和"●"分别表示不同种元素的原子,其中表示化合物的是 ( )

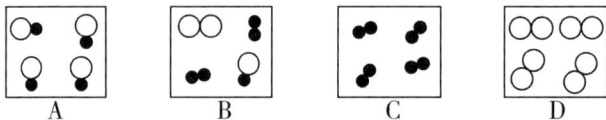

A B C D

【直击广东】

1.(2016 年第 16 题节选)下图是某反应的微观示意图。

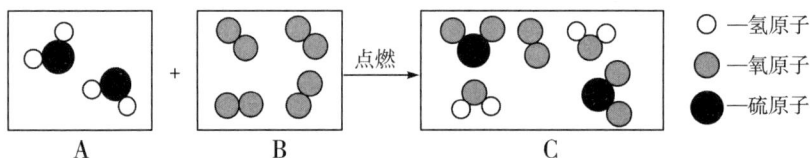

A + B —点燃→ C

○—氢原子
●—氧原子
●—硫原子

请回答:B 框中的物质属于_____(填序号:①化合物;②单质;③纯净物;④混合物)。

2.(2015 年第 15 题节选)下图为某化学反应的微观示意图。请回答:左方框图中的物质属于_____(填"纯净物"或"混合物")。

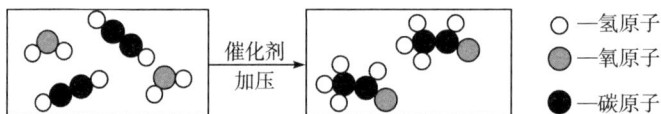

催化剂
加压

○—氢原子
●—氧原子
●—碳原子

3.(2013 年第 18 题节选)下图中"●"表示碳原子,"○"表示氧原子。

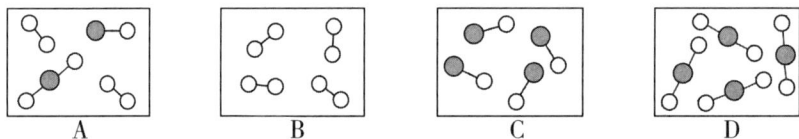

A B C D

其中表示混合物的是_____(填图的编号),B 图表示_____(填物质名称)。

4.(2017 年第 16 题)微观示意图可形象地表示微粒发生的变化。

(1)请在下图第二、三个方框中,把 NH_3 在纯氧中燃烧($4NH_3 + 3O_2 \xrightarrow{点燃} 2N_2 + 6H_2O$)这一反应的微观粒子补充完整。

(2)第三个方框中的物质属于_____(填"单质""化合物""纯净物"或"混合物")。

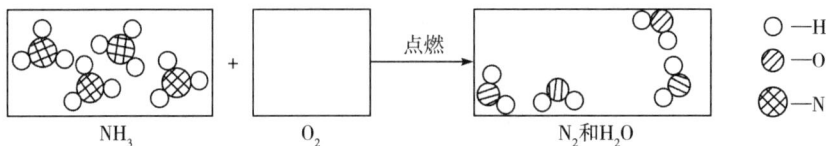

NH_3 + O_2 —点燃→ N_2和H_2O

○—H
◓—O
⊗—N

5. (2018年第16题节选)下图表示元素的化合价与物质类别关系。若它表示氮元素的部分关系图。则：

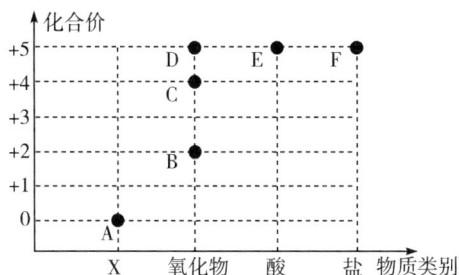

A 点对应的物质类别是＿＿＿＿＿＿＿。

6. (2014年第24题节选)我国民间有端午挂艾草的习俗。艾草含有丰富的黄酮素(化学式为 $C_{15}H_{10}O_2$)，有很高的药用价值。请回答：黄酮素属于＿＿＿＿＿＿＿＿＿(填"有机"或"无机")化合物。

【小结】

1. 通过做近几年的中考题,你发现有什么规律吗？请你把它写下来。

＿＿＿

＿＿＿

＿＿＿

2. 还有哪些地方要提醒自己注意的？

＿＿＿

＿＿＿

＿＿＿

3. 温馨提示:请完成《中考解读》P80 考点 16。

案例3　难溶电解质的溶解平衡

广东省清远市佛冈县佛冈中学　冯丹平

课题	必修4第三章第四节 难溶电解质的溶解平衡	课型	新授课
教材版本	人教版	设计者	冯丹平
一、教学设计思想			

(1)"宏—微—符"理论是解读高中化学教学的重要思想理论(见下图):从知识角度来看,该理论指出了高中化学研究对象为宏观世界与微观世界,同时借助于化学研究范式下的符号来表示研究所得;从学生学习的角度来看,该理论指出了学生在化学学习中的三种思维加工与知识表征方式,这对于教师理解学生的化学学习过程是大有裨益的。[58]

(2)概念是人们对事物本质属性的认识,是逻辑思维的最基本单元。 这一特点决定了概念不是教师"讲"出来的,而是学生通过对具体事实的亲身体会并加以逻辑思考建构出来的,教师的作用只能是也必须是设计认识概念的教学过程。 而这 过程的特点为:一是从表象入手;二是与思维联系。 在这一过程中,化学实验通常是很好的载体。 在教学中以实验为载体,让学生动手实验,通过观察现象,科学推理,建构、内化、升华概念,将微观世界粒子之间的解离与结合通过宏观的实验现象展现出来,这既是化学研究中微粒观思想的体现,又是物质转化观思想的表达[59]

二、教学内容分析

(1)学生在初中阶段就已经习惯于将难溶物理解为不溶物,因此帮助学生建立溶解平衡理论模型,分析难溶物在水溶液中的存在形态,是教学的难点所在,有必要从微观的角度帮助学生梳理清楚。

（续表）

(2)在前面已经学习过化学平衡、电离平衡和水解平衡，溶解平衡是学生将要学习的四大大平衡理论中的最后一个。 学生已经具备一定的平衡知识基础，对于利用平衡移动的思想来自己设计实验证明"溶解平衡的存在"是可以实现的。
(3)溶解平衡这个概念包含固体的溶解和固体的生成。 由于难溶物的溶解度很小，如果直接讲难溶电解质的溶解平衡，很难让学生体验到固体溶解的过程，也很难观察到难溶物饱和溶液中析出难溶物的现象。 因此把探究难溶物的溶解平衡上升为探究固体和溶液中离子的平衡，选择易溶物来进行探究溶解平衡更容易让学生理解，再同理可推难溶物的溶解平衡

三、学情分析

在本节课的教学中，学生可能存在认知冲突。 产生这一问题的原因是难溶物质在水中溶解度本身就很小，无法直接观察到，但学生需要"看到"溶解掉的微粒，还要建立平衡。 解决这一问题的关键就是要从学生所熟悉的难溶物质出发，设计实验，让学生直观感受到难溶物质的溶解，"找到"平衡

四、教评目标

(1)通过以 NaCl 为例的实验，让学生认识到在"固"与"液"共存的体系中存在着固体的溶解与固体的析出之间的平衡，从而过渡到以 AgCl 为例的"难溶物的沉淀溶解平衡"，并建立难溶电解质溶解平衡的模型。

(2)通过实验分析，发展学生的微粒观、变化观、平衡观。

(3)通过类比学习，培养学生知识、方法迁移的能力

五、教学方法

（1）教法：实验探究、问题解决。

（2）学法：实验、联系、想象

六、教学流程

（一）教学框架

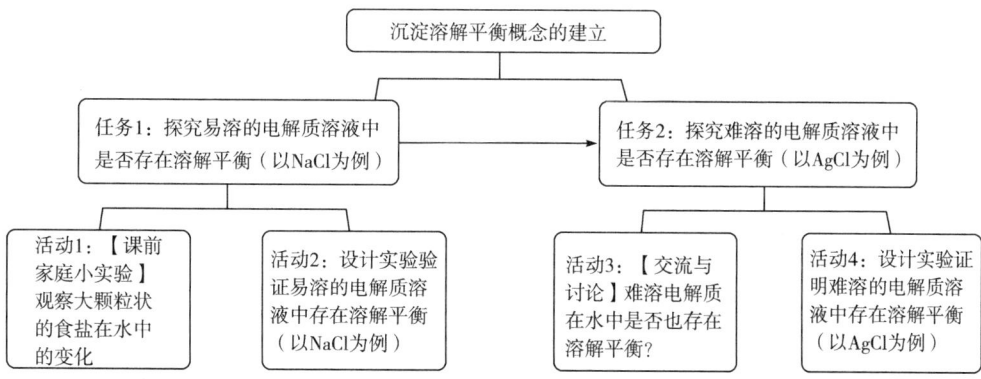

（续表）

（二）前置学习

在家进行下列实验，并把实验过程以图片或录像的形式拍摄下来。

（1）用一杯子制备大约 100 mL 饱和的食盐水 [常温下，$S(NaCl)=36.0$ g]。

（2）用另一杯子取大约 50 mL 饱和的食盐水，往里加入大颗粒状的食盐。

（3）观察大颗粒状的食盐在水中的变化，在下列表格中记录现象，并试着从微观角度去分析出现该现象的原因。

实验现象	固体形状变化		宏观
	固体质量变化		
现象分析	共存体系中		微观
	粒子的存在分析	粒子的行为分析（把你想象中粒子在溶液中进行的行为活动简单画出来或用文字进行说明）	
	固体　溶液		
符号表达			符号表征
图象表达（建立溶解平衡）			图象表征
实验结论			

（三）课堂教学

在课堂教学过程中，采用小组合作的形式开展。

教学线索	教师活动	学生活动	评价预设	设计意图
创设教学情境	展示课前学生实验的现象： 饱和的食盐水，往里加入大颗粒状的食盐 →一晚时间后 固体形状有变化，固体不再溶解	（1）学生代表描述实验过程及现象。 （2）感受。 ①固体形状由不规则变成规则。 ②固体质量不变。 （3）得出结论。 固体在其饱和溶液中既有溶解又有结晶。 固体在溶液中： $v_{溶解}=v_{沉淀}$	对学生的宏观辨析能力进行初步评估	通过观察易溶的电解质（NaCl）在水溶液中的情况，让学生感受固体在水溶液中同时存在固体的溶解和溶液中的离子合成晶体的过程

（续表）

	鼓励和引导学生画出 NaCl 粒子在饱和的食盐水中的行为，如： NaCl晶体的溶解　NaCl晶体的沉淀 	让学生代表展示自己所画的图，并进行讲解。 得出结论：$v_{溶解} = v_{沉淀}$	评估学生对微观粒子在水中行为的认识	通过实验现象，引导学生从微粒角度理解食盐晶体在饱和食盐水中是一个 NaCl 晶体和溶液中 Na^+、Cl^- 共存的体系，它们在该环境中建立起了一种动态的平衡，叫作溶解平衡
任务 1：探究易溶的电解质溶液中是否存在溶解平衡（以 NaCl 为例)	鼓励和引导学生用符号表达 NaCl 粒子在饱和的食盐水中的行为。 结合图象帮助理解 $v_{溶解} = v_{沉淀}$，再引导学生用符号来表达上述的平衡体系： NaCl晶体在饱和的食盐水中的溶解平衡： 当溶解速率与结晶速率相等时，达到溶解平衡状态	用符号表达： NaCl（s）$\xrightarrow{溶解}$ Na^+（aq）+ Cl^-（aq）； NaCl（s）$\xleftarrow{沉淀}$ Na^+（aq）+ Cl^-（aq）； 用符号来表达上述的平衡体系： NaCl(s) $\underset{沉淀}{\overset{溶解}{\rightleftharpoons}}$ Na^+(aq) + Cl^-(aq)。 得出结论：易溶的电解质溶液中存在溶解平衡	评估学生用符号表达微观粒子在水中行为的能力	在理解微观粒子运动特点的基础上，学会通过符号表达粒子间建立的溶解平衡
	引导学生用图象来表达上述的平衡体系	学生作图： 	评估学生的作图能力	让学生学会用图象表达溶解平衡的特点

（续表）

		讨论并得出实验设计利用的原理。		利用学过的平衡移
任务1：探究易溶的电解质溶液中是否存在溶解平衡（以NaCl为例）	引导学生根据平衡特征中的"变"（当外界条件改变时，沉淀溶解平衡将发生移动，直至达到新的平衡状态），设计实验验证易溶的电解质溶液中存在溶解平衡（以NaCl为例）	学生分组实验：取2 mL饱和的NaCl溶液于试管中，滴加2~3滴浓盐酸。［实验采用增大$c(Cl^-)$的方案］观察实验现象：有白色晶体产生。结论：易溶的电解质溶液中存在溶解平衡	评价学生运用所学知识解决问题的能力	动原理进行实验验证，让学生更进一步理解易溶的电解质溶液中存在溶解平衡，为理解难溶电解质在水溶液中的溶解平衡做好铺垫
任务2：探究难溶的电解质溶液中是否存在溶解平衡（以AgCl为例）	提出问题：已知：20 ℃时，固体物质的溶解度$S(g)$与溶解性的关系如下。难溶 微溶 可溶 易溶 0.01 g 1 g 10 g（1）电解质难溶是否就是不溶？（2）难溶电解质在水中是否也存在溶解平衡？若有，可以如何表示？［以AgCl为例，常温下，$S(AgCl)=1.5\times10^{-4}g$］	交流与讨论：明确电解质：难溶≠不溶。根据任务1得出的结论，同理可得：$AgCl(s)\underset{沉淀}{\overset{溶解}{\rightleftharpoons}}Ag^+(aq)+Cl^-(aq)$讨论并设计实验	评估学生知识迁移的能力	让学生明确难溶电解质的溶解度尽管很小，但不等于0，所以，绝对不溶的电解质是没有的。化学上通常认为残留在溶液中的离子浓度小于1×10^{-5} mol·L^{-1}时，沉淀就达到完全。通过探究，使学生学会知识的迁移

（续表）

任务 2：探究难溶的电解质溶液中是否存在溶解平衡（以 AgCl 为例）	引导学生根据平衡特征设计实验证明难溶的电解质溶液中存在溶解平衡（以 AgCl 为例）。 结论：难溶的电解质溶液中存在溶解平衡	学生分组实验：用试管取 2 mL 0.1 mol·L^{-1} NaCl 溶液，滴加5 滴 0.1 mol·L^{-1} AgNO$_3$ 溶液，混合均匀后，分成二等份，取其中一份滴加 0.1 mol·L^{-1}KI 溶液，另一份用来对比，观察并记录现象	评估学生的实验能力	学生通过实验，感受难溶电解质溶液中存在溶解平衡
	引导学生用符号来表达上述的平衡体系	用符号来表达上述的平衡体系： $AgCl(s) \rightleftharpoons Ag^+(aq) + Cl^-(aq)$ $+$ $I^-(aq)$ $\Updownarrow$ $AgI(s)$	评估学生的符号表达能力	让学生学会用符号来表达平衡体系
总结归纳	组织学生谈谈自己在本节课中的收获	学生以小组为单位谈谈自己的感受	从知识、能力、思维三个维度评估	让学生学会自我评价和自我反思

（四）测评学习

1. 下列有关 AgCl 沉淀的溶解平衡的说法中，不正确的是　　　　（　　）

A. AgCl 沉淀生成和溶解不断进行，但速率相等

B. AgCl 难溶于水，溶液中没有 Ag$^+$和 Cl$^-$

C. 升高温度，AgCl 的溶解度增大

D. 向 AgCl 沉淀的溶解平衡体系中加入 NaCl 固体，AgCl 的溶解度减小

2. 为了研究沉淀溶解平衡和沉淀转化，某同学查阅资料并设计如下实验。

资料：AgSCN 是白色沉淀，在相同温度下，溶解度：$S(AgSCN) > S(AgI)$。

（续表）

操作步骤	实验现象
步骤1：向 2 mL 0.005 mol·L^{-1} AgNO$_3$ 溶液中加入 2 mL 0.005 mol·L^{-1} KSCN 溶液，静置	出现白色沉淀
步骤2：取 1 mL 上层清液于试管中，滴加 1 滴 2 mol·L^{-1} Fe(NO$_3$)$_3$ 溶液	溶液变红色
步骤3：向步骤 2 的溶液中，继续加入 5 滴 3 mol·L^{-1} AgNO$_3$ 溶液	现象 a，溶液红色变浅
步骤4：向步骤 1 余下的浊液中加入 5 滴 3 mol·L^{-1} KI 溶液	出现黄色沉淀

①写出步骤 2 中溶液变红色的离子方程式： _____；

②步骤 3 中的"现象 a"是： _____；

③用化学平衡原理解释步骤 4 的实验现象： _____

七、教学评价

1. 课后访谈

通过课后访谈的方式，了解学生的学习情况，重点关注学生在学习过程中的感受。

2. 课后评估

大多数学生能达到教评目标

八、板书设计

第三章第四节"难溶电解质的溶解平衡"（第 1 课时）

1. 定义

在一定条件下，当难溶电解质溶解成离子的速率等于离子重新结合成沉淀的速率时，溶液中离子的浓度保持不变，此时达到了沉淀溶解平衡。

2. 特征

逆、等、定、动、变。

3. 表达式

$A_mB_n(s) \rightleftharpoons mA_n^+(aq) + nB_m^-(aq)$

案例4　"氧化还原反应"的教学设计

广东省清远市佛冈县佛冈中学　郑维权

课题	必修1　氧化还原反应	课型	新授课
教材版本	人教版	设计者	郑维权

一、教学设计思想

化学课程的概念包含宏观、微观和符号三个水平，学生很难在这三个水平上同时达到要求，特别是微观层次，从而导致了化学课程学习困难。基于这种情况，本节课从"宏—微—符"三个角度进行教学设计，从生活中的一些宏观的氧化还原现象到得失氧和化合价变化的符号表征，再到得失电子的微观本质，帮助学生更好地理解氧化还原反应。[3]

二、教学内容分析

关于氧化还原反应的教学，在中学新课程体系中是分三阶段完成的：第一阶段，在初中阶段从得失氧的角度分析理解；第二阶段，在化学必修1中要求在初中化学的基础上，能用化合价升降和电子转移的观点来初步理解氧化还原反应，以及了解常见的氧化剂和还原剂；第三阶段，通过后续课程如金属及其化合物、非金属及其化合物的学习，对氧化还原反应有了更多、更具体的认识后，再要求学生深入理解氧化还原反应的有关知识。本节课的教学处于第二阶段，复习初中的基本反应类型、氧化反应及还原反应的重要知识，并以此为铺垫展开对氧化还原反应的较深层次的学习，这将是今后联系元素化合物知识的重要纽带。氧化还原反应的知识是高中化学的重要理论知识，不仅是本章的教学重点，也是整个高中化学的教学重点

三、学情分析

初三化学教材对氧化还原反应和化合价的知识介绍较简单，学生在微粒观和守恒观等科学素养方面还比较薄弱

（续表）

四、教评目标
（1）通过探究理解氧化反应和还原反应会同时发生的原因，以及氧化还原反应前后有元素化合价的变化，培养学生"变化观念与平衡思想"的学科素养。
（2）通过实验探究认识氧化还原反应过程中有电子的转移（得失或偏移），从而理解氧化还原反应的本质，培养学生"宏观辨识与微观探析"的核心素养。
（3）通过生活中常见的氧化还原反应，如火箭升空、炸药爆炸等，培养学生"科学态度与社会责任"的核心素养

五、教学方法
为了突破重难点，调动学生的思维，让学生积极参与到教学过程中，深刻地体验知识的形成和发展的过程。所以本节以"问题启发式"为主导线，辅以由旧知识引导出新知识的教学方法，通过设计富有驱动性的、环环相扣的问题，让学生思考、讨论、归纳，并辅以多媒体教学手段展示微观过程，化抽象为形象，化微观为宏观，在问题解决的过程中逐步将学生的认识引向深入

六、教学流程

1. 教学框架

得失氧 → 化合价升降 → 电子转移

表现认识 → 特征认识 → 本质认识

2. 前置学习

基于学生的学情分析，本节课上课前制定了相应的学案，帮助学生回忆初中相关知识，串联新旧知识。

3. 课堂教学

课堂教学通过小组合作的形式开展。为保证小组合作的有效性、合作性和对话性，课堂上提前将学生分组，并鼓励小组竞争。课前准备"原电池"微课，丰富课堂形式，提高学生的学习兴趣。

教学线索	教师活动	学生活动	评价预设	设计意图
创设教学情境	观察图片，并思考生活中切开的苹果很快变黄，以及火箭升空的原因	学生联想生活中的现象及初中所学的氧化反应相关知识	对学生了解氧化反应和还原反应的程度做初步评估	为本节课的学习做铺垫

（续表）

任务				
任务1	【思考】 （1）$Fe_2O_3 + 3CO \stackrel{}{=\!=\!=} 2Fe + 3CO_2$。 （2）$2FeCl_3 + Cu \stackrel{}{=\!=\!=} 2FeCl_2 + CuCl_2$。 上面的反应分别属于哪种基本反应类型？	思考初中化学反应的分类，回顾初中相关知识	思考、回顾并产生思维的矛盾，发现这两个反应都不属于我们熟悉的反应类型	为后面氧化还原概念的提出及从化合价角度分析氧化还原反应提供素材
任务2	【过渡】 在九年级，我们先学习了氧化反应，又学习了还原反应，请同学们分别举几个例子	学生回忆旧知识，并联系生活常识	为下一环节做铺垫	承接学生原有知识，设置疑问，引入本节课题
任务3	【设问】 通过回忆我们了解到金属与氧气反应生成金属氧化物的过程属于氧化反应，金属氧化物失去氧又重新得回金属单质的过程属于还原反应，这两个反应能同时发生吗？请同学们谈谈自己的理解	【分析】 Cu 与 O_2 反应生成 CuO，发生氧化反应；H_2 能使 CuO 失去氧生成 Cu，发生还原反应。同时我们发现 CuO 失去氧变成 Cu，发生还原反应的同时，H_2 得到氧，发生氧化反应，变成了 H_2O。CuO 的还原和 H_2 的氧化过程相伴	学生统一两个概念	（1）通过实例分析，学生能顺利将氧化反应和还原反应这两个在之前的认识中相对孤立的概念统一起来，为后面的学习做铺垫。 （2）初步认识到氧化与还原相互依存和对立统一的辩证关系，得到知识与技能、情感态度与价值观的提升
任务4	【追问】 $2FeCl_3 + Cu \stackrel{}{=\!=\!=} 2FeCl_2 + CuCl_2$ 到底属于哪种反应类型？	学生第一次应用氧化还原反应的概念	学生思考，发现矛盾仍然没有解决	为从化合价角度分析氧化还原反应做铺垫

（续表）

任务5	【思考与交流】 $CuO + CO \xrightarrow{\text{高温}} Cu + CO_2\uparrow$ $CuO + H_2 \xrightarrow{\triangle} Cu + H_2O$ $H_2O + C \xrightarrow{\text{高温}} H_2 + CO$ （1）判断哪些物质发生氧化反应，哪些物质发生还原反应？ （2）这几个反应有什么共同的特征？ （3）讨论氧化还原反应与元素化合价升降的关系并得出结论	得到氧，氧化反应，化合价升高 $\overset{0}{C} + 2\overset{+2}{Cu}O \xrightarrow{\triangle} \overset{+4}{C}O_2\uparrow + 2\overset{0}{Cu}$ 失去氧，还原反应，化合价降低	学生初步发现得失氧与化合价之间的联系	（1）学生通过观察分析发现氧化还原反应在得失氧的过程中会引起元素化合价的改变，承上引入本节课的重点——氧化还原反应的特征。 （2）引导学生由规律的发现形成新的概念，在已知的基础上来上升到未知概念
任务6	【问题解决】 分析 $2FeCl_3 + Cu === 2FeCl_2 + CuCl_2$ 到底属于哪种反应类型，并总结得出氧化还原反应的定义和特征	【分析】 氧化还原反应不一定有氧的得失，但一定有化合价的改变，失氧的还原过程一定伴随着化合价的降低，而得氧的氧化过程一定伴随着化合价的升高。反应前后有元素化合价发生变化的反应都属于氧化还原反应	学生从初中得失氧的角度转移到化合价角度判断氧化还原反应	通过设置矛盾点进一步强化问题，突破氧化还原反应的特征
任务7	【练习】 以下反应中属于氧化还原反应的有（　　） A. $CaCO_3 + 2HCl === CaCl_2 + CO_2\uparrow + H_2O$ B. $CaO + H_2O === Ca(OH)_2$ C. $Zn + CuSO_4 === Cu + ZnSO_4$ D. $2Na + Cl_2 === 2NaCl$	学生思考作答	巩固学生对氧化还原反应判断依据的理解	进一步巩固学生对概念的理解

（续表）

任务 8	【实验探究】 氧化还原反应中有化合价变化的原因是什么？	学生进行观察，记录并分析电流表指针偏转的原因	让学生初步感受氧化还原反应过程中发生了电子的转移	体现学生科学探究这一学科素养的水平
任务 9	【分析】 进一步分析氯化钠和氯化氢的形成过程中电子的变化。 （1）请你从原子结构变化的角度解释氯化钠、氯化氢的形成过程。 （2）请你解释上述两种化合物的形成过程中，元素化合价变化的实质是什么	学生聆听并得出结论：氧化还原反应中化合价升降的本质是发生电子的得失或转移	让学生理解氧化还原反应的本质是发生了电子的得失或转移	（1）从氧化还原反应的特征到本质的过渡，由表及里，突出重点，突破难点。 （2）抽象的电子转移通过图表、动画等形式呈现，更形象直观，便于学生理解学习，培养学生构建微观抽象的理论模型的能力，提高学生分析和解决问题的能力。 ③学生逐步形成"透过现象看本质"的辩证唯物主义哲学观点

（续表）

任务10	【小结】通过得失氧对氧化还原反应的初步认识，进一步了解了氧化还原反应中有化合价的升降，化合价升降的本质是电子的转移。经过这几个阶段，学生对氧化还原反应有了新的认识	【聆听、思考、总结】	通过概念的整合，培养学生观察、分析、总结归纳的能力	通过发现问题、分析论证、总结归纳等教学环节，完成认知过程中的阶梯搭建
任务11	【设疑】氧化还原反应与人类有着深厚的渊源。黑火药是我国古代的四大发明之一，黑火药反应的化学方程式为：$S + 2KNO_3 + 3C == K_2S + N_2 \uparrow + 3CO_2 \uparrow$。你能指出其中被氧化和被还原的元素吗？	【思考、分析】被氧化的元素：C 被还原的元素：N和S	学生对氧化还原反应概念的进一步巩固	应用所学知识解决生活中的问题，巩固知识
任务12	$Cu + Cl_2 \xlongequal{\triangle} CuCl_2$ $CaO + H_2O == Ca(OH)_2$ $CaCO_3 \xlongequal{高温} CaO + CO_2 \uparrow$ $2KClO_3 \xlongequal{\triangle} 2KCl + 3O_2 \uparrow$ $Fe + CuSO_4 == Cu + FeSO_4$ $NaOH + HCl == NaCl + H_2O$ 指出这些反应中哪些是氧化还原反应，并分析氧化还原反应与四大基本反应类型的关系	氧化还原反应与四种基本反应的关系：	根据学生的总结情况，从知识、能力和思维三个维度评估学生的学习情况	培养学生总结归纳的能力

（续表）

任务 13	【PPT 图片展示】我们身边的氧化还原反应：钢铁腐蚀、金属冶炼、电镀等	聆听、体会	感受氧化还原反应的魅力，激发学生学习化学的兴趣	培养学生"科学态度与社会责任"的核心素养
总结归纳	氧化还原反应中元素化合价的升高是有电子失去或偏离的结果，而元素化合价的降低则说明化学变化中伴随着电子的得到或偏向。物质守恒决定了在化学变化过程中电子是不能自生自灭的，有电子的"失去"就有电子的"得到"，有电子的"偏离"就有电子的"偏向"。因此，氧化反应与还原反应总是相伴而行	思考、聆听	学生能够从"宏—微—符"三个角度深入地了解氧化还原反应	（1）进一步从化合价升降、得失电子的角度强化对氧化反应与还原反应相互依存和对立统一的辩证关系的认识。（2）学法指导：对氧化还原反应概念认识不断深入的过程体现了人们对事物认识的一般规律

七、板书设计

（一）氧化还原反应

（1）定义：有化合价升降的反应称为氧化还原反应。

（2）特征：元素的化合价有变化。

（3）本质：电子的得失或转移。

（二）氧化还原反应与四大基本反应类型的关系

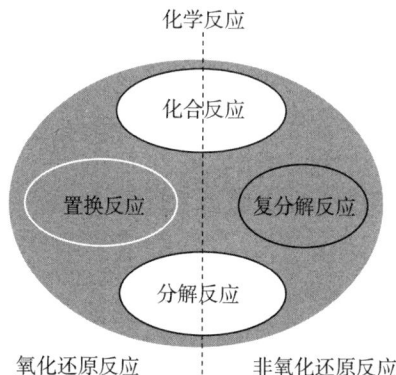

化学反应

化合反应

置换反应　　复分解反应

分解反应

氧化还原反应　　　　非氧化还原反应

案例5　水的电离与溶液的酸碱性(第一课时)

广东省清远市佛冈县佛冈中学　周荃

课题	水的电离与溶液的酸碱性	课型	新授课
教材版本	人教版	设计者	周荃

一、教学设计思想

《普通高中化学课程标准(2017 年版)》明确指出:"加深和发展对化学变化的本质认识,了解化学反应原理在生产、生活和科学研究中的应用,能对生产生活和自然界中有关化学变化的现象进行合理的解释,体会化学科学对提高生活质量和推动社会发展所起的重要作用。"以此为指导思想,在本节课的设计中,以"观察物质的导电性和灵敏电流表指针偏转的情况,做好现象记录"的问题作为任务驱动,引导学生走进水的微观世界,学习与水的电离平衡相关的化学知识,认识到水是一种极弱的电解质,从而体会化学科学对提高生活质量和推动社会发展所起的重要作用。通过创设情境,提出任务。

问题 1:常温时纯水的 pH 值是多少? 说明了什么? 回顾原有的认识,培养学生的信息处理能力。

问题 2:纯水中氢离子从何而来? 说明了什么? 循环利用旧知识探得新知识。

问题 3:请书写水的电离平衡表达式

二、教学内容分析

本节是电离平衡在水的电离及电离平衡移动方面的具体应用,是学习第三节"盐类水解"的基础。 本节课主要通过引导学生复习弱电解质的电离特点及平衡移动问题,使学生理解酸、碱溶液中,水的电离程度减小,使溶液中 H^+、OH^- 浓度不相等,从而表现出酸性或碱性。 本节课以复习为主,主要是培养学生对所学知识的迁移应用能力

三、学情分析

在讲解水的电离这部分时,通过复习和回忆化学平衡常数、弱电解质的电离及电离平衡常数等知识,引入水的电离和水的电离平衡常数的书写,让学生能很好地做到知识的推广和应用。 再通过回忆在学习化学平衡时讲的纯液体的浓度为常数,从而推出水的离子积,使学生更容易接受和理解。 而通过回忆弱电解质的电离平衡的知识来分析水的电离平衡的影响因素,能加深学生对弱电解质的电离平衡影响因素的记忆和理解,也使旧知识在水的电离平衡的讲解中得到应用和推广,达到知识的延伸

（续表）

四、教评目标
(1)通过观察一定浓度的盐酸、乙醇和纯水的导电实验活动，认识到水是一种极弱电解质，存在电离平衡。掌握在一定条件下水的离子积是常数。通过对水的离子积的导出，加深对弱电解质电离平衡的认识，了解一般与特殊的关系。 (2)通过观察灵敏电流计和分析数据活动，发展学生对化学定量分析方法的认识，体现化学在科学研究中的作用和地位，提高学生的科学素养。 (3)通过引导学生自主进行学习活动，从平衡移动的角度认识水是一种极弱的电解质，通过酸、碱对水的电离平衡的影响的讨论，培养学生运用所学的电离理论独立分析问题、解决问题的能力，进行"透过现象看本质"的辩证唯物主义教育
五、教学方法
演示实验、分析数据、分组讨论和讲授法
六、教学流程

1. 教学框架

宏观辨识	微观探析	化学表征	知识迁移
探究实验：观察一定浓度的盐酸、乙醇和水的导电性及灵敏电流计指针偏转的情况；诊断学生实验探究物质的性质的特点和认识物质的水平	能结合实验和数据分析水是极弱电解质；诊断和发展学生的宏观辨识与微观探析水平，以及从具体事例抽象出平衡移动的动态水平	能根据水是极弱电解质写出电离方程式及电离常数；诊断并发展学生用化学符号表征电离常数与离子积的关系，以及理解由特殊到一般的水平	会分析条件改变引起水的电离平衡移动；利用 K_w 求溶液中各离子的浓度；诊断并发展学生的科学探究与创新意识水平

2. 前置学习

(1)学生回顾电解质的概念、分类和电离方程式的书写。

(2)学生回顾化学平衡状态的判断、平衡常数的表达式。

3. 课堂教学

教学线索	教师活动	学生活动	评价预设	设计意图
创设教学情境	演示实验：连接几种溶液和电流表	学生观察电流表的偏转情况	由现象得出结论，培养学生的证据推理素养	创设实验情境，引发学生探究的好奇心
任务 1	对比观察一定浓度的盐酸、乙醇和纯水的导电性	连接纯水的灯泡不亮，原因是否跟乙醇不导电的原因一样？	进行证据推理，学生在原有的基础上可以判断出水是一种极弱的电解质	引发思维碰撞，激发学生兴趣

（续表）

任务2	展示水分子电离的动画	提炼水分子电离的过程，并写出水的电离方程式，练习写出水电离的平衡常数	用化学符号表征化学变化，提升技能，巩固电离常数表达式的书写，加强书写技能	增强直观性，加深学生对知识的理解，激发学生兴趣
任务3	在学生原有知识结构的基础上，分析条件是否正确，判断平衡会向哪个方向移动	抓住动态平衡的条件，分析温度、浓度对水的电离平衡产生的影响	发展学生对生活中的化学问题做出正确判断的能力	温故知新，激发学生的学习兴趣；会运用化学原理分析实际问题
任务4	发展学生用符号表征化学反应的能力，通过构建认知模型，从电离常数表达式推出水的离子积	思考：把水的电离常数变式，并思考表达式中粒子浓度特点的变化	理解概念的内涵，承上启下，引出概念的外延；水的离子积不但适用于水的电离，也适用于稀溶液；引导学生对从特殊到一般的认识，提升学科技能	调动学生的主观能动性，让学生积极参与知识的形成
任务5	发展学生对水溶液或稀溶液 K_W 知识的应用	求 $c_{H_2O}(H^+)$、$c_{H_2O}(OH^-)$	培养学生的理性思维能力，进行矛盾相互联系与相互制约的辩证唯物主义教育	理解概念的外延，引导学生积极思考，激发求知欲
总结归纳	通过这节课，从学科角度重新认识"水"	水是一种弱电解质，存在电离平衡，反馈练习情况	培养学生自主归纳整理的能力	及时巩固知识，通过检测反馈学生课堂学习的效果

（续表）

4. 测评学习（课堂诊断） （1）室温下，溶液中的 $c(H^+)$ 约为 1×10^{-6} mol·L^{-1}，则 $c(OH^-)$ 约为 　　　　（　　） A. 1×10^{-8} mol·L^{-1}　　　　B. 1×10^{-7} mol·L^{-1} C. 1×10^{-6} mol·L^{-1}　　　　D. 1×10^{-5} mol·L^{-1} （2）水的电离过程中，在不同温度下，其平衡常数为 $K(25\ ℃) = 1.0 \times 10^{-14}$，$K(35\ ℃) = 2.1 \times 10^{-14}$。则下列叙述正确的是　　　　　　　　　　　　　　　（　　） A. $c(H^+)$ 随着温度的升高而降低 B. 在 35 ℃时，$c(H^+) > c(OH^-)$ C. 水的电离度 $\alpha(25\ ℃) > \alpha(35\ ℃)$ D. 水的电离是吸热的 （3）某溶液中由水的电离产生的 $c_{H_2O}(H^+) = 10^{-12}$ mol·L^{-1}，求该溶液中 $c(H^+)$ 的可能值。 5. 拓展学习 测量饮水机中水的 pH 值，并计算由水电离的 H^+ 浓度是多少
七、教学评价
1. 课后访谈 （1）通过这节课的学习，对"水"有什么新的认识？ （2）通过观察水分子的电离动画展示，对微观化学有什么新的认识？ 老师：今天学习了"水"，有什么新的认识吗？ 学生 1：原来"水"里面有不同的微粒，只是我们肉眼看不到。 学生 2：我知道为什么纯水的 pH 值在常温下约等于 7 了。 老师：通过这节课，你们学会计算溶液中 H^+ 或 OH^- 的浓度了吗？ 学生 3：应该会了，酸溶液的 OH^- 主要来自水的电离。 学生 4：通过这节课，我对水溶液的微粒浓度更加清楚了。 2. 课后评估 （1）通过创设情境引入课题。 （2）利用多媒体展示动画突破教学重点、难点。 （3）教学内容层次设计符合学生的认知发展水平。 3. 问卷调查 （1）请画出纯水溶液的微粒。 （2）在盐酸中，水的电离程度发生变化了吗？ 如何变化？

（续表）

八、板书设计

（一）水是一种极弱的电解质

1. 电离方程式

$H_2O \rightleftharpoons H^+ + OH^-$。

2. 水的离子积

25 ℃时纯水 $K_w = c(H^+) \cdot c(OH^-) = 10^{-14}$。

3. 影响 K_w 的因素

K_w 只与温度有关（与浓度无关），温度升高，K_w 值增大。

（二）利用 K_w 进行定量计算

（1）求溶液中的 $c(H^+)$ 或 $c(OH^-)$

（2）求 $c_{H_2O}(H^+)$ 或 $c_{H_2O}(OH^-)$

案例6　硫及其化合物（复习课）

广东省清远市佛冈县佛冈中学　黄文婷

课题	硫及其化合物（复习课）	课型	复习课
教材版本	人教版	设计者	黄文婷
一、教学设计思想			

《普通高中化学课程标准（2017 年版）》明确指出新课程的基本理念是：结合学生已有的经验和将要经历的社会生活实际，引导学生关注人类面临的与化学有关的社会问题，培养学生的社会责任感、参与意识和决策能力。 2017 年版的课标阐明了普通高中化学的课程性质及基本理念，谈到了以教学为主旨进一步培养学生的化学学科核心素养，关注为学生开设的以培养"素养为本"的教学，重视围绕化学学科核心素养所展开的教学评价。 针对必修课程中的教学总体内容做出了细致的要求，还详细地谈到了选修课程内容版块的 5 个主题内容和相应的教学要求等。 "主题 2：常见的无机物及其应用"为化学学科的必修课，这部分内容主要关注培养学生的化学学科核心素养，例如，教师可以引导学生从不同角度推测无机物质的性质和转化过程。

"硫及其化合物"是"常见的无机物及其应用"主题中"非金属元素化合物"知识的重要组成部分，在工业生产及环境保护中扮演着重要的角色。 新课标指出要结合情境中的应用实例或通过实验探究，了解硫及其重要化合物的主要性质，认识其在生产中的应用和对生态环境的影响。 "宏观辨识与微观探析"这一核心素养主要强调不要单单从宏观角度或者微观角度去认识、分析化学，要宏微结合形成"结构决定性质，性质决定用途"的化学观念。 宏观与微观教学结合，可增强学生对化学学科的兴趣，提高学生的学习成绩，有效地提升学生对物质结构、性质及转化问题的认知能力和化学学科核心素养

| 二、教学内容分析 | | | |

新课标的内容要求写道：学习非金属及其化合物要结合情境中的应用实例，了解硫及其重要化合物的主要性质，认识这些物质在生产中的应用和对生态环境的影响。 学业要求是：能说明常见元素及其化合物的应用对社会发展的价值和对环境的影响；能有意识地运用所学知识或寻求相关证据参与社会性议题的讨论（如酸雨和雾霾防治、水体保护、食品安全等）。 "硫及其化合物"是高中化学课程中的一个重点内容，本节课的教学重点是：运用价类二维图来学习微观角度下，也就是不同价态含硫元素的物质之间的相互转化；通过对硫单质、二氧化硫、硫化氢

（续表）

的学习，提高学生的分析水平，构建学生的认知模型；通过学习硫酸的工业生产过程，提高学生解决实际问题的水平

三、学情分析
"硫及其化合物"是高一的学习内容，硫及其重要化合物（二氧化硫、硫化氢、硫酸等）的实验较多，实验现象也较明显，而高三复习课又与生活联系密切，因此学生不管是在新课还是复习课中，学习兴趣都较浓。在高三复习时主要是把高一零碎的知识按照一定的规律进行整合，引导学生对已学知识进行梳理，帮助学生积极去构建知识网络，并在复习时重视对与硫及其化合物相关的知识的连接，体会学习元素及其化合物的一般方法，培养自主学习能力，并使整个知识体系系统化，与氧化还原反应、离子反应等以元素化合物知识为载体的理论知识串联起来

四、教评目标
1. 教学目标
（1）通过价类二维图分析硫及其化合物的化合价变化，从而建立价态变化的认知模型。
（2）通过对硫及其化合物的转化关系的学习，发展学生的推理能力与模型的认知能力。
（3）通过设计硫酸的制备方案，运用价类二维图形成绿色应用的意识，增强社会责任感。
2. 评价目标
（1）通过构建价类二维图，诊断并发展学生对氧化还原反应化合价变化的认识阶段和认识思路的结构化水平。
（2）通过对硫化氢的性质进行推理，利用硫作为原料设计硫酸制备的方案，诊断并发展学生的推理水平与实验探究水平。
（3）通过对工业制备硫酸方案的选择进行讨论和点评，诊断并发展学生对化学价值的认识水平（学科价值视角、社会价值视角）

五、教学方法
（1）教法：情境教学、任务驱动、类比教学。
（2）学法：知识迁移学习、活动导学

（续表）

六、教学流程

1. 教学框架

Ⅰ.价类二维图构建	Ⅱ.物质性质的学习	Ⅲ.概括、反思与提炼	Ⅳ.问题解决
宏观辨识与微观探析，证据推理与模型认知 诊断学生对物质的认知水平	变化观念 发展学生对物质及其转化的认知水平	微观变化、证据推理、变化观念 发展学生对物质及转化的认知水平及推理能力	证据推理、平衡思想、科学态度与社会责任 发展学生知识关联的水平及认知结构化的水平

2. 前置学习

学生已对价类二维图有一定的认识，也进行了其他元素及其化合物的学习，在学习本节课之前，学生先自主构建硫及其化合物的价类二维图。

3. 课堂教学

```
通过学生对物质的分类和化合价构建价
类二维图，与学生一起分析
            │
            ▼
引导学生利用价类二维图，通过化合价
变化推出硫、二氧化硫、硫化氢的化学
性质
            │
            ▼
设计制备硫酸的实验方案
```

教学线索	教师活动	学生活动	评价预设	设计意图
前置学习：构建硫及其化合物的价类二维图	课前，让学生根据给出的物质，通过分类与对应化合价构建价类二维图	请对 S、H_2S、Na_2S、SO_2、SO_3、H_2SO_3、H_2SO_4、Na_2SO_3、Na_2SO_4 构建价类二维图 ↑化合价 物质的类别→	从化合价微观角度出发，初步诊断学生对物质的认知水平	通过物质的分类和化合价构建价类二维图，教师诊断学生的认知水平，与学生一起分析

任务1：硫的化学性质学习	引导学生根据已学知识，利用课前构建的价类二维图推测硫的化学性质。 1. 氧化性 与金属反应： $Fe + S \xrightarrow{\triangle} FeS$ 与非金属反应： $H_2 + S \xrightarrow{高温} H_2S$ 2. 还原性 $S + O_2 \xrightarrow{点燃} SO_2$	根据所构建的关系图，认识硫的化学性质。 $\overset{-2}{S} \xleftarrow{还原} S \xrightarrow{氧化} \overset{+4}{SO_2} \xrightarrow{氧化} \overset{+6}{SO_3}(\overset{+6}{SO_4^{2-}})$	根据硫化合价处于零价，可预设硫可升价与降价，重点关注学生对硫氧化还原反应的认识	引导学生利用价类二维图，通过化合价变化推出硫的化学性质，建立学生的变化观念
任务2：二氧化硫的化学性质学习	引导学生从化合价的升降与物质类别性质两条线推测二氧化硫的性质。 ①氧化性； ②还原性； ③酸性氧化物	根据所构建的关系图，认识二氧化硫的化学性质。 $\overset{0}{S} \xleftarrow{还原} \overset{+4}{SO_2} \xrightarrow{氧化} \overset{+6}{SO_3}(\overset{+6}{SO_4^{2-}})$ $SO_2 \longrightarrow H_2SO_3 \qquad Na_2SO_3$	让学生分析二氧化硫的氧化反应与还原反应，以及作为酸性氧化物的化学性质，分别写出对应的反应方程式	发展学生将知识系统化的水平，培养学生的变化观念及证据推理的能力，发展对物质及其转化的认识水平及推理水平
任务3：硫化氢的化学性质学习	引导学生从化合价的升降与物质类别性质两条线分析硫化氢的性质。 ①还原性； ②酸性	根据关系图推测硫化氢(H_2S)的性质，根据推测，选择下列能与H_2S反应的试剂，并写出其反应方程式（离子方程式）。 试剂：H_2O_2、KOH、SO_2、Na_2SO_4、NaCl	通过硫及二氧化硫性质的推断与学习后，迁移知识，对硫化氢的性质进行推测	发展学生将知识系统化的水平，建立变化观念，发展学生分析模型和推理硫化氢性质的能力

（续表）

任务4：设计制备硫酸的实验方案	引导学生从价类二维图出发，了解各种制备硫酸的方案	了解古法制硫酸及以硫为原料制备硫酸的实验方案和用硫铁矿制备硫酸的实验方案，最后设计工业上制备硫酸的实验方案	分析学生的设计方案，评价学生对硫及其化合物之间的物质转化的认识，了解学生对氧化还原反应和离子反应等的掌握情况	分析评价实验方案，发展化学价值认识水平，诊断学生解决问题的能力水平，以及对化学价值的认识水平
任务5：了解酸雨的防治	视频展示酸雨的形成过程及危害	了解自然界中酸雨的形成过程，分析反应原理，掌握如何防治酸雨，感受生活中的化学	从学生对自然界中酸雨形成的系列反应的了解情况，评估学生对硫及其化合物性质的掌握情况	培养学生科学态度与社会责任的化学核心素养
总结归纳	让学生谈谈本节课的收获	以小组为单位，梳理一节课的内容并说出自己的感受	评估学生对本节课的掌握程度及化学核心素养的落实情况	诊断学生核心素养的学习情况

4. 测评学习

为检验学生对本节课的掌握情况，使整节课知识系统化，让学生进行巩固练习（见附件）

七、教学评价

课后访谈

（1）通过课后与同行交流的方式，了解课堂需要注意的地方。

（2）对学生进行访谈，了解学生的学习情况，关注学生在学习过程中遇到的问题与收获

八、板书设计

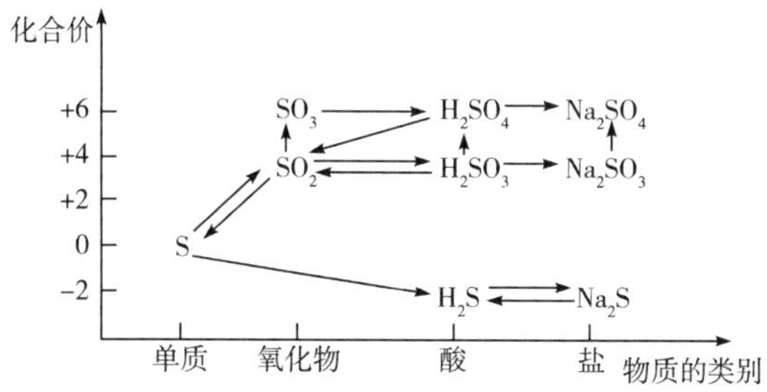

附件："硫及其化合物"（复习课）巩固练习

1.（高考题重组）在给定条件下，下列选项所示的物质间的转化不能实现的是
（　　）

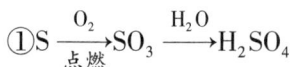

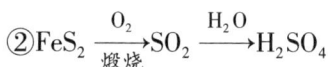

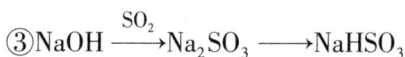

① $S \xrightarrow[\text{点燃}]{O_2} SO_3 \xrightarrow{H_2O} H_2SO_4$

② $FeS_2 \xrightarrow[\text{煅烧}]{O_2} SO_2 \xrightarrow{H_2O} H_2SO_4$

③ $NaOH \xrightarrow{SO_2} Na_2SO_3 \longrightarrow NaHSO_3$

④ $SO_2 \xrightarrow{H_2O} H_2SO_3 \xrightarrow{O_2} H_2SO_4$

A. ①②　　　　　B. ②③④　　　　　C. ①②③　　　　　D. ①②③④

2.利用下面的装置设计实验，制备 SO_2 并进行探究。

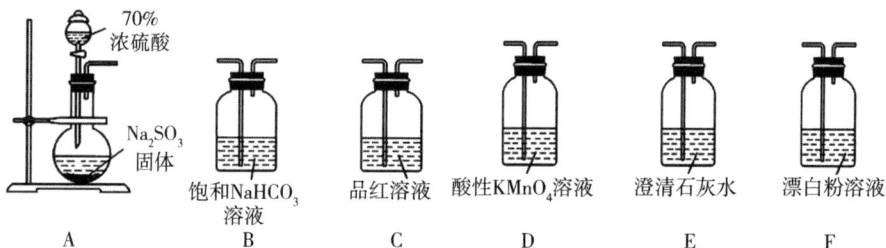

（1）装置 A 中反应的化学方程式为：_____。

（2）将 A 中产生的 SO_2 持续通入装置 G 中直至过量。

①G 中有白色沉淀生成，其化学式为：_____；

②请分析可能的原因：_____。

参考文献

［1］中华人民共和国教育部.普通高中化学课程标准(2017年版)［M］.北京:人民教育出版社,2018.

［2］中国教育学会.中国学生发展核心素养(征求意见稿)［C］.北京:人民教育出版社,2016.

［3］毕华林,卢姗姗.化学三重表征的实质与三重表征能力的培养［J］.课程·教材·教法,2021,41(3):110－116.

［4］张力平.化学反应学习中"宏观—微观—符号"三重表征的研究［D］.济南:山东师范大学,2012.

［5］舒文娟.化学学习中基于学生认知的"宏观—微观—符号"的研究［D］.上海:上海师范大学,2014.

［6］房喻,徐端钧.普通高中化学课程标准(2017年版)解读［M］.北京:高等教育出版社,2018.

［7］江合佩.化学学科核心素养与教学设计［M］.福州:福建教育出版社,2020.

［8］夏向东,等.基于化学核心观念的教学实践研究［M］.上海:上海交通大学出版社,2018.

［9］皮连生.智育心理学［M］.2版.北京:人民教育出版社,2008:204－206.

［10］王磊,等.基于学生核心素养的化学学科能力研究［M］.北京:北京师范大学出版社,2017:2－5.

［11］何鹏,郑长龙.基于Rasch模型的化学核心概念理解测量研究［J］.化学教育(中英文),2018,39(19):1－7.

［12］徐凯里.建模思想在化学原理教学中的运用［J］.化学教育(中英文),2018,39(17):32－35.

［13］程遇玲.浅谈高中化学学科核心素养的培养［J］.中学化学教学参考,2017(13):8－11.

［14］保志明.关注科学概念的教育价值:以"原子"为例［J］.中学化学教学参考,2015(5):1－3.

[15]乔静.开启认识事物新视界的初中化学教学[M].西安:陕西师范大学出版总社有限公司,2017:162-169.

[16]王云生.基于深度学习的中学化学教学设计刍议[J].化学教学,2018(7):3-7.

[17]张宁,张蕊,许燕红.基于学习进阶理论的"微粒观"跨学段教学研究[J].中学化学教学参考,2017(9):5-9.

[18]江琳才.化学九年级上册[M].北京:科学出版社,2004.

[19]中华人民共和国教育部制定.义务教育化学课程标准(2011年版)[M].北京:北京师范大学出版社,2017.

[20]陈金锋.谈"微观"认知困难及教学策略:赏析2017年广东中考化学卷第16题[J].中学化学教学参考,2018(5):24-26.

[21]朱鹏飞,马宏佳.利用数字化实验发展学生化学学科核心素养[J].中小学数字化教学,2018(7):4-7.

[22]王先锋.对核心素养视域下高中化学POEC教学策略的新认识[J].中学化学教学参考,2018(17):7-10.

[23]吴芳.微课在初中化学教学中的优势和局限性[J].中学化学教学参考,2019(18):62-63.

[24]居鸣富.基于微课的高中化学融合教学实践与思考:以"人类对原子结构的认识"为例[J].化学教学,2019(1):33-37.

[25]义务教育教科书.化学九年级上册[M].北京:人民教育出版社,2018:53-56.

[26]唐云波.核心素养为本的单元教学设计与实施:以"探究水的组成"为例[J].化学教育(中英文),2019,40(3):52-57.

[27]叶依丛,顾建辛."微观探析"与"证据推理"在有机合成教学中的关联性研究:以"CO_2和NH_3在有机合成中的行为表现"为例[J].化学教学,2019(12):34-39,54.

[28]广田襄.现代化学史[M].丁明玉,译.北京:化学工业出版社,2018:11-21.

[29]J.R.柏廷顿.化学简史[M].胡作玄,译.北京:中国人民大学出版社,2017:73-123.

[30]张德生,徐汪华.化学史简明教程[M].2版.合肥:中国科学技术大学出版社,2017:167.

[31]陈金锋.微观认知障碍分析及消除策略[J].中学化学教学参考,2019(9):23-25.

[32]卓高峰,魏樟庆.高中化学新课程"微粒观"的建构与教学策略[J].中学化学教学参考,2016(13):38-42.

［33］甄炳杨.中学化学微粒观的内涵［EB/OL］.［2021－03－27］.http://www.hxzxs.cn/plus/view.php? aid＝15571.

［34］张发新.谈"化学微粒观"的内涵及其教育价值［J］.化学教育,2015,36(19):8－11.

［35］王磊,黄鸣春.科学教育的新兴研究领域:学习进阶研究［J］.课程·教材·教法,2014,34(1):112－118.

［36］毕华林,卢巍.化学基本观念的内涵及其教学价值［J］.中学化学教学参考,2011(6):3－6.

［37］王祖浩,王磊.义务教育化学课程标准(2011年版)解读［M］.北京:高等教育出版社,2012.

［38］魏少兴.帮助学生有序地初步构建微粒观:以"分子和原子"课堂教学为例［J］.化学教与学,2015(3):23－25.

［39］王玲玲,毕华林.化学学科中物质三重表征的教学策略［J］.中学化学教学参考,2006(3):8－10.

［40］王磊,魏锐.学科核心素养发展导向的高中化学课程内容和学业要求:《普通高中化学课程标准(2017年版)》解读［J］.化学教育(中英文),2018,39(9):48－53.

［41］陆军.实施化学高考有效复习的思考与实践［J］.中学化学教学参考,2013(4):33－36.

［42］郭云涛.思维导图在高三化学复习中的应用研究［D］.南京:南京师范大学,2011:30.

［43］都承峰.基于化学核心素养培养的教学实录与反思:以苏教版"电化学单元复习"为例［J］.化学教与学,2018(11):57－59,69.

［44］加里·D.鲍里奇.有效教学方法:第4版［M］.易东平,译.南京:江苏教育出版社,2002:209－213.

［45］毕吉利,吴晓红.新课改以来中学化学有效教学研究综述［J］.化学教育,2017(10):12－17.

［46］肖锋.学会教学［M］.杭州:浙江大学出版社,2004:187－253.

［47］陈进前.基于化学学科核心素养发展制订教学目标［J］.化学教育,2018(7):8－12.

［48］谢祥林,曾懿,罗爱兵.原型范畴理论在化学教学中的应用［J］.中学化学教学参考,2012(12):3－4.

[49]陈群,董军.高三化学复习中建模思想渗透的实践与研究[J].中学化学教学参考,
    2013(4):37 - 39.

[50]周绍翰,杨艳江.基于微粒观下"盐类的水解"的教学再设计与思考[J].北京教育
    学院学报(自然科学版).2012,7(1):36 - 40.

[51]隆双河.对中学化学盐类水解定义的争鸣[J].中学化学教学参考,2017
    (11):69 - 70.

[52]胡先锦.基于"问题解决"的高中化学教学设计与实践:以"氯气的性质"一课为例
    [J].化学教学,2018(4):31 - 35.

[53]刘仪辉.基于具身认知的教学设计研究[D].南昌:江西师范大学,2014.

[54]刘晓军.概念图在高中化学教学中的应用[J].考试(教研),2012(22):57.

[55]黄爱民.国内 SOLO 分类评价理论在中学化学应用研究的综述[J].化学教学,2013
    (1):6 - 8.

[56]姚志强.基于化学史发展"微观探析"与"证据推理"的教学:以"水的组成"为例
    [J].中学化学教学参考,2020(14):57 - 59.

[57]黄丹娜.初中化学分类观的学习进阶分析与教学策略[J].中小学教学研究,2019
    (12):3 - 8.

[58]曹英.基于"宏—微—符"教学理论的教学设计:以"化学反应中的能量变化"为例
    [J].化学教与学,2018(10):72 - 74.

[59]张礼聪.实验引领下"沉淀溶解平衡"教学[J].化学教学,2014(5):42 - 43,46.